Louise Félicité Robert

Geschichte der Königin Elisabeth von England

Aus bisher noch unbekannten Englischen Originalschriften, Akten, Urkunden,

Briefen und Manuskripten

Louise Félicité Robert

Geschichte der Königin Elisabeth von England
Aus bisher noch unbekannten Englischen Originalschriften, Akten, Urkunden, Briefen und Manuskripten

ISBN/EAN: 9783743637108

Hergestellt in Europa, USA, Kanada, Australien, Japan

Cover: Foto ©ninafisch / pixelio.de

Weitere Bücher finden Sie auf **www.hansebooks.com**

Geschichte

der

Königin Elisabeth

von England.

Aus bisher noch unbekannten
Englischen Originalschriften, Akten, Urkunden,
Briefen und Manuskripten
von
Mademoiselle von Keralio.

Aus dem Französischen.

Dritter Band.

Mit Churfürstl. Sächsischer gnädigsten Freiheit.

Berlin, 1791.
Bei Friedrich Maurer.

Vorbericht
des Uebersetzers.

Der vorliegende dritte Band dieses Werks ist zum Theil nach andern Regeln, als die beiden vorhergehenden, übersetzt; und ich glaube, meinen Lesern von diesen Abweichungen und den Gründen, die ich dazu gehabt habe, Rechenschaft schuldig zu seyn. Die beiden ersten Bände sind, bis auf die 320ste Seite des zweiten Theils, als eine Vorbereitung zu der Geschichte der Königin Elisabeth anzusehen. Diese Vorbereitung enthält, meiner Meinung nach, nicht viel mehr, als was ein denkender Leser zum bessern Verständnisse jener Geschichte, von der Entstehung

*

und der Beschaffenheit der Englischen Verfas=
sung, von der Geschichte des Landes und seiner
Monarchen vor Elisabeth zu wissen wünscht.
Die in der Ankündigung der Uebersetzung ver=
sprochenen Abkürzungen durften also bis dahin
nur selten angebracht werden. Häufiger kom=
men sie in diesem dritten Bande vor. Sie be=
treffen mehrentheils Ausschweifungen in die
Geschichte anderer Länder, ganze Seiten lange
Deklamationen, und Anmerkungen, in denen
dasjenige, was schon im Texte gesagt, zum
Theil mit denselbigen Worten wiederholt war.
Die Weglassung solcher Wiederholungen wird
eben so wenig von jemanden getadelt werden,
als die Uebergehung jener Deklamationen, wo=
von ich jedoch hin und wieder einige beibehalten
habe, um den Leser selbst urtheilen zu lassen, ob
an den übrigen viel verloren sei. Sonst habe
ich die eingestreuten Betrachtungen der Verfas=
serin, wenn sie gleich ohne Schaden der Ge=
schichte wegbleiben konnten, mit ausgedrückt,
theils weil sie solche Wahrheiten enthalten, die

nicht oft genug wiederholt werden können, theils weil sie den Gesichtspunkt zeigen, aus dem die Geschichtschreiberin die erzählten Begebenheiten ansah. Ueberhaupt glaube ich nichts weggelassen zu haben, was der Staatsmann, der Philosoph, und selbst der bloße Liebhaber der Geschichte, nicht gern entbehren möchte. Ein paar kurze Anmerkungen habe ich in den Text aufgenommen, wo sie mir bequemer zu stehen schienen, und verschiedne andre, die zu weitläuftig waren, auszugsweise geliefert. Dies letztere ist hin und wieder auch mit dem Texte selbst geschehen. Die Geschichte der Königin von Schottland schien mir mit Elisabeths Geschichte zu genau zusammenzuhangen, und an sich selbst zu interessant zu seyn, als daß ich es hätte wagen dürfen, die Erzählung der Verfasserin abzukürzen, oder ihre mühsamen Untersuchungen über dieselbe wegzulassen.

Das Werk der Mademoiselle Keralio hat, wie alle Kenner der Geschichte einräumen werden, in Absicht auf kritische Genauigkeit einen

außerordentlichen Werth, aber in Abſicht auf
die Schreibart faſt gar keinen. Nicht ſelten hat
ſie die Geſchichtſchreiber, denen ſie gefolgt iſt,
beinahe von Wort zu Wort abgeſchrieben, wo=
durch ihr Stil nothwendig ſehr ungleich werden
muſte. Nicht ſelten hat ſie uneigentliche Aus=
drücke gebraucht, und gegen die grammatika=
liſche Zuſammenſetzung geſündigt; und Leichtig=
keit im Stil iſt ihre Sache gar nicht. Sie ſetzt
bisweilen das Relativ en, wo es ſich auf nichts
Vorhergehendes beziehen kann. S. 109 des
dritten Bandes heißt es: Marie répondit qu'elle
y étoit réſolue, *anx conditions* (anſtatt *à condi-
tion*) que les lords rentreroient dans l'obéiſſance.
Weitſchweifig und hart iſt die Stelle S. 112 deſ=
ſelbigen Bandes: Mais comment apprendre à
Murray que ſes projets étoient renverſés, que
Marie regnoit, qu'elle étoit ſeule ſur le trône,
honorée de ſon peuple, & eux d'infidèles ou
mal-adroits exécuteurs des ordres qu'il avoit
dictés. Und welcher Deutſche möchte wohl die
folgenden Worte (Bd. 2. S. 286) genau in

seine Sprache übertragen? rendant plus impo-
sante la dignité des formes légales, & mainte-
nant toujours avec douceur l'égalité des droits
de chacun de ses sujets, la protection de la ju-
stice souveraine, ou du monarque, ou du juge.
Wenn der Stil eines Originals so sehr vernachläßigt ist, so möchte dem Ueberseßer, der seinen
Landsleuten zu gefallen sucht, wohl kein andres
Mittel hierzu übrig bleiben, als bloß den Sinn
des Verfassers so richtig als möglich auszudrücken. Mademoiselle Keralio hat sich durch ihre
mühsamen Untersuchungen, durch ihre Wahr-
heitsliebe und Unpartheilichkeit, durch ihre
männliche Kritik, um einen der wichtigsten
Theile der Geschichte ein unsterbliches Verdienst
gemacht. Diese Vorzüge musten auch in der
Ueberseßung ihres Werkes unverkennbar bleiben. Aber eben deswegen wäre zu wünschen
gewesen, sie möchte auch auf die Schreibart
mehr Fleiß gewandt haben, um einem so vor-
trefflichen Werke eine große Vollkommenheit
mehr zu geben; und ich glaube von meinen

Landsleuten einen kleinen Dank zu verdienen,
daß ich ihnen durch eine etwas freie Ueberſetzung
einige Unannehmlichkeiten erſpart habe.

Die in der Jenaiſchen Litteraturzeitung,
Nro. 4. des Monats April 1791, befindliche
Kritik über einige Fehler des zweiten Bandes,
iſt ſehr richtig. Sie waren faſt unvermeidlich,
da ich die beiden erſten Bände nicht ſelbſt über=
ſetzte, ſondern das Manuſkript eines fremden
Ueberſetzers korrigirte, deſſen Arbeit dem Pu=
blikum ſchlechterdings nicht vorzulegen war,
und welcher dennoch bei derſelben, beſonders in
ſeiner Schreibart, noch immer zu viel verändert
fand. Es wäre nicht zu verwundern geweſen,
wenn von mehr als zweitauſend Fehlern, die
ich zu verbeſſern hatte, nicht noch mehr und
weit wichtigere ſtehen geblieben wären. Um
nur ein paar Beiſpiele von dieſer Arbeit anzu=
führen, die ich ſo ſchonend behandeln ſollte, ſo
war der Duc de Guiſe darin zu einem Herzoge
von Geldern geworden; das Concile de
Trente hieß das dreißigſte Concilium, und

an einer andern Stelle das Concilium der Dreißig; quatre-vingts dix-neuf war vierundzwanzig und neunzehn übersetzt; und das eh bien, nous prierons Dieu en françois der Katharina von Medici, welches im Anfange des dritten Bandes dieser Uebersetzung vorkömmt, war so ausgedrückt: Ei nun, so werden wir als gute Franzosen zu Gott beten. Endlich ward mir, nach Umarbeitung der sechs ersten Bogen des dritten Bandes, diese Arbeit völlig verhaßt, und ich legte das Manuskript zurück, um die Uebersetzung allein zu vollenden.

Zu der von dem Herrn Recensenten in der Litteraturzeitung getadelten Anmerkung (Bd. 2. S. 35) muß ich mich selbst bekennen, erkläre aber, daß sie nicht auf die verdienstvollen Männer gehen soll, die durch ihre Berichtigungen die Uebersetzungen ausländischer Werke ihren Deutschen Lesern brauchbarer machen. Und sie kann nicht auf diese Männer gehen, da in derselben von deutscher Uebersetzersitte die Rede ist, und ich sie bei einer Stelle gemacht habe,

Geschichte
der
Königin Elisabeth
von England.

Wenn die Talente, die Schönheit, die Reize 1562
der Maria Stuart die ersten Ursachen von Elisabeths Eifersucht waren, so entflammten ihre Ansprüche auf den Thron von England dieselbe bis zu
den höchsten Grade. Elisabeth haßte alle diejenigen,
die einige Rechte an die Krone hatten. Nach dem
Testamente Heinrichs VIII. sollte dieselbe nach ihr
auf das Haus Suffolk fallen. Katharine Gray,
jüngste Schwester der Johanna Gray, hatte den
Lord Herbert, Sohn des Grafen von Pembrok,
geheirathet. Diese Ehe wurde für ungültig erklärt,
und Katharina vermählte sich mit dem ältesten
Sohn des Herzogs von Sommerset, Grafen von
Hartford. Allein diese Vermählung wurde in ge-

1562 heim vollzogen, indem der Graf diese Verbindung
nicht ohne Einwilligung der Königin eingehen, und
nicht hoffen konnte, daß Katharina Gray mit Zustimmung derselben ihre Rechte auf das Haus Sey-
mour bringen dürfte, welches vor diesem dem Thron
so nahe und sowohl durch Abstammung als durch
die Neigung der Nation für die Protestanten so
sehr ausgezeichnet war. Die Gräfin von Hartford
konnte ihre Schwangerschaft den Augen des Hofes
nicht entziehen: Elisabeth erfuhr sie, und die Gräfin war gezwungen ihre Heirath in Abwesenheit
ihres Gemahls zu erklären, welcher sich damals in
Frankreich aufhielt. Elisabeth ließ sie in den Tower
setzen, und lud den Grafen vor, um von seiner
Aufführung Rechenschaft zu geben. Dieser eilte
herbei, und nachdem er seine Heirath erklärt hatte,
ließ sie ihn selbst in Verhaft nehmen, und ernannte
Kommissarien um diese Erklärung zu untersuchen.
Allein es wurde ihm eine so kurze Zeit gesetzt seine
Vermählung durch Zeugenbeweise zu bestätigen,
daß er dieselben nicht aufbringen konnte; seine Vereinigung mit Katharina Gray wurde für gesetzwidrig, und das Kind womit sie schwanger ging, für
unehlich erklärt, und beide Vermählte blieben auf
Befehl der Königin im Gefängniß. Sie fanden
Mittel ihre Wächter zu bestechen und einander zu

besuchen. Die Gräfin wurde zum zweitenmal 1562
schwanger, und die Königin, mehr als jemals aufgebracht, ließ den Grafen vor die Sternkammer
fodern. Er wurde zu 15000 Pfund Geldstrafe ver-
dammt und darauf sehr enge eingeschlossen: er sah
seine Gemahlin nicht mehr, und beide mußten neun
Jahre lang im Gefängnisse schmachten. Katharina
Gray starb in demselben, und ihr Gemahl erhielt
von der Königin die Freiheit wieder. So starben
beide Schwestern unter zwei verschiedenen Regie-
rungen, als Schlachtopfer von zwei Frauen, deren
entgegengesetzter Charakter nichts als einen ausschweifenden Ehrgeiz gemein hatte.

Indeß Elisabeth sich zu diesen unanständigen
Schwachheiten erniedrigte, wachte sie als Königin
für die Ruhe und die Sicherheit ihres Reichs. Der
Pabst hatte vor kurzem eine zweite Eröfnung der
tridentinischen Kirchenversammlung angesetzt, und
wollte die mächtigsten Prinzen bewegen Antheil
daran zu nehmen. In dieser Absicht schickte er den
Abt von Martigues mit schmeichelhaften Briefen,
worin er alle mögliche Ueberredungskünste brauchte,
an Elisabeth, um bei ihr noch einmal den Weg der
Verführung zu versuchen. Der Abt unterbrach
seine Reise in Flandern, und ließ bei der Königin
um die Erlaubniß anhalten, nach England zu

1562 kommen. Elisabeth hielt es nicht für rathsam ihm
diese zu bewilligen, weil die Katholiken in ihren
Staaten noch geheime Intriguen schmiedeten, und
ein Nunzius daselbst gefährlich werden konnte. In=
deß sie ihm seine Bitte abschlug, ließ der Pabst
durch seinen Nunzius am Französischen Hofe, dem
Bischof von Würtemberg mit Throgmorton sprechen,
um durch ihn Elisabeth zu vermögen, daß sie we=
nigstens auf die Kirchenversammlung von Tribent Ge=
sandte schicken möchte. Die Königin, so vieler unnützen
Bitten müde, antwortete: „sie wünschte zum Be=
sten der Christlichen Kirche aufrichtig ein allgemeines
Concilium; allein sie würde niemand auf eine von
dem Pabste gehaltene Kirchenversammlung schicken,
weil sie mit diesem nichts auszumachen hätte; die
Gewalt des Pabstes wäre in ihrem Reiche von der
ganzen Nation verworfen worden; nicht ihm, son=
dern den Kayser stände es zu, ein Concilium zu beru=
fen, und er hätte nicht mehr Gewalt als ein ande=
rer Bischof" *). Der König von Frankreich und
der von Spanien wurden durch diese Antwort auf=
gebracht, welche alle Verbindung zwischen England
und dem Römischen Hofe aufhob. Elisabeth rü=
stete sich, um den Wirkungen dieses Mißvergnü=
gens zu begegnen; doch war die Rache, die sie von

*) Cambden, S. 389. Fra=Paolo, B. 7.

diesen Fürsten besorgte, nicht die einzige Ursache ih-1562
rer Zurüstung. Die Angelegenheiten von Frankreich beschäftigten ihre Aufmerksamkeit. Sie wollte
den Protestanten beistehen, das Feuer der Bürger-
kriege, welche dieses Reich verheerten, unterhalten,
in die an der See gelegenen Provinzen eindringen,
Calais wieder einnehmen, oder sich irgend eines andern Plazes bemächtigen, welcher ihr einen Weg
mitten in Frankreich eröfnete, wohin seit Du Gues-
clin die Engländer nicht hatten vordringen können.
Sie unterhielt in dieser Absicht durch Throgmorton
geheime Verständnisse mit den Mißvergnügten und
den Prinzen *).

*) Forbes, B. 2. S. 24. Instruktionen der Köni-
gin Elisabeth an Throgmorton, vom 17. August
1562. (S. 25.) Throgmortons Brief an die Königin vom 27. August 1562. worin er ihr von den
erhaltenen Vortheilen der Armee des Prinzen von
Condé und der Unruhe der Königin Mutter Nachricht giebt; ferner von dem Entschluß der Fürsten
von Deutschland, Metz, Toul und Verdun zu
belagern, von den Namen aller Anführer der beiden Partheien, und von der Bitte welche der von
London zurückgekommene Herr von Vielleville und
Herr von Trey, General-Feldzeugmeister von
Frankreich an ihn gethan hätten, bei der Königin
Mutter, im Namen seiner Königin und der Für-

1562 Der König von Spanien hatte dem Hause von Lothringen 6000 Mann und Beihülfe an Geld geschickt. Der schwache König von Navarra hatte von neuem die Parthei dieses furchtbaren Hauses genommen. Es standen in Frankreich vierzehn Armeen gegen einander, in denen Söhne gegen ihre Väter, Brüder gegen Brüder, Freunde gegen Freunde fochten; Greise, Weiber und Kinder in den Mauern der Städte eingeschlossen, wagten es nicht den Himmel um Sieg zu bitten. Für welche Parthei auch dieser sich erklärte, so konnte er nichts anders als Verbrechen kosten, und auf immer ihre Familien und ihre Namen beschimpfen. Hier erwartete ein Vater einen Sohn, der frech, den Kopf seines Bruders in der Hand, das Haus worin er geboren war, zu verwüsten drohete; dort erwartete

sten von Deutschland für die Prinzen und ihre Freunde um eine freie Religionsübung anzuhalten. Er bittet zugleich Elisabeth, die Ankunft des Thomas Smith, welcher in seine Stelle ernannt war, so lange aufzuhalten, bis er die neuen Unterhandlungen angefangen, und von dem Könige, der Königin Mutter, dem Könige von Navarra und den Mitgliedern des Raths hinlängliche Sicherheit für die Person des neuen Gesandten erhalten habe

ein Weib zitternd die entsetzliche Nachricht, daß ihr 1560
Gatte ihr von einem Vatermörder entrissen worden,
welcher in der väterlichen Wohnung morden und
brennen würde. Eine andere zitterte, der Fanatismus möchte ihren Mann und ihre Kinder gegen
sie bewafnen, und sie zwingen vor denen zu fliehen,
die Liebe und Natur zu ihren Vertheidigern bestimmt
hatte. Der Säugling, in den Armen seiner Mutter, flehete vergebens seine Mörder um Erbarmen.
Sieger zogen, mit dem Blute ihrer Mitbürger,
ihrer Brüder befleckt, in die Städte ein, und fanden da den Tod im Schooße ihrer Familie. Es gab
keine Verwandte, keine Freunde mehr; die Stimme der Natur schwieg, die Freundschaft war vernichtet, die Banden des Bluts zerrissen, Menschlichkeit unbekannt und selbst der Name davon vergessen. Von allen Seiten eilten Menschen von allen Nationen herbei, welche bloß aus Raubsucht,
gleichgültig für beide Parteien, der einen oder der
andern ihre Dienste anboten und die Wuth der unglücklichen Franzosen unterstützten. Plünderung,
Verheerung, verwüstete und verbrannte Städte,
Blut, das von allen Seiten floß, dies waren die
großen Thaten, wodurch sich die Regierung der Medicis und der Guisen auszeichnete. Diese Ungeheuer
erneuerten in Frankreich die Greuel der barbarische=

1562ſten Zeiten und Völker. Der Prinz von Condé, welcher ſelbſt zu ſchwach, über das Unglück ſeines Vaterlandes ſeufzte, entſchloß ſich endlich Eliſabeth um Hülfe zu bitten. Sie wünſchte ſeit langer Zeit dieſes Zeichen des Zutrauens, ſie hatte ſich ſelbſt darum beworben. Der Vidam von Chartres und Briquemaut giengen mit dieſem wichtigen Auftrage nach London: Eliſabeth hatte ihnen ſchon deutſche Truppen verſchaffet. Condé, in deſſen Gewalt bei nahe die ganze Normandie war, bot der Königin an ihr den Havre zu übergeben, mit der Bedingung, daß ſie eine Beſatzung von 3000 Mann zur Vertheidigung von Dieppe und Rouen ſchicken und außerdem einen Geldbeitrag von 100,000 Thalern geben ſollte *). Durch die äußerſte Nothwendigkeit, durch das Bedürfniß fremden Beiſtandes, durch ein gerechtes Mistrauen gegen die Ränke der Katharina von Medicis, welche ihm die Freiheit oder das Leben rauben konnte, ſah ſich der Prinz von Condé zu dieſer unglücklichen Verbindung gezwungen. Den Feinden von Frankreich einen beveſtigten Platz an der Mündung der Seine einzuräumen, das hieß ihnen den Schlüſſel zum Königreiche geben, und die Wiedereinnahme von Calais erleichtern, oder, wurde die Zurückgabe dieſ

*) Forbes. S. 48. Belege No. V.

Stadt verweigert, so war das Vaterland den Waf-156?
fen der Engländer bloß gestellt, welche von dem
Havre her, noch leichter in das Herz von Frankreich dringen konnten. Der Herzog von Guise
wagte es damals sein Betragen mit dem Betragen
des Prinzen in Vergleichung zu stellen. Er hatte
nach der Schlacht bei St. Quentin Frankreich vertheidigt, die Spanier und den Herzog von Savoyen vertrieben, und die Landung der Truppen
verhindert. Allein was wäre der Schade, den das
augenblickliche Kriegsglück dieser feindlichen Armee
anrichten konnte, gewesen, in Vergleichung mit
dem Blutbade von Amboise, mit dem von Vassy *),
von Gaillac, und mit allen den Greueln die vor-
hergingen und folgten? Hätte die völligste und
blutigste Niederlage wohl schrecklichere Folgen haben
können als der entsetzliche Auftritt vom 24. August
1572? Der Prinz verdiente ohne Zweifel Tadel;
aber der Herzog von Guise hatte bei den Talenten
eines Kriegsmannes weder die Eigenschaften eines
Bürgers, noch selbst Empfindungen von Menschlichkeit. Die braven Bürger hingegen, die großen
Heerführer, Condé, Coligny, Dandelot, der Kern
des französischen Adels, welche durch die Tyrannei
zur Verzweiflung gebracht, die Engländer zur Hülfe

*) Mezerai, allgem. Gesch. S. 54 — 94.

1562 riefen, waren großmüthig genug, um sie als Ver-
bündete zu behandeln, so lange sie selbst sich als
solche betragen hätten, und stark genug, um sie
zurück zu schlagen, wenn sie unrechtmäßige Erobe-
rungen hätten machen wollen. Was am meisten
das Andenken des Prinzen brandmarkte, waren
nicht sowohl die öffentlichen Anklagen, noch die
Thaten des Herzogs von Guise, als das wenige
Glück was er selbst hatte; die Nation erinnerte sich
noch, wie viel Mühe, wie viel Blut und Anstrengungen es gekostet hatte, so tapfere Feinde aus
ihrem Vaterlande zu vertreiben.

Der französische Gesandte in England, Paul
de Foix, verlangte im Namen seines Herrn, daß
ihm die Unterhändler des Prinzen von Condé als
Empörer und Staatsverbrecher ausgeliefert würden.
Elisabeth schlug dieses nach dem Völkerrechte ab,
schrieb an den Hof von Frankreich zu Gunsten der
Protestanten und erklärte, sie wäre bereit ihnen
beizustehen. Sir Eduard Poynings nahm an der
Spitze von 3000 Engländer vom Havre und von
Dieppe Besitz; dieser letzte Platz aber war so wenig
im Vertheidigungsstande, daß der englische General
ihn sogleich wieder verließ. Nur mit Mühe konnte
er Hülfstruppen in die Stadt Rouen werfen, welche
von dem Könige von Navarra und dem Connetable

von Montmorenci belagert war. Die Stadt wurde, 1562 aller Tapferkeit der Besaßung ohngeachtet, mit Sturm eingenommen und der schrecklichsten Plünderung preis gegeben. Der König von Navarra wurde dabei tödtlich verwundet und die Besaßung niedergemacht. Die Katholiken nüßten ihr Kriegsglück nicht, wie sie hätten thun sollen: anstatt sogleich den Havre zu belagern, ließen sie den Grafen von Warwik Zeit mit englischen Truppen einzurücken. Dandelot hatte Hülfsvölker in Deutschland zusammengebracht; er war zu Orleans angekommen; und diese Armee hatte den Prinzen und den Admiral in Stand gesetzt den Krieg fortzusetzen: aber die Schlacht bei Dreux vernichtete die Hofnungen der protestantischen Parthei und ihrer Anführer. Montmorenci und Condē wurden gefangen genommen, der Connetable der Prinzessin von Condē überliefert, und der Prinz blieb in der Gewalt des Herzogs von Guise. Der Admiral zog sich nach Orleans zurück, glücklich genug durch seinen Muth und seine Klugheit der allgemeinen Niederlage zu entgehen, und dem Herzoge die Frucht seines Sieges zu entreißen. Einige Soldaten von der königlichen Armee, welche durch den ersten heftigen Angriff der protestantischen Truppen in Schrecken gesetzt, beim Anfange des Gefechts die Flucht er-

1562griffen hatten, kamen nach Paris, wo sie berichte-
ten, alles wäre verlohren und der Prinz von Condé
rückte an, um als Sieger in die Hauptstadt einzu-
ziehn. Der Graf Ossun, einer der bravsten französischen Heerführer, welcher sich in Italien durch
seine Tapferkeit ausgezeichnet hatte, wurde mit
fortgerissen; von einem plötzlichen Schrecken ergriffen, nahm er die Flucht. Aber so wie die alten Ger-
manier, welche sich selbst nicht weiter des Lebens
werth hielten, wenn sie eine Niederlage überlebt
hatten, schämte sich der Graf von Ossun, seine
großen Handlungen durch die Schwäche eines Au-
genblicks befleckt zu haben, verschmähte alle Nah-
rungsmittel und hungerte sich zu Tode *). Bei der
ersten Nachricht welche die Flüchtlinge verbreiteten,
sah sich die Herzogin von Guise von einem Hofe
verlassen, der bis dahin zahlreicher als der der
Regentin gewesen war. Medicis antwortete mit der
Kaltblütigkeit einer ränkevollen Seele: Ei nun, so
werden wir französisch beten, und wandte sich
sogleich zu den Freunden des Prinzen von Condé.
Aber als die gewisse Nachricht von der Niederlage
der Protestanten kam, so veränderte plötzlich jeder
auf diesem großen Theater seine Rolle, von der
Königin an bis auf die Bedienten.

*) Mezeray, S. 110.

Coligny eroberte die Plätze in der Normandie, 1562
welche den Katholiken in die Hände gefallen waren,
bald wieder. Elisabeth, von dem Unglück des
Prinzen von Condé gerührt, schrieb Trostbriefe an
seine Gemahlin; sie versprach ihr alle Hülfe, welche
sie ihrer Parthei leisten könnte, und ihr Versprechen
ging bald in Erfüllung; sie schickte ihr von neuem
100,000 Thaler, bot ihr für eine gleiche Summe
Bürgschaft an, und verschafte ihr neue Truppen
aus Frankreich. England war damals unter der
weisen Regierung dieser Königin die erste, die blü-
hendste und die ruhigste Macht von Europa. Elisabeth war die Zierde, die Stütze und das Bollwerk
der Protestanten, welche in allen übrigen Staaten
verfolget wurden. Sie machte in allen ihren Unterhandlungen das Interesse der Unglücklichen zu
ihrem eignen, und erwarb sich neben der Ehre ihr
Reich beglückt zu haben, noch den Ruhm, das Beste
der Menschheit zu befördern. Man hat geglaubt,
sie hätte die Protestanten von Frankreich nur be-
schützt, um die Unruhen in diesem Reiche zu unterhalten, um Calais wieder zu bekommen, und
England, welches von Schottland und Spanien
zu gleicher Zeit bedroht war, vor den französischen
Waffen zu sichern. Allerdings hatten wohl Staats-
absichten und Ehrgeiz auf ihre Bewegungsgründe

1563 Eiufluß, aber sie ließ sich doch dabei von Gerech=
tigkeit und Menschenliebe leiten. Man ist gezwun=
gen ihr Betragen zu bewundern, ihre Weisheit zu
loben und ihre Klugheit zu verehren, indeß Philipp,
der eifrigste Vertheidiger der katholischen Religions=
parthei, in Frankreich, in Spanien, in Italien,
in den Niederlanden und selbst in Amerika, bloß
das Andenken eines Tyrannen und eines Heuchlers
hinterlaßen hat.

Mit einem Kriege beschäftigt, deßen Ende und deß=
sen Folgen noch ungewiß waren, füllte Elisabeth ihre
Zeughäuser mit Waffen und Kriegsvorrath an, wel=
che sie von Deutschland kommen ließ, weil der Kö=
nig von Spanien diejenigen, welche sie das vorige
Jahr von Antwerpen hatte kommen laßen, ungerech=
ter weise zurück hielt. Durch einen glücklichen Zufall,
dergleichen oft die Unternehmungen ihrer Regierung
begünstigten, wurde in dem Herzogthum Cumberland
eine sehr reiche Kupfermine entdeckt, deren Bear=
beitung ihr eine neue und zahlreiche Artillerie ver=
schafte, ohne daß sie andere Unkosten davon hatte,
als den Lohn der Arbeiter. Sie ließ eine große
Menge Schiffe bauen, der Adel und die Handels=
leute, von einer edlen Nacheifrung belebt, verei=
nigten ihre Bemühungen mit den ihrigen, und bald
war ihre Seemacht beträchtlich genug, daß sie nicht
mehr

mehr auf Koſten ihres Volks die Schiffe der Han-1563 ſeeſtädte ausrüſten durfte. Sie vermehrte die Anzahl der Beſatzungen gegen Schottland hin, und befeſtigte Barwick und die Gränzplätze. Der Adel erhielt die Erlaubniß, auf ſeinen Landgütern und ſeinen Wohnſitzen Gewehre zu haben, ein Vorrecht, welches demſelben unter der tyranniſchen und furchtſamen Maria ſtrenge unterſagt war. Sie bezahlte einen Theil der unermeßlichen Kronſchulden; ſie zog Fremde nach England, welche die Kunſt Schleßpulver zu machen, Kupfer zu ſchmelzen und in Bronze zu gießen dahin brachten. Durch die Erlaubniß Getreide auszuführen, wurde der Ackerbau aufgemuntert, unangebaute Ländereien wurden urbar, andre, die bisher für unfruchtbar angeſehen worden, tragbar gemacht, und der Landbau in Abſicht auf die beſte Art ihn zu treiben, und auf die Gewächſe, die das verſchiedne Erdreich hervorbringt, ſtudirt. Durch ſo ſchöne Anſtalten, ſo erhabne Zwecke, verdiente ſie die ruhmvollen Namen, die ihr Volk ihr beilegte, und die Bewunderung der Europäiſchen Monarchen. Welch ein Glück, wenn dieſe Fürſten, anſtatt ihr eitle Lobſprüche zu geben, ihre eigne Ehre darinn geſucht hätten, dieſe großen Beiſpiele nachzuahmen!

1563 Ihre ausgebreitete Macht, ihre großen und glänzenden Eigenschaften, vielleicht auch der Ruf von ihrer Schönheit, flößten verschiednen auswärtigen Fürsten den Wunsch ein, den Englischen Thron mit ihr zu theilen. Der Erzherzog Karl von Oestreich, zweiter Sohn des Kaisers, und Casimir, Sohn des Kurfürsten von der Pfalz, bewarben sich zu gleicher Zeit um ihre Hand. Casimir, welcher sich zur protestantischen Religion bekannte, schmeichelte sich wegen dieser Uebereinstimmung in Meinungen begünstigt zu werden. Eben diese Uebereinstimmung hatte dem Erbprinzen von Schweden, Erich, dieselbige Hoffnung gegeben. Der Vater dieses Prinzen, Gustav Wasa, regierte noch, als er seine Bewerbungen anfing, um sich durch die Verbindung mit der Erbin eines großen Reiches eine sichere Unterstützung wider seinen Bruder Johannes, Herzog von Finnland, zu verschaffen, von dem er besorgte, er möchte ihm die Krone zu entreissen suchen. Sein gewesener Hofmeister Denis Beurré, ein Reformirter aus Frankreich, hatte ihm diesen Anschlag gegeben, weil er durch die Ausführung desselben einen mächtigen Schutz für seine Parthei zu erhalten hofte. Gustav, welcher des letztern Absichten durchschaute, wollte Anfangs nicht einwilligen, gab aber, da

er schon alt und schwach war, nachher den drin-1563
genden Bitten seines Sohnes nach. Denis Beurré
wurde nebst zwei andern Personen in dieser Absicht
nach London gesandt.

Erich ließ sich durch die ungünstige Antwort der
Prinzessin nicht abschrecken. Gustav schickte ihr,
als sie Marien auf dem Thron gefolgt war, zwei
Gesandte, um den Antrag seines Sohns zu erneuern, und dieser beredete seinen Bruder Johannes, selbst nach England überzugehen, um seine
Vorstellungen mit denen der Gesandten zu vereinigen. Auf ihre Antwort, daß sie keinen Prinzen
heirathen würde, den sie nie gesehen hätte, schrieb
er ihr einen leidenschaftlichen Brief, worin er ihr
sein Land und alles, was ihm am theuersten war,
zum Opfer anbot. Er schlug ihr durch seinen Bruder vor, sich, wenn es die Nation verlangte, in
England krönen zu lassen, und ihr für ihre Scha-
tulle alle Einkünfte der Provinz Smoland anzu-
weisen. Sie schrieb ihm, sie wäre gesonnen frei
zu leben und zu sterben. Er setzte nichts desto weniger seine Bemühungen fort. Auf eine höfliche
Abweisung, da sie unter andern sagte, sie wüßte
nicht, wozu sie sich entschließen würde, wenn sie
einen so vollkommnen Prinzen selbst sähe, hielt er
bei den Ständen um die Erlaubniß an, selbst nach

1563 England zu reisen, und stellte in einer sehr langen
Rede die Vortheile vor, die aus seiner Heirath mit
der Königin von England für Schweden entsprin-
gen würden. Die Stände billigten diese Verbindung und seine Abreise einmüthig. Gustav gab
seine Einstimmung, und der Prinz nahm von ihm
Abschied. Allein die tödtliche Krankheit, die den
Tag darauf seinen Vater befiel, und woran derselbe
den 29. September 1560 starb, hielt ihn in Schweden zurück.

Erich beschäftigte sich mitten unter den Anstalten zur Beerdigung seines Vaters, unter den Sorgen einer angetretenen Regierung, mit nichts als
seiner Leidenschaft, und sandte der Königin von
England durch seinen Kanzler Nyls Gyllenstierna,
welchen Denis Beurré begleitete, ein Schreiben
voll romanhafter Zärtlichkeit. Er erhielt aufs
neue eine abschlägige Antwort, worin ihm Elisabeth, als einen Beweis ihrer Erkenntlichkeit für
seine standhafte Liebe, ihre Freundschaft anbot,
und ihm zugleich versicherte, daß dies alles wäre, was man von einer Monarchin verlangen
könnte.

Der Herzog Johann war auf die Nachricht
von seines Vaters Krankheit nach Schweden zu-
rückgeeilt. Erich entschloß sich, durch die letzte

Antwort der Königin noch nicht aller Hoffnung 1563 beraubt, in eigner Person ihr seine Empfindungen auszudrücken, und ging wirklich, ohngeachtet seines Argwohns gegen den Herzog, den er, wie man sagt, auch für seinen Nebenbuhler bei Elisabeth ansah, mit vierzehn Kriegsschiffen, von seinen beiden andern Brüdern, Magnus und Olaus begleitet, von Elfsborg ab. Allein widrige Winde zwangen ihn wieder in den Haven einzulaufen.

Diese beträchtliche Flotte, mit der er abging, läßt vermuthen, daß er einen Angriff von dem Könige von Dännemark besorgte, dem die Verbindung des schwedischen Monarchen mit der Königin von England allerdings gefährlich scheinen muste. In der That ließ der dänische Hof den Bemühungen Erichs zu London durch geheime Abgesandte aus allen Kräften entgegenarbeiten. Entweder weil er jetzt seine bisherigen Hoffnungen zu verlieren anfing, oder um ihr Eifersucht einzuflößen, ließ er sich ingeheim um alles, was Maria Stuart in Schottland betraf, erkundigen, indeß er seine Bewerbungen bei Elisabeth fortsetzte. Sein Verdacht wegen des üblen Erfolgs seiner Bemühungen in England fiel auf Robert Dudley. Voll Zorn schrieb er seinem Gesandten Gyllenstierna, die Dudleys wären bis ins neunte Glied Verräther gewesen,

1563 und er beföhle ihm, Robert durch einen Deutschen oder Franzosen aus dem Wege räumen zu laſſen; dieſer könnte eiligſt aus England flüchten, und ſollte zehntauſend Thaler zur Belohnung haben. Der Geſandte lehnte den Auftrag ab, bat um ſeine Zuruͤckberufung, und erhielt ſie.

Erich ließ hierauf durch zwei Geſandte um die Hand der Koͤnigin von Schottland anwerben, richtete, nachdem er auch von dort aus eine unguͤnſtige Antwort erhalten hatte, ſeine Abſicht auf die Heſſiſche Prinzeſſin Chriſtina, und wandte ſich aufs neue an Eliſabeth. Dieſe war ſchon von ſeinen anderweitigen Bewerbungen unterrichtet. Er ſuchte ſich deswegen in einem leidenſchaftlichen Schreiben zu entſchuldigen, verwuͤnſchte darin diejenigen, die dergleichen Geruͤchte ausgeſtreuet haͤtten, und bat um eine entſcheidende Antwort. Dieſe konnte um deſto weniger guͤnſtig fuͤr ihn ausfallen, nachdem er ſeinen Bruder Johannes mit der aͤuſerſten Ungerechtigkeit behandelt hatte, und Eliſabeth fuͤrchten muſte, in ihm anſtatt eines Gemals einen Herrn und einen Tyrannen zu erhalten.

Die Bewerbung des Erzherzogs von Oeſtreich ſchien ihr zu gefallen, ohne ſie zu beſtimmen. Sie ließ ihm einige Hoffnung, ſchrieb an den Kaiſer, und verſicherte dem Grafen von Elphenſton, dem diese Unterhandlung aufgetragen war, unter allen 1563 Anträgen, die ihr gemacht worden, wäre ihr keiner angenehmer als der des Erzherzogs. Zu gleicher Zeit warb der Herzog von Holstein, den der König von Dännemark gesandt hatte, um sich den Absichten des schwedischen Monarchen zu widersetzen, für sich selbst um Elisabeth. Sie schätzte diesen Prinzen, der sich durch seine Kriegsthaten in Jütland großen Ruhm erworben hatte. Ihre an ihn gerichteten Briefe hatten ihm Muth gemacht, diesen Schritt zu wagen. Sie überhäufte ihn mit Ehrenbezeugungen und kostbaren Geschenken, und versprach ihm eine ewige Freundschaft. Uebrigens gelangen ihm seine Bemühungen so wenig als den übrigen Prinzen. Ohne ihre Hand zu versagen noch zu schenken, wuste sie sich so geschickt zu betragen, daß alle erst mit der Zeit von ihren Vorhaben ablassen konnten, und von selbst ihre Hoffnungen fahren zu lassen schienen. Der junge Graf von Arran, damaliger vermuthlicher Thronerbe von Schottland, schien ihr einige Zeit zu gefallen; allein sie vernichtete bald seine voreiligen Hoffnungen. Das Feuer des Grafen, durch das täuschende Bild eines solchen Glückes angeflammt, war den Absichten der Königin von England nicht unnütz, und diente wenigstens dazu, die Ruhe der

1562 Maria Stuart zu stören. Auch einige Engländer wagten es, ihre Blicke bis zu ihrer Monarchin zu erheben. Wilhelm Pickering, ein simpler Ritter; der Graf von Arundel von einer großen und alten Familie, aber schon bei Jahren; endlich Robert Dudley, des Herzogs von Northumberland Sohn, dieser Dudley, den Elisabeth, ohngeachtet der Verbrechen seines Vaters, zu dem höchsten Range emporhob, der von dieser Fürstin den Königstitel ausgenommen, alle Würden erhielt, und kein anderes Verdienst hatte, als das, von ihr vorgezogen zu seyn.

Die Summen, welche sie den französischen Protestanten vorgestreckt hatte, und die Kosten für den Unterhalt der nach Frankreich geschickten Truppen, setzten sie in die Nothwendigkeit, von dem Parlament eine Subsidie zu verlangen. Sie hatte die Staatsschulden beinahe alle abgetragen, wichtige öffentliche Anstalten errichtet, und nützliche Künste aufgemuntert. Die Nation war glücklich und ruhig. In der Ueberzeugung, daß die öffentlichen Einkünfte zu ihrem Besten verwandt würden, stand sie nicht an, der Königin zwei Funfzehntheile und sechs Schillinge vom Pfunde auf drei Jahr zu bewilligen. Eine andre Ursache, weswegen das Parlament das Verlangen der Mo-

nachln etfüllte, war die Besorgniß, worin die 1563
Nation ihretwegen gewesen war. Elisabeth hatte
erst die Pocken überstanden. Man hatte an ihrem
Leben verzweifelt. Alles hatte sich dem Schmerz
überlaffen, den ein so großer Verlust in einem
Zeitpunkte verursachen muste, da im Falle ihres
Ablebens die schrecklichsten Unruhen wegen der
Thronfolge und der Religionsverfaffung zu erwarten waren. Die Freude über die verschwundene
Gefahr ging über alle Vorstellung. Aber nun
stellte sich auch das Parlament das Unglück, welches aus dem Mangel rechtmäßiger Thronerben
entstehen konnte, desto lebhafter vor, und ergriff
diese Gelegenheit die Königin zu bitten, daß sie
einen Gemahl wählen oder einen Thronfolger ernennen möchte. So angenehm ihr diese Beweise
von der Liebe ihrer Unterthanen war, so schmerz-
lich war ihr die Nothwendigkeit, sich für Maria
Stuart zu erklären, und die Gefahr, ihr das Recht
der Erbfolge abzusprechen. Von jeher waren die
Rechte des Bluts und die ordentliche Erbfolge in
England heilig gehalten, und immer war diese seit
Egbert, wenn sie gleich in jenen unruhigen Zeiten
oft durch Betrug, durch Gewalt, auch bisweilen,
wenn ein Fürst minderjährig oder unfähig war,
durch Nothwendigkeit unterbrochen worden, wie-

1563 wieder zu ihrer ersten Quelle zurückgekommen. Ohngeachtet der Statuten Heinrichs VIII. hatte sich nach Eduards Tode die Thronfolge nach den Rechten des Bluts gerichtet; Northumberlands verwegne Unternehmungen waren von der Nation vereitelt worden. Das Parlament erkannte Mariens Rechte in starken, und nach deren Tode Elisabeths Rechte in noch stärkern Ausdrücken. Maria Stuart hatte wirkliche aber nur entferntere Ansprüche, für welche sie alle benachbarte Mächte umsonst würde bewaffnet haben; wenigstens würde ihre Gewalt, wenn sie bei Lebzeiten ihrer Nebenbuhlerin den Thron bestiegen hätte, unsicher, und vermuthlich nicht von langer Dauer gewesen seyn. Die beständigen Besorgnisse, welche Elisabeth beunruhigten, waren also bloße Hirngespinste.

Katholiken und Protestanten erwarteten mit gleicher Ungeduld die Entscheidung der Königin, und stimmten einmüthig für die Rechte des Bluts, welche Marien gehörten. Elisabeth könnte sie nicht ausschließen, ohne ein allgemeines Mißvergnügen zu erregen; auch fürchtete sie, diese Fürstin, welche schon durch erlittene Beleidigungen erbittert, und noch mächtig genug war, um sich für ihre Feindin zu erklären, noch mehr zu reizen. Doch Haß und Herrschsucht verschlossen ihre Augen für ihren wah-

ren Vortheil. Sie antwortete dem Parlamente, 1563
sie wäre noch nicht entschlossen, immer im ehelosen
Stande zu bleiben; die Schwierigkeiten, welche
eine ungewiße Thronfolge nach sich zöge, wären zu
groß, als daß sie ihr Volk denselben aussetzen
möchte, und sie würde nicht eher ruhig und glücklich seyn, bis sie die Ruhe der Nation in dieser
Rücksicht gegründet hätte. *) Durch diese ver-
schlagene Antwort legte sie dem Parlamente, dem
Volk und Marien selbst Stillschweigen auf, und
behielt es sich vor, die Mittel, sich bei dieser Fürstin
in Furcht zu setzen, mit denen, die sie schon hatte,
sich bei der Nation beliebt zu machen, zu verbinden.

Sie machte verschiedne Gesetze, um die königliche Gewalt gegen die päbstliche fester zu gründen.
Wer überwiesen war, durch Schriften, Worte
oder Handlungen die Obergewalt des Pabstes anerkannt zu haben, wurde in die Strafe des Hochverraths verurtheilt. Alle Stände, der Adel ausgenommen, mußten der Königin von neuem den Eid
der Treue schwören: die erste Weigerung wurde mit
Verbannung und Einziehung aller Güter bestraft,
und die zweite als Hochverrath angesehen. Zu diesen harten Strafgesetzen, welche vielleicht einigem

*) Hume, Kap. 2. Cambden, S. 390. Ewes
Tagebuch, S. 76.

1563 Argwohn von Verschwörung ihren Ursprung ver-
dankten, setzte die Königin diese Worte voll Milde
hinzu: doch daß kein Blut vergossen werde.
Allein sie setzte keine gewisse Strafen für Verbrechen fest, die, da sie als Majestätsverbrechen sollten betrachtet werden, nach den Gesetzen Lebens-
strafen nach sich ziehen musten. Das hieß die Richter irre führen, und sich selber in den Fall setzen,
nach den Umständen, nach dem Range der Verbrecher und ihrer Consistenz im Staate, nach
Privathaß oder Privatrache. zu sprechen. Ohne
Zweifel behielt sie sich das Recht vor, nicht anders
als wenn es ihr Wille wäre, Blut zu vergießen.
Sie bewies dieses, indem sie Schuldigen das Leben
schenkte; aber das Recht, das sie sich anmaßte,
war deswegen nicht weniger tyrannisch. Der Lord
Montdigu protestirte gegen diese Bill; er unterstand sich zu sagen, sie wäre wider die Menschlichkeit, die Vernunft und die gesunde Politik; die
Katholiken wären gehorsam, sie predigten nicht,
erregten keine Unruhen, unterhielten keine öffentliche Unordnungen, und es wäre ungerecht den
Gewissen Zwang anzulegen. So redte Montaigu,
verweigerte seine Stimme, und Elisabeth beehrte
ihn nichts weniger mit ihrem Vertrauen. Sie
foderte den neuen Eid der Treue in Religionssachen

nur von denen, die in geistliche Orden getreten 1563
waren, oder die ins künftige den geistlichen Stand
erwählen wollten, oder die durch fortgesetzte Beobachtung der Gebräuche der Römischen Kirche und
durch Handlungen, die der königlichen Gewalt entgegen waren, ihren ersten Eid gebrochen hatten. *)

Das Parlament beschäftigte sich mit einem
andern Gesetze, welches in einem Punkte weise,
und in einem andern unsinnig war. Der fanatische
Eifer einiger Prediger, welche das Volk verführen,
es von den einfachen Grundsätzen der Regierung
abwendig machen, und die gewünschte Einigkeit
stören konnten, sollte dadurch in Schranken gehalten werden; allein hiermit wurden Hexereien und
Bezauberungen zusammengesetzt: eine wahre Ent-
weihung der Gesetze, sie auf die verächtlichsten Gegenstände einer einfältigen Leichtgläubigkeit anzuwenden, und diesen Hirngespinsten eine Art von
Existenz zu geben. Ohne Zweifel wurden diese Gesetze durch die Verschwörung Arthurs und Edmunds
de la Pole, Neffen des Kardinals de la Pole,
veranlaßt. Sie wurden gerichtlich angeklagt, daß
sie mit einigen andern den Plan gemacht hätten,
nach Frankreich zu gehen, dort bei dem Lothring-

- *) Strype, S. 260. Cambden, S. 391. Hume,
Kap. 2.

1563ſchen Hauſe um Truppen und Geld anzuhalten,
dieſelben ſo geheim als möglich nach Wallis überzu-
bringen, und alsdann Maria Stuart als Königin
von England auszurufen, und Arthurn de la Pole
zum Herzoge von Clarence zu erklären. Sie bekannten dieſen Plan entworfen zu haben, verſicher-
ten aber zugleich, er hätte nicht eher ausgeführt
werden ſollen, als nach dem Tode der Königin,
welcher, wie ſie ſagten, nach der Vorherſagung
einiger Aſtrologen vor Ende des Jahrs erfolgen
würde. Ihr Prozeß wurde nach ihrem Geſtänd-
niſſe in kurzer Zeit geendigt; aber die Königin ſah
ſie nicht als Boshafte ſondern als Unſinnige an,
und ſchenkte ihnen das Leben. *)

.. Maria Stuart hatte indeß neue Unglücksfälle
erfahren. Ihre Ruhe wurde Anfangs durch Streitigkeiten zwiſchen dem Grafen von Arran und
dem Grafen von Bothwell geſtört. Unter beider
Familien herrſchte ſchon ſeit lange eine Feindſchaft,
welche aus einigen ſtreitigen Beſitzungen entſtanden
war. Knox, welcher ſich in Religionsſachen ein
blindes Zutrauen erworben hatte, bemühte ſich immer vergebens, dieſe durch weltliches Intereſſe
getrennten Häuſer zu vereinigen. Der Herzog von

*) Cambden, S. 389. Heylin, S. 154. Hume,
Bd. 1. Kap. 1.

Chatelleraud und deſſen Sohn hegten auch gegen1563
Lord James den tiefeu Groll, den ein glücklicher
Nebenbuhler einzuflößen pflegt. Er hatte ſie von
der Staatsregierung entfernt; die Wohlthaten der
Monarchin gingen durch ſeine Hände, verſchiedne
blieben in ſeinen Händen zurück, und alle Große
ſahen ſich mit Verdruß an Macht und Vermögen
von ihm übertroffen. Bothwell war nicht weniger
als die Hamilton ſein Feind. Auf einmal klagte
der Graf von Arran ſeine eignen Verwandten, die
Hamilton, und den Grafen von Bothwell an,
daß ſie ſich zuſammengerottet hätten, den Lord
James in dem Park von Falkland zu ermorden,
und denunzirte ſie dieſem Lord ſelber. Es iſt nie
ausgemacht worden, was für Abſichten er gehabt
haben mag, für die Erhaltung eines ihm verhaßten Mannes, mit Hintanſetzung der Ehre und des
Lebens ſeines Vaters und der Häupter ſeiner Familie, ſo viel Sorgfalt zu zeigen. Beweiſe und Zeugen für ſeine Anklage fehlten gänzlich. Alle Ange-
ſchuldigte läugneten mit der gröſten Standhaftigkeit. Der Graf von Arran erbot ſich gegen den
Grafen von Bothwell zu einem gerichtlichen Zweikampf. Allein da die Königin ſo wenig als der
Graf von Marr in der ganzen Sache das geringſte
Licht erhalten konnte, ſo faßte ſie den menſchlichen

1563 Entschluß, weder die Beklagten noch den Kläger
zu harten Strafen zu verurtheilen. Einige wurden in abgesonderte Gefängnisse gesetzt, und der
Graf von Arran zeigte in der Gefangenschaft bald
Merkmale von Verrückung, welche vielleicht die
Ursache einer so verwegenen Anklage gewesen war.
Wenigstens ist dies eher zu vermuthen, als daß er,
wie einige Schriftsteller ohne Beweis behaupten,
aus großmüthigen Absichten gehandelt habe. Doch
wie dem auch sey, so verursachte dieser unglückliche
Streit der Königin neue Verdrießlichkeiten, zwang
sie einem der ersten Schottischen Häuser ihr Zutrauen zu entziehen, und einen großen Theil des
hohen Adels von sich zu entfernen.

Weit ernsthaftere Folgen hatte der Haß des
Kanzlers, Grafen von Huntley. Einer seiner
Söhne, Lord Gordon, war mit einem andern jungen Herrn von Adel in Streit gerathen. Von
einer Schaar bewafneter Leute begleitet, hatten
sie sich mitten in Edinburg ein Gefecht geliefert.
Gordon verwundete seinen Gegner gefährlich. Der
Magistrat ließ die Schuldigen in Verhaft nehmen;
und die Königin, über eine Verwegenheit aufgebracht, durch die ihr Ansehen litt, befahl, bis die
Gerichte ihr Urtheil gefällt haben würden, das
Vergehen mit einem harten Gefängnisse zu bestrafen.

fen. Die Monarchin handelte bei dieser Gelegen-1563
heit so strenge wegen des Argwohns, den der Graf
Arran durch seine Anklage auf Huntleys Betra-
gen geworfen hatte. Der junge Gordon betrog die
Wachsamkeit seiner Hüter, und stieß schleunig zu den
Vasallen seines Vaters, welche sich unter dessen Be-
fehlen versammlet hatten, um sich dem Laufe der
Gerechtigkeit zu widersetzen. Die von der andern
Parthei hatten gleichfalls die Waffen ergriffen; und
als die Königin von Edinburg nach den nördlichen
Provinzen ihres Reichs abging, so verdroß Hunt-
leyn, den schon die seinem Sohne widerfahrne strenge
Behandlung schmerzte, noch die nahe Ankunft seiner
Monarchin in einem Theile von Schottland, wo die
Einwohner bisher keine andre als seine Gewalt gekannt hatten. Die Gegenwart des Lord James, damals Grafen von Marr, der so sehr bei der Königin in
Gnade stand, daß Huntleys Vasallen die bisherigen hohen Vorstellungen von seiner Macht fahren
lassen musten, erfüllten seine Seele mit wilder Verzweiflung. Doch verbarg er noch die verhaßten
Anschläge, die er ohne Zweifel schon geschmie-
det hatte. Er that, als wollte er seine Gebieterin
zu besänftigen suchen, und schickte ihr die Gräfin
von Huntley entgegen, welche Verstellungskunst
und Verschlagenheit in einem hohen Grade besaß-

Gesch. Elisab. 3. Th.　　　　　C

1563 Allein nichts konnte die Königin die Fehler des jun=
gen Gordon vergessen machen; sie verlangte, er solle
sich wieder vor seine Richter stellen, und sich der
Gnade seiner Monarchin überlassen. Er versprachs,
entging aber seinen Wächtern zum zweitenmal, stellte
sich in den nördlichen Provinzen an die Spitze der
Vasallen seines Vaters, und rückte gegen Aberdeen
an. Maria erfuhr dies, indem sie sich nach dem
Schlosse Stirling begab, wo der Graf von Hunt=
ley sie empfangen sollte. Alles war hier vorberei=
tet, um die Grafen von Marr, von Morton und
von Lethington zu ermorden. Glücklicher Weise
hinderte die erste Regung von Unwillen Marien
in des Grafen Schloß zu gehen, und ersparte ihr
ein so entsetzliches Schauspiel. Als sie bei dem
Schlosse von Inverneß, welches der Familie Hunt=
ley gehörte, ankam, verschloß ihr der Befehlsha=
ber die Thore. Sie gerieth, da sie nur unter einer
schwachen Bedeckung reiste, in die größte Bestür=
zung, und gab Befehl, in aller Eile Schiffe zu
bemannen, um ihren Rückzug zu sichern. Die
Treue einiger alten Familien rettete sie aus dieser
Gefahr. Die Truppen, die sich in Menge zu ihrem
Schutze um sie her zusammenzogen, flößten ihr
einigen Muth ein; sie gab dem Lord Erskine die
Grafschaft Marr, und dem Lord James den Titel

eines Grafen von Murray nebst allen dieser Würde
anhängigen Gütern, welche seit dem Jahre 1548
der Familie des Grafen von Huntley gehörten.
Dieser, wütend über eine solche Nachricht, rückte
mit allen Truppen, die er hatte zusammen bringen
können, gegen Aberdeen an, wo die Königin ver-
schanzt war. Der Graf von Murray, ohngeachtet seiner wenig vortheilhaften Stellung, schlug die
ihm an Menge überlegenen Feinde. Georg Huntley blieb, seine Anhänger wurden zerstreut, seine
Söhne gefangen genommen. Gordon wurde enthauptet, sein ältester Bruder, der um seine Anschläge gewußt hatte, zu derselbigen Todesart ver-
urtheilet, nachher aber begnadigt, und die Lebensstrafe in eine starke Geldbuße verwandelt: die
übrigen wurden verurtheilt transportirt zu werden.
Indeß verzieh Maria dem letzten Sohne des Grafen in Betracht seines zarten Alters. Aber um
einer so unruhigen Familie nicht aufs künftige die
Mittel zur Ausübung einer lange gehegten Rache
zu lassen, nahm sie derselben jene Güter ab, welche
sie so übermüthig gemacht hatten, und setzte sie in
den Zustand der Mittelmäßigkeit herab, worin es
selten möglich ist große Entwürfe auszuführen.

Die katholische Religion verlor in den Häuptern
dieser Familie eine mächtige Stütze; aber Maria,

1563 welche dem Gewiſſen ihrer Unterthanen keinen
Zwang anthun wollte, ließ, ohne auf den Partheigeiſt zu hören, den Geſetzen die Freiheit, mit
gleicher Strenge gegen einen Papiſten zu verfahren, wie ſie gegen einen Proteſtanten würde verfahren haben. Seit langer Zeit würde ſie ſogar das
Betragen des Kanzlers haben beobachten laſſen,
wenn nicht die Lothringiſche Familie dieſen gefährlichen Mann geſchützt hätte. Der Kredit dieſes
Hauſes hatte von jeher die Königin von Schottland viel gekoſtet. Der Pabſt und der Kardinal
von Guiſe hatten ihr ſchriftlich dieſen Mann empfohlen, der in Schottland durch ſeine Macht und
ſeine Reichthümer, und dem römiſchen Hofe durch
ſeine Anhänglichkeit an die katholiſche Religion ſo
wichtig war. Beide gaben ihr zu verſtehen, ſie
würde, wenn ſie ihm mit der Hoffnung ſchmeichelte, den Lord Gordon, den erſten Anfänger jener
Unruhen zu heirathen, einen ſeinem Vaterlande
und dem heiligen Stuhle getreuen Unterthan erhalten. Allein Mariens edler und äußerſt ſanfter
Charakter erlaubte ihr weder einem ſo unruhigen
Kopfe zu ſchmeicheln, noch ihre Unterthanen durch
eine ſo außerordentliche Wahl gegen ſich aufzubringen. Sie achtete auf dieſe Winke gar nicht. Huntley glaubte vielleicht, der Graf von Marr wäre

schuld an der Verachtung, die er von der Königin 1562 erfuhr, und vielleicht entstand hieraus die entschiebne Feindschaft, wovon er ihm so starke Proben gab.

Es scheint nicht, daß Elisabeth an der Verschwörung des Grafen von Huntley Theil genommen habe, wenn es gleich seyn kann, daß sie darum wuste, ohne Marien davon zu unterrichten. Diese Fürstin hatte deswegen auch keinen Argwohn gegen sie, und ließ sie um eine persönliche Zusammenkunft bitten, um sich desto leichter und freier mit ihr über den Traktat von Edinburg zu unterreden. Elisabeth antwortete auf diesen Vorschlag, als ob sie die Ausführung desselben gewünscht hätte. Sie ließ die nöthigen Anstalten dazu machen, bestimmte York als den Ort der Zusammenkunft, ließ die Conventionen und das zu beobachtende Ceremoniel entwerfen, ein sicheres Geleit für die Königin und für tausend Personen von ihrem Gefolge ausfertigen, und schien den Augenblick der Zusammenkunft mit Ungeduld zu erwarten. Aber sie hatte sich vorbehalten, sich nicht eher nach dem verabredeten Orte zu begeben, als bis die französischen Angelegenheiten beendigt seyn würden; und in dem Augenblicke, da sie sich auf diese Bedingung einließ, unterhandelte sie mit dem Prinzen von Condé, und ließ Truppen nach Frankreich übersetzen. Als es

1563 auf die Erfüllung der eingegangenen Artikel ankam, ließ sie Marien durch Philipp Sidney sagen: die auswärtigen Angelegenheiten, und die außerordentliche Aufmerksamkeit, die sie auf dieselben wenden müßte, erlaubten ihr nicht, sich von London zu entfernen. Es war nie ihre Absicht gewesen, einer Nebenbuhlerin den Eingang in ihre Staaten zu erlauben, die in der Blüte der Jugend und der Schönheit war, deren bezaubernde Anmuth unwiderstehlich schien; Engländer und Schottländer hatten ihr zu hohe Vorstellungen von derselben beigebracht.

Diese Schönheit gereichte einem französischen Edelmanne aus Dauphiné, Namens Chatelard, welcher von dem berühmten Ritter Bayard abstammte, zum Verderben. Eine angenehme Gestalt, und sehr einnehmende Sitten, mit dem in seinen geringsten Handlungen sich zeigendem Bestreben zu gefallen, und dem Talente artige Verse zu machen verbunden, ließen ihn von der Königin nicht unbemerkt. Er wurde zu allen ihren Vergnügungen zugezogen, und er wußte sich bei denselben nothwendig zu machen. Sie würdigte ihn sogar ihrer Vertraulichkeit, und er machte oft Verse auf ihre Schönheit, ihre Anmuth und ihre großen Eigenschaften. Seine unbeschränkte Dankbarkeit

ward bald zu einer heftigen Leidenschaft, der er 1563
sich ohne Zurückhaltung überließ. Er schlich sich
eines Abends in das Schlafgemach der Königin,
wurde von einer Kammerfrau derselben entdeckt,
und schimpflich hinausgewiesen. Die Gnade der
Königin, welche ihm diesen Fehler verzieh, machte
ihn kühn genug, sich zum zweitenmal in ihrem Gemache treffen zu lassen. Er wurde auf ihren Befehl festgenommen, und nach den Gesetzen verurtheilt enthauptet zu werden. Maria sah wohl ein,
daß die schwierige Lage, in der sie sich befand, das
durch diesen Vorfall erregte Aufsehen, und die
Würde ihres Ranges ihr nicht erlaubten, ihm das
Leben zu schenken. Der Verdacht, den die Verzeihung des ersten Vergehens zum Nachtheil ihres
guten Namens veranlaßt hat, ist sicherlich ungegründet; Maria verdiente und besaß damals, ohngeachtet des Geschreies der Prediger und der Wut
der reformirten Parthei, die Achtung ihrer Unterthanen.

Verschiedne Fürsten strebten indeß nach ihrer
Hand. Sie hatte einer Unterstützung nöthig, und
sie war nicht abgeneigt eine Wahl zu treffen. Ein-
heimische und Ausländer, Katholiken und Protestanten, waren voller Erwartung, was für einen
Entschluß sie fassen würde. Vorzüglich aber beküm-

1563merte sich Elisabeth darum, und ihre Intrigen in Schottland wurden geschäftiger. Der Kaiser stand mit dem Kardinal von Lothringen wegen des Erzherzogs Karl von Oestreich in Unterhandlung. Maria erkundigte sich durch Melvil, welcher damals an dem Churpfälzischen Hofe war, nach der Person und dem Charakter des Erzherzogs. Der König von Spanien schlug ihr, aus Furcht, Schottland noch einmal in Frankreichs Gewalt, und Maria Stuart an dem Hofe des Kaisers gleichsam regieren zu sehen, seinen ältesten Sohn, Don Carlos vor. Die Regentin von Frankreich, um das schon zu mächtige Haus Oestreich nicht noch mächtiger werden zu lassen, trug Elisabeth die Hand des jungen Königs Karls IX. und Marien die Verbindung mit dem Herzoge von Anjou, dem ältesten Bruder dieses Fürsten, an. Elisabeth antwortete auf den ihr gethanen Antrag: Karl der IX. wäre zu groß und zu klein: sein Reich wäre von zu weitem Umfange, als daß er es verlassen könnte, um nach England überzugehen, und sie müste in dem ihrigen bleiben, weil die Engländer ihre Beherrscher gerne bei sich sähen, sie gäbe endlich dem Könige und der Königin Mutter zu bedenken, ob nicht das zu ungleiche Alter der vorgeschlagenen Vermählung im Wege stehen sollte. Indeß suchte sie Mariens Verbindung mit dem Herzoge von 1563 Anjou zu verhindern, indem sie diesem weit glänzendere Aussichten zeigen wollte, so wenig sie auch im Ernste an ihn dachte. Doch sie durfte sich nicht lange hierüber beunruhigen. Das Beispiel Heinrichs des VIII. schreckte Marien ab, den Bruder ihres Gemals zu heirathen. Dazu wollte sie sich in Frankreich nicht in einem niedrigern Range zeigen als derjenige war, den sie vordem behauptet hatte, noch sich der Verachtung der falschen und gefühllosen Katharina von Medici blosstellen. Sie war mehr zu einer Vermählung mit dem Erzherzoge Karl geneigt. Allein Elisabeth suchte diese Verbindung zu verhindern. Sie ließ dem Kaiser Maximilian durch den Grafen von Sassex zu seiner Krönung Glück wünschen, und ihm von ihrer Seite einige Hoffnung machen. Zu gleicher Zeit stellte ihr Gesandter in Schottland Marien nachdrücklich vor, ihre Vermählung mit irgend einem auswärtigen Fürsten würde gewiß Elisabeths Feindschaft erregen, ja sie könnte einen blutigen Krieg verursachen, und diese Zwistigkeiten würden den Verlust ihrer Rechte an die Englische Thronfolge ohnfehlbar nach sich ziehen; wenn sie hingegen einen Engländer oder einen Schottländer wählte, welcher beiden Nationen angenehm wäre, so könnte sie sich auf immer

1563 der Freundschaft der Englischen Monarchin versichert halten, welche alsdann ihrer guten Schwester eine völlige Gewißheit von ihren Gesinnungen
geben, sie zu ihrer Nachfolgerin ernennen, und
dies öffentlich erklären würde.

Elisabeth sah zu ihrer völligen Zufriedenheit
diese sich durchkreuzenden und so geschickt angelegten
Intrigen von dem gewünschten Erfolge begleitet.
Die verschiednen Bewerbungen so vieler Nebenbuhler, und ihre Unterhandlungen, die Ränke der
Katharina von Medici, die Eifersucht Philipps
und des Kaisers, die Schwierigkeit ihre Unterthanen zu befriedigen, welche die katholische Religion
und das Gewicht eines fremden Joches fürchteten,
die Vorstellungen der Königin Elisabeth, und die
Gefahr, wenn sie diese Fürstin beleidigte, ihre
Rechte auf den Englischen Thron zu verlieren, alles
dieses versetzte Maria Stuart in den Zustand der
peinlichsten und angstvollesten Ungewißheit. Nachdem die Hamilton, die Gordon und der Graf von
Bothwell verwiesen, zu Grunde gerichtet, und
einige am Leben gestraft waren, fing Murray
öffentlich an, das Alter, die Verdienste und die
großen Thaten seiner Vorfahren zu rühmen, und
den unvermeidlichen Verlust einer Krone zu bedau-
ren, welche seit Jahrhunderten in dieser berühmten

Familie erblich gewesen wäre. Die protestantischen 1563 Geistlichen wiederholten treulich diese Aeußerungen, und ihr Beschützer ward hierdurch kühn genug, seiner Schwester vorzuschlagen, daß sie seine Stammerben und zuförderst ihn selber, als das männliche Stammhaupt seiner Familie, zu Thronfolgern substituiren sollte. Maria, nicht weniger für das Haus Stuart interessirt als Murray, kam jetzt auf die Gedanken, einen Gemahl aus ihrer Familie zu wählen. Aber die Unruhen, wodurch ihr Ansehen in ihren Staaten geschwächt wurde, und mehr als einmal ihre Person und ihre Freiheit in Gefahr gerieth, vermehrten ihre Verlegenheit. Sie sah mit Betrübniß die Katholiken auf Anstiften fanatischer Protestanten ins Gefängniß schleppen; und da sie niemals Todesstrafen gegen dieselben verfügte, so schrieen die Prediger über Gotteslästerung und Schändung der Religion. Die Königin stellte Knoxen in einer Unterredung vor, wie grausam es wäre, Menschen wegen verschiedner Religionsmeinungen am Leben zu strafen; und bei dieser Gelegenheit drückte er sich mit solcher Heftigkeit gegen Marien aus, daß sie in seiner Gegenwart Thränen vergoß. Viele katholische Geistliche und Edelleute gingen nach England. Der Erzbischof von Andrews, einige Priester und Mönche

1563 wurden als Ketzer vor Gericht gefodert, wo sie aus Furcht sich schuldig bekannten. Sie flehten die Gnade der Königin an, und musten so lange im Gefängnisse bleiben, bis sie glaubte, sie wieder in Freiheit setzen zu können. Maria gewann dadurch, daß sie ein gerichtliches Verfahren gegen Katholiken gestattet hatte, in der Meinung des Volks, welches hoffte, daß sie dereinst die Religion ihrer Unterthanen annehmen würde. Sie ernannte den Grafen von Morton zum Kanzler, und berief darauf das erste Parlament unter ihrer Regierung zusammen, dessen erste Sitzung sie mit einer Rede voll Klugheit und Wohlwollen gegen ihre Unterthanen eröffnete. Die außerordentliche Pracht, womit sie bei dieser Gelegenheit erschien, und worin der Adel sie nachahmte, hatte schon das Volk für sie eingenommen; und das Parlament beeiferte sich ihre weisen Absichten zum Wohl des Reiches zu befördern.

Maria gab bald darauf neue Beweise von ihrer Gelindigkeit und Milde. Sie ratifizirte den Artikel des Traktats von Edinburg, durch den sie alle vorige Beleidigungen zu vergessen versprach, und eine allgemeine Amnestie ohne Einschränkung und ohne Ausnahme zugestand. Sie machte weise Verordnungen zur Aufnahme des Handels und zur

Verbeſſerung der Erziehungsanſtalten; ſie gab 1563
Strafgeſetze wider Vergewaltigungen und Betrug;
ſie ſchützte die Städte und Flecken bei ihren Vor-
rechten, und authoriſirte, ja verpflichtete ſie durch
ein neues Geſetz, bei jeder Gelegenheit, wo von
Krieg und Frieden, oder von Taxen und Auflagen
die Rede ſeyn würde, ihre Abgeordneten zu den Be-
rathſchlagungen des Generalkonſeils zu ſchicken. *)
Doch die Geiſtlichkeit, unzufrieden, daß auf ihre
Glücksumſtände und ihre Vergrößerung nicht gedacht wurde, fuhr, dieſer weiſen Verordnungen
ohngeachtet, fort, überall die Gemüther zu er-
hitzen, und Unruhen anzuſtiften. Knox entblödete
ſich nicht, in Abweſenheit der Königin, ſelbſt in ihrem
Pallaſte das Feuer des Aufruhrs anzufachen, und
durch Circularſchreiben ſeine Freunde und Anhänger zu verſammlen. Er wurde hierüber des Hochverraths angeklagt. Er hatte nach dem Urtheil
der Vernünftigſten eine exemplariſche Beſtrafung
verdient, allein die Häupter der proteſtantiſchen
Parthei entzogen ihn derſelben. Ein auffallender
Beweis von der damaligen Anarchie in Schottland
und den Fehlern dieſer Regierung, da die öffentliche Gewalt weder in den Händen des Oberhaup-

*) Gilbert Stuart, S. 65. Aus den gedruckten
Parlementsakten gezogen.

1563tes im Staate noch des Parlamentes war, sondern
so zu reden dem ersten Besitznehmer gehörte.

Ein andres Schauspiel boten Frankreich und
England dar. Englische Kriegsvölker kamen in
Frankreich einer Parthei zu Hülfe, welche die ersten
Prinzen vom Geblüte an ihrer Spitze hatte; der
Kern des Adels und die bravsten Soldaten fochten
gegen ihren König; Elisabeth behauptete, bloß als
eine großmüthige Freundin zum Besten des Königs
und des Reichs die Waffen gegen die verwegnen
Unternehmungen des Hauses Lothringen ergriffen
zu haben, verschwieg aber die Absicht Calais wieder zu erhalten. Die Guisen hatten die Macht des
Monarchen so sehr geschwächt, daß ihm nicht Krieger genug übrig blieben, um die wenigen Truppen
einer fremden Königin, welche in seinen Gränz-
plätzen seine eignen Unterthanen gegen ihn bewaf-
nete, über das Meer zurückzutreiben. Auf die
Frage des französischen Hofes, warum ihre Truppen in einem fremden und mit ihr verbündeten
Reiche gelandet hätten, gab sie zur Antwort: sie
wollte Karl IX. und Frankreich von den Feinden des
Staats befreien.*) Sie gab vor, sie hätte das
Vorhaben entdeckt, den Traktat von Cateau-Cam-
bresis zu verletzen, und beschwerte sich über die

*) Forbes, S. 130. 137. 145. 188.

unterlaſſene Ratifikation des Vertrages von Edin-1563
burg. Entfielen den franzöſiſchen Geſandten Ausdrücke, die der ihr gebührenden Ehrfurcht und Unterwerfung zuwider ſchienen, ſo erhob ſie laute
Beſchwerden darüber, und fand nicht die geringſte
Widerrede. *)

Endlich verlangte die Königin ausdrücklich von
der Regentin, daß den Proteſtanten, auf die Vor-
ſtellung des Prinzen von Condé, unter Bedingung
des Eides der Treue gegen den König und den
Staat, freie Religionsübung zugeſtanden würde;
daß ihr, um der treuen Beobachtung des Traktats
von Catau-Cambreſis verſichert zu ſeyn, worauf
ſie, nach dem bisherigen Betragen des franzöſiſchen
Hofes nicht rechnen können, die Stadt Calais ſogleich ſollte herausgegeben werden. Noch foderte
ſie eine Summe Geldes, als Entſchädigung für den
darin angerichteten Schaden, und eine andre
Summe für die angelegten Feſtungswerke und den
nothwendigen Kriegsvorrath um ſich des Platzes
Havre de Grace zu bemächtigen. Auf dieſe Bedingungen verſprach ſie, den letztern Ort wieder herauszugeben, welcher den Franzoſen wichtiger wäre
als Calais. Doch die Franzoſen dachten anders
über dieſen Punkt. Der Engliſche Geſandte Throg-

*) Idem, S. 314. 256. 333.

1563 morton richtete durch alle Bemühungen, die er bei dem Herzog von Guise anwandte, um das Betragen seiner Monarchin zu rechtfertigen, und ihn gegen ihre Foderungen nachgiebig zu machen, nichts aus. Er muſte Unannehmlichkeiten erfahren, und wie er der Königin ſchrieb, auf ſeinen Abſchied und ſeine Päſſe vergebens warten. Der ſpaniſche Geſandte von Chantonet ſuchte, nach ſeinem Berichte, die Herausgabe von Calais und alles, was zu Englands Nutzen, Ruhm und Sicherheit gereichen konnte, aus allen Kräften zu verhindern. *) Der Admiral von Coligny, Dandelot und die Prinzeſſin von Condé wandten ſich hierauf an Eliſabeth, und erhielten von ihr außer Mannſchaft und Geld noch anſehnliche Verſprechungen. **) Der Graf von Vieilleville, welcher an St. Andrés Stelle Marſchal von Frankreich geworden war, wurde indeß nach Rouen geſchickt, mit Befehl, wenn es möglich wäre, Dieppe und Havre wieder wegzunehmen. Caſtelnau nahm das nahe bey dem letztern Orte an der Seine gelegene Schloß Tancarville wieder ein. Dieſer Poſten diente dazu, die Engländer

*) Forbes, S. 260. Throgmorton an Cecill, den 3. Januar 1563.

**) Forbes, S. 265. 263. 272. 274. 285. 290. ꝛc.

länder von der Seite dieser Stadt einzuschließen, 1563 und ein Magazin von Lebensmitteln und Kriegs= vorrath anzulegen, eine Vorsicht, welche durch die Verheerung der Normandie schlechterdings nothwen= dig geworden war. Die Armeen hatten dort die schrecklichsten Verwüstungen angerichtet. Die Ka= tholiken hatten nicht weniger Schaden gethan als die Engländer und Hugonotten. Die Einwohner auf dem Lande hatten sich mehrentheils mit ihrem Vieh und allem, was ihnen gehörte, in die daselbst befindlichen Steinbrüche geflüchtet. *) Doch wurde die Belagerung von Havre de Grace bis zur Been= digung der Belagerung von Orleans aufgeschoben, zu welcher sich der Herzog von Guise wider die Mei= nung aller Generale seiner Armee entschloß. Der Admiral hatte sich verschiedner Plätze in der Nor= mandie bemächtigt, und erwartete vieles von der Unterstützung der Königin von England; die in die Stadt Rouen gelegten Truppen waren zu schwach, um sich den Engländern und dem Admiral, wenn sich beide vereinigten, zu widersetzen. Castelnau stell= te der Königin Mutter vor, wie nothwendig es bei dieser schlimmen Lage der Normandie wäre Verstär=

*) Memoires de Castelnau, Buch 4, S. 240 f. Throgmortons Brief an die Königin von England, Chartres, den 13. Januar 1563.

Gesch. Elisab. 3. Th.   D

1563 kung dahin zu senden, und erhielt den Auftrag, den Herzog von Guise zur Aufhebung der Belagerung von Orleans zu vermögen. Allein dieser hörte auf keine Vorstellungen. Er eilte seinem Verderben entgegen, und Castelnau, welcher nach Rouen geschickt wurde, um den Commandanten dieser Stadt, den Marschal von Brissac, noch auf einige Tage zur Geduld zu ermahnen, erfuhr eben daselbst durch einen dem letztern zugeschickten Kurier, daß der Herzog meuchelmördrischer Weise getödtet wäre. Poltrot, ein junger Adlicher aus Angoumois, schoß hinter einer Hecke heraus eine mit drei Kugeln geladene Pistole auf ihn ab, und nahm die Flucht. Er wurde aber bald gefangen genommen, und nach Blois gebracht. *) Die Wunde war an sich nicht tödtlich, aber die Kugeln waren vergiftet, und der Herzog starb den vierten Tag. Er versicherte vor seinem Ende, er wäre an dem Blutbade von Vassy unschuldig. **) Er vergab

*) Mémoires de Castelnau, B. 4. S. 262. Mezerai, S. 115 f.

**) Brantome, Th. 4. S. 89. Diesem Schriftsteller ist nicht immer blindlings zu glauben, wenn er zu Gunsten der Anführer der katholischen Parthei, und des Lothringischen Hauses schreibt, an das er durch seine Dienste gebunden war. Viel-

großmüthig seinem Mörder, und rieth der König 1563
gin, welche mit ihrem Sohne ins Lager kam, Frieden zu schließen, um die Feinde des Staats aus
dem Reiche vertreiben zu können.

Poltrot, Herr von Meré, war in Spanien
bei dem französischen Gesandten erzogen worden.
Er war als ein hitziger Kopf bekannt, der sich
durch keine Hindernisse von der Ausführung schwie-
riger Unternehmungen abschrecken ließ. Er ergriff
die Parthei der Protestanten, und diente dem Admiral als Spion. Er gab in seinem Verhöre den
Admiral und Theodor von Beza an, welche ihn zu
dem Morde sollten verleitet haben; auch nannte er
die Marschälle von Feuquieres und von Brion. Er
nahm bei der peinlichen Frage, die vor seiner Hin-

leicht machten ihn Dankbarkeit und Anhänglichkeit an seine Religion bisweilen partheiisch. Doch
macht er diesen Fehler dadurch wieder gut, daß
er von der andern Seite ehrlich genug ist, den
Häuptern der protestantischen Parthei völlige Gerechtigkeit widerfahren zu lassen. Nachsehen kann
man über diese Grausamkeiten, deren Schuld
man von dem Herzoge von Guise hat abwälzen
wollen, eine Geschichte dessen, was sich seit 1556
bis 1561 in Frankreich zugetragen hat. Manuscr.
de Béth. No. 9743.

D 2

1563richtung herging, diese Anklagen erſt völlig zurück, und erklärte kurz darauf wieder, daß der Admiral allein ihm zu dieſem Verbrechen gerathen hätte; eine Ausſage, die er dem erſten Präſidenten des Parlaments, Herrn de Thou noch ins beſondre bekräftigte. Seine wenig übereinſtimmenden Reden ſchienen von Verrückung zu zeugen. Er beharrte indeß bei ſeiner Beſchuldigung gegen den Admiral, und nannte in dem Verhöre, welches er noch vor ſeinen letzten Augenblicken auszuſtehen hatte, auch Dandelot neben dem Admiral. Coligny geſtand, daß Poltrot ihm ſein Vorhaben eröffnet hätte, behauptete aber zugleich, den Kardinal von Lothringen, Madame von Guiſe und die Königin Mutter ſelbſt gewarnt zu haben. Was am meiſten für ſeine Unſchuld ſpricht, iſt außer ſeinem bekannten edlen Charakter, die wenige Sorgfalt, die er anwandte, ſeinen Haß gegen den Herzog und ſeine Freude über deſſen Tod zu verbergen. „Denken Sie nicht, Madame, ſchrieb er an die Regentin, daß ich dieſes ſage, als ob ich mich über den Tod des Herzogs betrübte: denn ich glaube, daß ſich für den Staat und die Kirche, ſo wie für den König und mein ganzes Haus, kein glücklicheres Ereigniß zutragen konnte.‟*) Dennoch haben ihn

*) Manuscr. de Béth. No. 81676, Fol. 74.

die meisten Geschichtschreiber, doch ohne hinläng- 1563
liche Beweise, beschuldigt, daß er die Hand des
Mörders gelenkt habe. Des Herzogs ältester
Sohn, der Prinz von Joinville, nicht weniger
rachsüchtig und grausam als sein Vater, konnte
seinen Durst nach Rache nicht anders als in dem
Blute dieses ehrwürdigen Greises löschen.

Durch den Tod des Herzogs sah sich Katharina
von Medici von der Furcht befreit, ferner unter
dem Einflusse des Hauses Lothringen zu stehen.
Da sie aber nun den Protestanten jenen im Kriege
fast unüberwindlichen Feind nicht mehr entgegen zu
stellen hatte, so glaubte sie sich nach den Umständen
fügen und den Frieden suchen zu müssen, damit sie
unter Begünstigung desselben neue Ränke anspin-
nen könnte. Die Fürsten des deutschen Reichs,
durch das Beispiel des Herzogs von Savoyen an-
gefeuert, wollten Frankreich die drey Reichsstädte
Mez, Toul und Verdun entreissen, indeß die Engländer einen Theil der Normandie in Besitz hatten.
Dies waren starke Gründe wenigstens auf einen
Augenblick Ruhe zu wünschen, um unterdeß die
Protestanten ihrer Stützen und ihrer Vertheidiger
zu berauben. Es wurde von beiden Seiten ein
Stillstand geschlossen. Der Prinz von Condé verlangte die Vollziehung des Edikts vom Januar,

1562 worin den Kalviniſten Gewiſſensfreiheit und eine
freie Religionsübung in den Vorſtädten zugeſtanden war. Der Connétable ſetzte dieſem Artikel
viele Schwierigkeiten entgegen. Es wurde indeſſen
ausgemacht, daß ihnen in jedem Vogteibezirke
(bailliage) an einem außer den Städten von dem
Könige zu beſtimmenden Orte, eine gottesdienſtliche
Verſammlung ſollte zugeſtanden werden, und eine
oder zwei in denjenigen Städten, deren ſie ſich bemächtigt hatten, mit der Bedingung, die Kirchen
unangetaſtet zu laſſen, und keinen von ihren Reli-
gionsgebräuchen darin vorzunehmen; daß alle proteſtantiſche Edelleute, die eigene Gerichtsbarkeiten
oder Panzerlehen beſäßen, ihre Religionsübungen
mit ihren Vaſſallen in ihren Häuſern halten dürften; daß die ſogenannte reformirte Religion weder in Paris noch ſo weit ſich die Gerichtsbarkeit
des Prevots erſtreckte, geübt werden ſollte. Um
die öffentliche Ruhe zu befördern, wurde feſtgeſetzt:
die Fremden ſollten aufs eheſte ſich aus dem Reiche
entfernen; alle von den Proteſtanten genommene
Städte ſollten dem Könige wieder übergeben, dagegen alle ſeit Franz des Zweiten Tode wider die
Empörer gefällte Urtheile vernichtet, und eine
allgemeine Amneſtie für dieſelben bekannt gemacht,
auch die Gefangenen ohne Löſegeld ausgeliefert wer-

den; die Häupter der protestantischen Parthei soll- 1563
ten eidlich und bei Lebensstrafe sich anheischig machen,
mit Auswärtigen keine Verträge zu schließen, und
von des Königs Unterthanen keine Gelder zu erheben. Dieses Edikt wurde zu Amboise den 19. März
zu stande gebracht und unterzeichnet, und auf die
Vorstellungen des Präsidenten de Thon den 27sten
desselbigen Monats von dem Parlamente zu Paris
registrirt, indeß die Parlamenter von Aix, Tou-
louse, Rouen und Bordeaux, wie leicht vorauszusehen war, sich aus allen Kräften widersetzten.

Elisabeth glaubte zu eben der Zeit die Normandie in ihrer Gewalt zu haben, da der Prinz von
Condé ohne sie einen so nachtheiligen Frieden ein-
ging. Sie ward bald durch ihren Gesandten, und
selbst durch den Prinzen von Condé, seinem Versprechen gemäß, von den Absichten der Regentin
unterrichtet. Ob sie gleich den Versprechungen derselben wenig traute, so scheint es doch nicht, daß
sie sich bemüht habe, den Frieden zwischen dem
Prinzen und dem Hofe zu verhindern. Allein sie
hofte Havre de Grace nicht anders als gegen Calais wieder zu geben, und schickte sich jetzt an, den
Krieg gegen die zur Vertheidigung ihres Landes
vereinigten Franzosen allein zu führen. Kaum hatte
sie erfahren, daß die Belagerung dieses Platzes be-

1563 ſchloſſen wäre, als ſie dem Grafen von Warwick
Befehl gab, alle Fremde, das heißt, die Franzoſen und die Kaufleute von den handelnden Nationen, welche ſich ihrer Handlungsgeſchäfte halber
daſelbſt aufhielten, aus der Stadt zu entfernen,
ſich aller Schiffe, die er in der Nähe der Häven
von der Normandie nehmen könnte, ſelbſt der
Kauffartheiſchiffe zu bemächtigen, und allen Verkehr der Stadt Paris vermittelſt der Seine mit
dem Havre und der ganzen Provinz zu unterbrechen; ſie verbot jeden Umſatz von Lebensmitteln mit
den Franzoſen. Sie ſchickte dem Grafen Kriegsvorrath, und alles was er brauchte, um eine lange
Belagerung auszuhalten. Der König ſchrieb ihr,
ehe er ſeine Völker marſchiren ließ: er verlangte
von ihr die Wiedergabe der Plätze, welche ſie, nach
ihren oft wiederholten Verſicherungen, nur für ihn
behalten und vertheidigt hatte, und ſtellte ihr vor,
die Sachen wären jetzt in einer ſolchen ruhigen
Lage, daß ſie von den Anmaßungen des Lothringi-
ſchen Hauſes nichts weiter beſorgen dürfte. *) Eliſabeth verweigerte dem Admiral die Herausgabe
der Schiffe, welche ſie in den Häven von Dieppe
und dem Havre hatte anhalten laſſen, um ſich we-

*) Forbes, S. 404. Karls IX. Brief an Eliſabeth,
Dampierre, den 30. April 1563.

gen einiger in Gascogne und Bretagne angehalte-1563
nen Kaufleute Genugthuung zu verschaffen, wovon einige insultirt und sogar getödtet waren, und
deren Waaren noch gerichtlich zurückbehalten wurden. Sie fügte hinzu, die französischen Schiffe
wären unter dem Schutze der Engländer in Sicherheit, und weder den Gütern noch den Personen
der Eigenthümer sollte der geringste Schade zugefügt werden. Sie antwortete hierauf dem Könige
von Frankreich, und verlangte von ihm förmlich
die Stadt Calais, wogegen sie ihm versprach,
Havre de Grace herauszugeben, und ihre Truppen
sogleich zurückzuberufen. *) Sie schickte ihrem Gesandten den gemessenen Befehl, keine Friedensvor-
schläge anders als unter der Bedingung anzuhören,
daß Calais ihr wieder eingeräumt würde. Der Connêtable erhielt jetzt Befehl, den Havre zu belagern.
Die Stadt war in kurzem eingeschlossen. Der
Prinz von Condé wollte nicht gerne gegen seine
Wohlthäterin und Bundesgenossin fechten; doch
nachdem er ihr vergebens durch die Gesandten Vorstellungen hatte thun lassen, konnte er seinem Va-

*) Forbes, S. 409. Brief der Königin Elisabeth
  an den König von Frankreich, London, den 7.
  Mai. S. 411. Derselbigen Brief an den Gesandten Smith, vom 8. Mai.

1563 terlande nicht länger seine Dienste verweigern, und
stieß zur königlichen Armee, wohin sich auch die
Regentin, der junge König und dessen Bruder,
der Herzog von Anjou, begaben. Der Graf von
Warwick erstaunte über die Anzahl und die Ordnung der französischen Truppen. Ihr Angriff war
tapfer, und die Engländer vertheidigten sich mit
gleicher Tapferkeit. Bald aber wurden diese durch
Mangel an Fleisch und frischem Wasser aufs
äußerste gebracht, und es rissen ansteckende Krank-
heiten unter ihnen ein. Warwick konnte die Ankunft der Hülfsvölker, die ihm Clynton zuführte,
nicht erwarten, und fing an Vorschläge zu thun.
Elisabeth, durch das Elend gerührt, das ihre
Truppen für sie ausstanden, schrieb an Warwick
in den huldvollsten Ausdrücken. Sie wollte lieber, sagte sie in ihrem Schreiben, den ungewissen Besitz einer Stadt dem Leben und dem Besten ihrer Unterthanen aufopfern, und ihre Absicht ginge dahin, alle ihre Bemühungen anzuwenden, daß sie vortheilhafte Bedingungen erhalten
möchte, ohne den gegenwärtigen Nutzen und
die schleunige Hülfe, welche die Umstände fode-
ten, aus den Augen zu verlieren. Der Graf
antwortete ihr in den ersten Aufwallungen seiner
Dankbarkeit: „Meine vielgeliebte und gnädige

Königin, ich habe Ihr Schreiben erhalten, wor, 1763
aus wir unter andern Ew. Majeſtät Fürſorge für
uns erſehen, da Sie den Verluſt der Stadt in
Betracht unſer und unſers Lebens ferner für nichts
rechnen: aber wir, die wir betrachten, wie viel
die Erhaltung dieſer Stadt zu Dero Ruhm bei,
trage, ſind entſchloſſen, ſie zu erhalten, oder uns
bis auf den letzten Blutstropfen zu vertheidigen.
Nein, meine theure Gebieterin, ſetzt er hinzu, nie
ſoll man ſagen, daß ich aus Jugend oder Uner,
fahrenheit eine für Ihren Ruhm ſo wichtige Sache
aufgegeben habe.“*) Dieſe zärtlichen Ausdrücke
einer uneingeſchränkten Ergebenheit können nur aus
dem Gefühl einer wahren Dankbarkeit fließen, und
in einem ſo hohen Range nur von einem gefühlvol,
len Herzen gütig aufgenommen werden, dem man
gewiß iſt nicht zu mißfallen.

Der Geſandte Smith ſchrieb an die Königin
Mutter, ſeine Monarchin würde gerne Friedens,
vorſchläge anhören; und von ihren bisher gemach,
ten Bedingungen ablaſſen. Es wurde ein Still,
ſtand geſchloſſen, und ſogleich ließen der Connêtable
und der Marſchall von Montmorency die Stadt
mit Waſſer und Lebensmitteln verſehen. Eliſabeth
ſchickte Throgmorton, welcher nach England zurück,

*) Forbes, S. 474.

1563gegangen war, um sich mit Smith über die Anerbietungen zu besprechen, welche der französische
Gesandte gemacht und der Prinz von Condē eigenhändig abgeschrieben hatte. Sie erlaubte übrigens
dem Grafen von Warwick, als dessen Verlegenheit bei diesen fatalen Umständen am grösten
war, zu thun, was er für ihren Dienst, für die
Sicherheit und Erleichterung der Kranken und der
Truppen überhaupt am besten fände. Die Gefahr
war dringend, das Sterben in der Stadt entsetz-
lich. Ohngeachtet des neuen Eifers, wozu der Königin wirklich gefühlvolle Aeußerungen Warwick
entflammt hatten, waren alle seine Anstrengungen
vergeblich. Umsonst bat er um Unterstützung mit
Mannschaft und Lebensmitteln, indem er das ganze
Schreckliche seiner Lage beschrieb. *) Zur Verzweiflung gebracht, und keine andre Aussicht, als die
Besatzung umkommen zu sehen oder selbst zu sterben,
entschloß er sich zu kapituliren. Nach einigen wech-
selseitigen Widersprüchen wurde ausgemacht, daß
der Graf von Warwick dem Connêtable die Stadt,
samt der ganzen Artillerie und dem Kriegsvorra-

*) Forbes, S. 480. Brief des Grafen von War-
   wick an die Königin vom 22. Julius, und ein anderer vom 23. Julius.

the, als dem Könige von Frankreich und seinen Un-1563
terthanen gehörig übergeben sollte: die französischen
Schiffe sollten mit ihrer ganzen Mannschaft unbe-
schädigt im Haven, und alle Waaren in der Stadt
bleiben: der Graf sollte gleichfalls den großen
Thurm vom Havre überliefern, ohne weder eine
französische noch englische Fahne aufzustecken, und
dem Connêtable vier Geißeln stellen; alle Gefangene sollten von beiden Seiten ohne Lösegeld ausgeliefert, und die Stadt in sechs Tagen geräumt
werden, wenn anders widrige Winde nicht einen
längern Aufschub nöthig machten, welcher nach
Billigkeit und aus gegründeten Ursachen zugestanden werden sollte. An demselbigen Tage, da diese
Kapitulation unterzeichnet war, erschien die Englische Flotte unter Clyntons Kommando vor dem
Havre. Dieser Admiral ließ eines seiner Schiffe
dem Admiral Winter, mit dem Auftrage, dem
Grafen von Warwick zu helfen, und der wenigen
Mannschaft, die ihm noch übrig war, Lebensmittel zu schicken. Der junge König und die Königin
ließen Clynton alles, was er nöthig haben könnte,
anbieten, und luden ihn ein ans Land zu steigen,
und ihnen einen Besuch abzustatten. Der Admiral, welcher fürchtete, die Gränzen seiner Vollmacht zu überschreiten, schlug diese Gnade aus,

1564 und ging noch denselbigen Abend wieder ab. *)

Die Engländer verließen bald die Küsten von Frankreich mit eben so vielem Vergnügen, als die Franzosen sie abgehen sahn. Sie brachten die Plage, die sie betroffen hatte, nach England, und an zwanzigtausend Personen starben zu London an der Pest. **)

Der französische Gesandte zu London, Paul de Foix, wurde indeß daselbst beobachtet, und beinahe in seinem Hause gefangen gehalten. Daher ließ der König von Frankreich weder Throgmorton noch Smith vor sich, und ließ beide gefangen nehmen. Smith, auf seinen Gehülfen eifersüchtig, und Throgmorton, von einem unbiegsamen Charakter, Feind von Zwang und Verstellung, suchten den Friedensschluß durch allerhand gemachte Schwierigkeiten aufzuhalten, jener aus Mißtrauen und Begierde, den glücklichen Erfolg eines so wichtigen Werks mit keinem andern zu theilen, dieser aus Furcht von seinem Hofe getadelt zu werden, und aus Eifer für den Ruhm seiner Königin. Smith wurde zuerst in Freiheit gesetzt und nach Paris gebracht, von wo er an Elisabeth schrieb, welche über die

*) Mémoire de Castelnau, Buch 4, S. 292.

**) Cambden, S. 393. Haynes, S. 403. Meser. S. 79.

Behandlung ihrer Gesandten äußerst aufgebracht 1564
ward. Sie antwortete ihm, das Beste ihrer Angelegenheiten und die Ruhe ihres Reichs machten
ihr den Frieden nothwendig, und befahl ihm, mit
den französischen Ministern, aber im Einverständ-
nisse mit Throgmorton, zu unterhandeln, welchem
sie ihre Aufträge und Instruktionen gegeben hätte.
Smith muste gehorchen; die Regentin sah sich gezwungen, Throgmorton die Freiheit wiederzugeben.
Dieser, aller Verstellung unfähig, beklagte sich
öffentlich über das ungerechte Betragen des französischen Hofes, und drohte Smith, ihm in England den Kopf abschlagen zu lassen, weil er sich in
einer so wichtigen Angelegenheit allein in Unterhandlungen eingelassen hätte. Doch Elisabeth hatte
dem letztern neue Instruktionen gegeben, wodurch
sie ihm zu unterhandeln erlaubte. Throgmorton
mäßigte jetzt zwar seine ungestüme Hitze, aber ohne
seinen Groll gegen Smith völlig zu unterdrücken.

Der Friede wurde beschlossen und zu Troyes
bekannt gemacht, ehe er noch in England abge-
schlossen war. Castelnau ging als Gesandter nach
London, weil sich über die Wiedergabe von Calais,
welche Smith und Throgmorton verlangten, zwischen den Ministern Streitigkeiten erhoben hatten.
Die Artikel wurden dieser Uneinigkeiten ohngeach-

1564tet aufgeſetzt, und folgende Vorſchläge gethan;
keine von den kontrahirenden Partheien ſollte die
andere in ihren Gränzen zu beeinträchtigen ſuchen;
keine ſollte den Feinden der andern Beiſtand leiſten;
die Privatperſonen ſollten ihre eignen Feh,
ler tragen; alle bisherige Beleidigungen ſoll,
ten im allgemeinen und beſondern vergeſſen und
verziehen werden; alle Rechte, Rechtstitel, An,
ſprüche, Foderungen und Reklamationen ſollten
von beiden Seiten in völliger Kraft bleiben; die
Königin von England ſollte zur Entſchädigung für
aufgewandte Koſten eine Summe Geldes erhalten;
es ſollten ſechsmalhunderttauſend Thaler zugeſtan,
den werden, um die Geißeln zurückzunehmen,
welche nicht ſo genannt werden ſollten, und nach
Unterzeichnung des Traktats ſollte Throgmorton
die Erlaubniß haben, wieder nach England über,
zugehn. Eliſabeth hatte mit dem Havre die Hoff,
nung, Calais wieder zu erhalten, verloren. Der
Handel war unterbrochen, ein unnützer, ja für
England ſchädlicher Krieg war unvermeidlich; die
Königin wünſchte den Frieden nicht weniger als
Frankreich. Doch ſtellte ſie ſich bei ihrer erſten Un,
terredung mit Caſtelnau ſehr unzufrieden über ihre
Miniſter, welche ſie ſogar enthaupten zu laſſen
drohte, und verſicherte, daß ſie ſich nie in die Ab,

ſichten

fichten des Königs fügen würde, welcher alle Vor-1564
theile für sich genommen hätte. Einige Tage darauf aber versicherte sie Castelnau und de Foix, da
der König und die Königin Mutter so sehr ihre
Freundschaft wünschten, so könnte sie die ihrige
gegen nichts in der Welt abwägen, und sie nähme
den Traktat so an, wie Karls Minister ihn aufgesetzt hätten. Sie ließ zugleich den Frieden auf dem
Schlosse zu Windsor, in London und im ganzen
Königreiche bekannt machen. Die Geißeln wurden
wieder ausgeliefert, die französischen Gefangnen
befreit, und Castelnau, mit prächtigen Geschenken
überhäuft, brachte nebst dem Friedenstraktat den
Orden des Hosenbandes nach Frankreich, welchen
er dem Könige in Elisabeths Namen überreichte,
wie ihn sein Vater Heinrich II. erhalten hatte.
Karl IX. nahm ihn aus den Händen Milord Huns-
dons, welchen Elisabeth als Gesandten zur Rati-
fication des Friedens schickte. Castelnau ging bald
nachher nach England zurück, wo er zehn Jahre in
dieser Eigenschaft residirte.

Philipps Gesandter war 1563 zu London gestorben. Gusman de la Forest kam in seine Stelle.
Die Engländer, welche in Spanien wegen ihrer
Religion und ihrer Monarchin gemißhandelt wurden, mußten auch in den Niederlanden ungerechte

Gesch. Elisab. 3. Th.   E

1564 Behandlungen erleiden. Die Niederländer, von Phillpps Minister und Günstling, dem Kardinal Granvelle, aufgereizt, hatten sich über die in England erhöhten Abgaben von aus und eingehenden Waaren beklagt. Die Engländer von ihrer Seite beschwerten sich, daß geringer Ursachen wegen ihre Waaren den neuen Edikten zufolge konfiscirt würden; daß es ihnen nicht mehr erlaubt wäre, Pferde, Salpeter und Schleßpulver aus Deutschland durch Flandern zu bringen; daß sie Auflagen bezahlen müsten, welche bis dahin ganz unbekannt gewesen, und in dem sogenannten großen Traktat von 1330 weder vorhergesehen noch gut geheißen wären. Damals war die Englische Marine und die Schiffahrt überhaupt, noch weit von dem Grade der Vollkommenheit entfernt, zu dem sie nachher gelangt sind. Doch um einen richtigen Begriff von demjenigen zu geben, was Elisabeth in dieser für den Staat so wichtigen Angelegenheit gethan hat, wird es nöthig seyn, in die ältern Jahrhunderte zurückzugehen.

Als der König von Frankreich Ludwig IV. mit dem Beinamen Outremer, die Eroberung von Lothringen unternommen hatte, schickte ihm der Englische König Adelstan eine Flotte, um die Seestädte, welche sich ihm ergeben haten, zu schü-

ßen. *) Dies geschah laut eines im Jahr 936 ge- 1564
schloßenen Traktats, des ersten zwischen England
und Frankreich, deßen die Geschichte Meldung
thut. Die Englischen Geschichtschreiber behaupten, lange vor dieser Epöke sei die Seemacht ihrer
Nation furchtbar gewesen, und Alfred habe schon
hundert und zwanzig Kriegsschiffe gehabt. **) Allein ob sie gleich versichern, Eduard III. habe im
Jahr 1340 Phillpp von Valois eine Flotte von
zweihundert vierzig Segeln entgegengesetzt, so be-

---

*) Asserius, S. 9. Matth. West. S. 179. Meze-
ray thut dieser Flotte so wenig als der von Adelstan seinem Neffen, dem jungen Ludwig, geleisteten Hülfe Erwähnung. Er schickte ihn auf Englischen Schiffen nach Frankreich, als ihn dort die
französischen Großen nach dem Tode seines Vaters verlangten. Aus Furcht vor Verrätherei
wollte er ihn nicht anders als gegen Geißeln ausliefern. Das ist alles, was Mezeray von dieser
Flotte erzählt, welche vielleicht als fabelhaft anzusehen ist.

**) Nach Blackstones Vorstellung hat die Englische
Marine schon in den ältesten Zeiten der Nation
zur natürlichen Schutzwehr und zur Zierde gedient. Sie war, sagt er, im zwölften Jahrhunderte zu einer solchen Höhe von Macht gestiegen,
daß die Oleronischen Seefahrtgesetze als der Grund

1564klagte sich doch das Parlament um das Jahr 1377,
daß die Marine in einen schrecklichen Verfall gera=
then wäre, daß vordem ein einziger Seehaven
mehr Schiffe gehalten hätte, als damals ganz
England aufbringen könnte. Es ist gewiß, daß
Eduards III. Regierung eben nicht geschickt war,
den Handel zu begünstigen, und daß nachher die
bürgerlichen Kriege die Klippen wurden, woran
alle zum Besten desselben angewandte Bemühun=
gen scheiterten. Die Sitten selbst waren den Fort=
schritten des Seewesens entgegen. Bis auf die

aller Verordnungen dieser Art, von allen Euro=
päischen Nationen angenommen wurde. Indeß
stieg, nach Eduard Cokes Angabe, erst unter
Elisabeth die königliche Seemacht auf dreiund=
dreißig Kriegsschiffe. (Inst. 44 Samml. der alten
Seerechte) Richard II. verordnete in seinem 5ten
Statute, Kap. 3, um die schon sehr verminderte
Anzahl der Schiffe zu vermehren, daß, bei Strafe
der Confiscation, niemand zu Verführung der
Waaren innerhalb und außerhalb des Reichs sich
anderer als königlicher Schiffe bedienen sollte.
In dem 6ten St. desselbigen Fürsten ist indeß diese
strenge Verordnung gemildert, indem daselbst
Kap. 8 den Kaufleuten bloß befohlen wird, den
Englischen Schiffen den Vorzug zu geben. (Blackst.
B. 1. K. 13. S. 417.

Entdeckung der Buchdruckerkunſt waren die Euro-1564
päer noch in mancher Rückſicht Barbaren. Wiſſenſchaften und Künſte waren in Europa noch ſehr
zurück. Die Mathematik war beinahe unbekannt,
ja das Studium derſelben wurde verachtet. Man
wuſte wenig von der Aſtronomie und noch weniger
von der Figur der Erde und der Geographie. Aber
in einem Jahrhunderte machten die Kenntniſſe
raſche Fortſchritte. Der Genueſer Chriſtoph Columbus verſuchte im Jahr 1484 eine geradere Fahrt
nach Indien zu finden, als die bisher die Nebenbuhler der Genueſer, die Venetianer, dahin genommen hatten. Er legte der Republik ſeinen Entwurf vor; allein unwiſſende Menſchen waren nicht
im Stande, Vermuthungen ihren Beifall zu geben,
welche ſich auf ſo erhabne Einſichten gründeten,
als die eines Columbus waren. Von den Genue-
ſern abgeſchreckt, wandte er ſich, aber vergebens,
an den König von Frankreich. Heinrich VIII. gab
ihm eben ſo wenig Gehör; er ging mit ſeinen Entwürfen nach Portugal, wurde aber daſelbſt inſul-
tirt, lächerlich gemacht und mit Verachtung abge-
wieſen. Auch bei dem Könige Ferdinand von Arragonien war er nicht glücklich. Doch der unnützen
Verſuche, die er bei allen Europäiſchen Fürſten
gemacht hatte, überdrüſſig, blieb er an dieſem

1564 Hofe, und kämpfte standhaft daselbst acht Jahre hindurch gegen Unwissenheit und Mißgunst. Die berühmte Königin Isabelle von Arragonien, durch ihre höhern Einsichten und ihren viel umfassenden Blick von dem Gegründeten in Columbus Hoffnungen überzeugt, gab endlich allein zu seiner Unternehmung die Kosten her. Er erhielt den Admiralstitel, und segelte den dritten August 1491 mit drei Schiffen von Spanien ab. Ohne Karte, wornach er sich hätte richten, ohne Vorgänger, dessen Erfahrung ihn hätte leiten können, stützte er sich bloß auf sein Genie, und überwand durch das Vertrauen, das ihm dieses einflößte den Kleinmuth und das Schrecken, worin seine Mannschaft gerieth. Bei dieser Expedition wurde zum erstenmal die Abweichung der Magnetnadel beobachtet, eine Erscheinung, die seitdem die Untersuchungen der Gelehrten beschäftigt hat. Die Steuerleute zitterten, als sie bemerkten, daß auf diesen unbekannten, unermeßlichen Meeren die Natur verändert, und ihr einziger bisheriger Wegweiser sie zu verlassen schien. Nach einer Reise von drei und dreißig Tagen, während welcher Zeit er mit den schrecklichsten Unruhen gekämpft hatte, landete Columbus an einer von den Lukazischen Inseln. Was für Glück er in der Folge hatte, und was

für Verfolgungen er ausstehen muste, ist be- 1564
kannt. In Banden nach Spanien zurückge-
bracht, ohne Schiffe, ohne Mannschaft und Geld,
unaufhörlich beschäftigt Nationen zum Gehorsam
zu bringen, oder Feinde zu überwinden, starb er
in Armuth, nachdem er in seinem Alter vergebens
um die Belohnung für seine Mühseligkeiten und
um die Erfüllung der Versprechungen Ferdinands
angehalten hatte. *) Er hatte den Spaniern den
Weg zu den weitläuftigsten und reichsten Besitzungen eröffnet. Andre Seefahrer entdeckten nach ihm
dasselbige Land; aber Columbus allein verdiente
die Bewunderung der Nachwelt, indeß die Namen eines Cortez, Pizarro und Almagro nicht anders als mit Abscheu genannt werden, und die spa-
nische Nation selbst mit ihnen die Schande theilt,
die sie durch unerhörte Grausamkeiten auf sich
luden. **)

*) William Burk, Geschichte der Europäischen
Kolonien in Amerika. K. 1, 2, 5, 7.

**) No. XI. der Belege befindet sich ein bisher un-
bekannt gebliebener Brief von Columbus, den er
auf seiner dritten Reise nach Amerika an die Königin von Portugal schrieb. Dieses Schreiben
wurde in den Archiven des Gouverneurs vom Cap
gefunden, und fiel durch einen Zufall in die Hände

E 4

1564 Heinrich VII., durch Columbus Beispiel aufgemuntert, glaubte sich gleichfalls einen glücklichen Erfolg versprechen zu dürfen. Er ließ im Jahr 1498 einen naturalisirten Venetianer zu Bristol, Namens Sebastian Cabot, abreisen. Dieser entdeckte New-Foundland, und kam, ohne daselbst eine Niederlassung veranstaltet zu haben, nach England zurück.*) Andre Reisen, welche unternommen wurden, um zu sehen, was für Vortheile aus dieser Insel zu ziehen wären, ließen vermuthen, daß dieselben sich bloß auf den Stockfischfang einschränken möchten. Kleine Fahrzeuge gingen im Frühjahr aus Europa ab, und kamen im Herbst mit Ladungen von diesem Fische, welcher theils getrocknet, theils gesalzen war, zurück. Engländer ließen sich zuerst in diesem entfernten Lande nieder; ihre Anlagen glückten zu Anfang nicht, und wurden alle verlassen: die erste, welche einige Festigkeit erhielt, wurde erst im Jahre 1608 angefangen. **)

des Herrn Alphons le Roi, welcher mir dasselbe mittheilte. Es herrscht darin diejenige Beredsamkeit, die der Druck des Unglücks und das Gefühl erlittener Ungerechtigkeiten starken Seelen einflößt.

*) Lediard, Buch 1. S. 86—88.

**) Geschichte der Europäischen Niederlassungen in den beiden Indien, Bd. 6, Buch 17. S. 67.

Schon im Jahr 1527 gab ein Kaufmann von 1564 Briſtol, Robert Thorne, die Idee zu einer Durch= fahrt unter dem Nordpol, um nach Oſtindien zu kommen. Zwei Memoires in Hackluyts Samm= lung enthalten dieſen Umſtand. Das eine iſt an Heinrich VIII., und das andre an deſſen Geſandten an Karls V. Hofe, den Dr. Ley gerichtet. Robert ſtellte dem Könige in den ſtärkſten Ausdrücken den Ruhm vor, den ſich die Könige von Spanien und Portugal durch die Entdeckungen in Oſtindien und Amerika erworben hätten, ſuchte ihn zur Nacheife= rung zu ermuntern, und machte es ihm in Be= trachtung der damaligen Lage Englands, welche den beſten Erfolg vermuthen ließ, ſo zu reden, zur Pflicht, zur Entdeckung jener unbekannten Länder Anſtalten zu machen. Doch ſcheint die Regierung auf die Gründe, womit Robert ſein Anſuchen un= terſtützte, wenig geachtet, und ſeine Reiſe mit zwei

Rymer, Acta publ. Th. 13, S. 382. Stowe, S. 383. Unter Heinrichs VIII. Regierung machte Cabot eine andre Reiſe nach dem nördlichen Ame= rika; allein die Furcht, die ſeinen Gehülfen Tho= mas Pert ergriff, hinderte ihn Entdeckungen zu machen, und er that ſeine dritte Reiſe nach den Moluckiſchen Inſeln in ſpaniſchen Dienſten. Le= diard, B. 1. K. 22, S. 96—101.

1564 Schiffen, die ihm zugestanden wurden, eben keine wichtige Folgen gehabt zu haben. *)

Ein Seefahrer aus Plymouth Namens William Hawkins, ein kluger, muthiger und erfahrner Mann, welcher bei Heinrich VIII. sehr beliebt war, rüstete, nachdem er die Europäischen Küsten verschiedentlich besucht hatte, im Jahr 1532 ein Schiff von 150 Tonnen auf eigne Kosten aus, und machte drei lange und berühmte Reisen nach Brasilien; eine für die damaligen Zeiten sehr ausgezeichnete Unternehmung, besonders bei den Engländern. Er lief in den Fluß Sestos auf der Küste von Guinea ein, handelte daselbst mit den Negern, und brachte einige Elephantenzähne und andre Waaren mit. Durch seine Leutseligkeit und Klugheit erwarb er sich das Zutrauen verschiedner Nationen, besonders der Einwohner von Brasilien. Bei seiner zweiten Reise nach diesem Lande entschloß sich einer der dortigen Könige mit ihm nach England zu gehen, und ward zu London Heinrich VIII. vorgestellt. Die Veränderung der Luft und der Lebensart schwächte seine Gesundheit so sehr, daß er das Jahr darauf, als er mit Hawkins nach seinem Vaterlande zurückgehen wollte, während der Ue-

*) Lediard, eben das. S. 96. Phipps Reise im Jahr 1773. Einl. S. 1—3,

berfahrt starb. Die guten Insulaner, deren Kö-1564 nig er gewesen war, setzten in des Europäers Er= zählung von seinem Tode und dessen Ursachen nicht das geringste Mißtrauen; die Geißel, die er unter diesen Wilden gelassen hatte, wurde ihm zurückge= geben; er versahe sein Schiff mit Wasser und Le= bensmitteln, und kam mit allen Arten von Waa= ren glücklich zurück. *)

Verschiedne Engländer gingen in der Folge nach Candia und Chio; dies wurde damals als eine lange und gefährliche Reise angesehen. Auch Neufoundland wurde besucht. Ein Edelmann von London, der sich Hore nannte, that eine sehr un= glückliche Reise dahin. Ein großer Theil seiner Leute starb vor Hunger; die Noth war so groß, daß sie zu den äußersten Gewaltthätigkeiten gegen einander schritten, und sie würden alle des schreck= lichsten Todes gestorben seyn, wenn nicht ein franzö= sisches Schiff, welches mit allem reichlich versehen war, vor dieser Insel geankert, und ihnen jede Art von Unterstützung im Ueberfluß zugetheilt hät= te, welche die Menschlichkeit sich glücklich findet zu geben und anzunehmen. Die Engländer, welche den Franzosen an Menschenzahl gleich waren, be= mächtigten sich des Schiffs, überließen die Mann=

*) Lediard, eben das. B. 1, K. 22, S. 102.

1564 ſchaft demſelbigen ſchrecklichen Schickſal, dem ſie
ſelbſt durch ihren Beiſtand entgangen waren, und
ſegelten nach England zurück. Dieſe Unglücklichen
fanden vermuthlich Hülfsmittel, welche die Engländer nicht gefunden hatten. Sie zeigten ſich
einige Monathe nachher in England, um ſich bei
Heinrich über eine Gewaltthätigkeit zu beklagen,
dergleichen unter civiliſirten, unter barbariſchen
Nationen, ja unter Wilden ohne Beiſpiel war.
Der König erſetzte den Franzoſen den Verluſt ihres
Schiffs; aber konnte er auch die Unruhe, die Leiden wieder gut machen, welche ihnen die Lage ver-
urſacht hatten, worin ſie durch diejenigen verſetzt
waren, denen ſie ſo großmüthig geholfen hatten?
Er ließ die Urheber dieſer Gewaltthätigkeit unbe-
ſtraft, um ſeine Unterthanen nicht von gefährlichen
Seereiſen abzuſchrecken, welche Muth erfoderten.
Vielleicht brauchte er bei dieſer Gelegenheit eine
falſche Politik. Beſtrafung derjenigen, die in irgend einem Poſten die Geſetze übertreten haben,
pflegt diejenigen nicht zurückzuſchrecken, die nach
der Ehre geizen, zu demſelben zu gelangen. Nur
diejenigen, die die heiligen Geſetze der Menſchlichkeit, der Gerechtigkeit und Dankbarkeit mit Füßen
treten, können über die Beſtrafung ſolcher Verbrecher mißvergnügt werden. Heinrich VIII. würde,

wenn er einige Menschen außer Stand gesetzt hätte[564] zu schaden, seiner eignen und zugleich fremden Nationen eine Wohlthat erzeigt haben, bei denen diese frei gebliebnen Bösewichter landen konnten. Von jeder Gesellschaft ausgeschlossen sey der Mensch ohne Gefühl, der sie mit Menschenblut die Vortheile erkaufen läßt, die Handel und Kunstfleiß verschaffen. Auf immer bleibe sie menschlich, geehrt und arm, wenn sie, um blühend zu seyn, die Plage und der Abscheu der Menschheit werden muß.

Sebastian Cabot erhielt von Eduard VI. ein Gnadengehalt von hundert sechs und sechzig Pfund dreißig Schilling und vier Pfennig Sterling, in Betracht seiner kosmographischen Kenntnisse, seiner Geschicklichkeit in der Schiffahrt, und der Dienste, die er dem Könige seinem Vater, und dem Staate geleistet hatte. Thomas Windham war der erste, der im Jahre 1551 zwei, und im folgenden eine dritte Reise nach Afrika that. Er ging bis in das Königreich Benin, um dort Pfeffer zu laden; aber der Tod des Schiffskapitains und verschiedner Matrosen, die schlimme Witterung, seine Mannschaft auf vierzig Mann und seine Flotte auf ein Schiff zusammengeschmolzen, alle diese Umstände zwangen ihn zur Rückkehr. In demselbigen Jahre unternahm John Loke eine Reise nach Jeru-

1564ſalem. Hugh Willougby wollte eine Durchfahrt
nordöſtlich von China ſuchen, und der Kapitain Richard Chanceller that ſeine erſte Reiſe nach Archangel. Cabot ertheilte ihnen Anweiſungen, Eduard
gab ihnen Empfehlungsſchreiben an alle Könige,
Fürſten und Potentaten der nördlichen Gegenden
bis nach Cathay. Er bat dieſelben, den Engländern,
welche auf Entdeckung unbekannter Länder ausgin-
gen, eine gute Aufnahme in ihren Staaten und
allen nöthigen Beiſtand widerfahren zu laſſen. Er
ſtellte die Unternehmungen ſeiner Unterthanen als
wohlthätig für die ganze Menſchheit vor, indem
ſie die entfernteſten Völker durch den Handel zu be-
glücken und einander näher zu bringen ſuchten. Er
berief ſich auf das Naturrecht und die Vorſchriften
der Menſchlichkeit, verſicherte ihnen, daß die Engländer fremdes Gut ohne den Willen der Eigenthümer nicht anrühren würden, und verſprach ihnen
bei Gott und der Wohlfahrt ſeines Reichs, wenn
dereinſt ihre Unterthanen ſeine Staaten beſuchen
ſollten, dieſelben eben ſo gütig aufzunehmen, als
ſie die ſeinigen würden aufgenommen haben.

Die Engländer fuhren den zehnten Mai 1553
von Ratcliff ab, und verloren gegen den zwanzigſten Junius die Küſten von England aus dem Ge-
ſichte; ſie erblickten die Schottländiſchen Inſeln.

ohne landen zu können. Bald von einem Nord-1564 oder Westwinde, bald vom Nord-Nordwest- oder Südostwinde fortgetrieben, entdeckten sie erst den vierzehnten Julius ein Land gegen Osten, und wandten alle Mühe an, es noch vor Nacht zu erreichen. Es waren die Helligelandsinseln an den Küsten von Norwegen.*) Sie segelten zwischen den Inseln Ruft durch, bis zum 70sten Grade der Breite hinauf, wo sie auf der Insel Samien oder Sanneien ans Land stiegen, und nichts als gedörrte Fische und Wallfischthran fanden. Wardshus war damals derjenige Haven vom dänischen Lapplande, der am meisten besucht wurde; ihre Bemühung diesen zu erreichen war vergeblich, eines ihrer Schiffe wurde in einem heftigen Sturm von den übrigen getrennt, und von widrigen Winden nach Westen getrieben, entdeckten Willougby und Durthford am 14. August Grönland unter dem 72sten Grade der Breite. Hier fanden sie viel Eis und keine Spur von menschlichen Wohnungen. Erst in der Mitte des Septembers kamen sie an einen Platz, wo es ihnen möglich war zu landen. Hier erblickten sie eine Menge Seemuscheln und Fische, viele Bären, Füchse, Rothwild und unbe-

*) Unter dem 65. Grade N. B. und ohngefähr 350 Meilen von Orfordneß.

1564kannte Thiere, aber alle ihre Bemühungen Menschen aufzusuchen waren vergeblich. Sie entschlossen sich, da das Jahr zu Ende ging, hier zu über-
wintern, und es fand sich im folgenden Frühjahr,
daß sie eingefroren, und vor Kälte und Hunger
umgekommen waren. *)

Chanceller hatte mehr Glück. Er kam in dem
Haven von Wardhus an, und nachdem er daselbst
seine Gefährten sieben Tage vergebens erwartet
hatte, setzte er seine Fahrt gegen Nordost fort,
und befand sich unter einer Breite, wo keine Nacht
mehr war. Unter Begünstigung eines beständigen
Tages kam er ohngefähr hundert Meilen weiter an
eine große Bay, welche gegenwärtig die St. Nico-
lasbay heißt. Hier erblickte er in einiger Entfernung einen Fischerkahn, auf den er mit seiner
Schaluppe zufuhr. Der Fischer wollte fliehen,
aber Chanceller holte ihn bald ein, und machte
ihm durch gute Behandlung Muth. Dieser Mensch
warf sich in seiner Einfalt ihm zu Füßen, voll Erstaunen über die Größe des Schiffes, dessen Gestalt und Bauart bei ihm die wunderbarsten Vorstellungen von dem Herrn dieser erstaunlichen Ma-
schine

*) Lediard. K. 15, S. 122 f. Hacklupt, Th. 1.
S. 246.

schine hervorbrachte. Chanceller zeigte ihm so viel 1564
Zutraulichkeit, daß er sogleich unter seinen Landes-
leuten die Nachricht verbreitete, es wären da
Fremde von einem sanften und liebreichen Betragen angekommen. Der Englische Kapitain erfuhr,
daß er in Rußland wäre, und daß Iwan Wasilie-
witsch in diesem Lande regierte. Er begab sich zu
diesem Fürsten nach Moskau, und überreichte ihm
Eduards VI. Briefe nebst einigen Geschenken, welche sehr gut aufgenommen wurden. Als Reprä-
sentant des Königs von England erhielt er dieselbigen Ehrenbezeugungen, die dem Könige selbst erwiesen seyn würden. Wasilewitsch zog ihn zur
Tafel, und ließ ihn gegen sich über sitzen. Nach
verschiednen Unterredungen mit den Ministern dieses Fürsten schloß er eine Art von Handelsvergleich
zwischen England und Rußland, und kehrte nach
Archangel zurück, von wo er wieder nach England
segelte. Er brachte Briefe von dem Zaren mit, *)
worin derselbe allen Unterthanen des Königs von
England erlaubte, in seinen Staaten zu handeln,
und ihnen truglose Behandlung, Beistand, Schutz
und Freiheit versprach.

Eduard VI. war nicht mehr, und Philipp hatte
den Englischen Thron bestiegen. Aber die nähere

*) Lediard, K. 15, S. 124. Hacklupt, S. 225.

Gesch. Elisab. 3. Th.   F

1564 Untersuchung dieser nördlichen Länder war zu wichtig und zu ruhmvoll, als daß sie hätte vernachläßigt werden sollen. Philipp und Maria schickten Chancellern nach Archangel zurück mit eigenhändigen Briefen, worin sie dem Kaiser dankten, und ihn baten, durch öffentliche und sichere Akten die Vortheile zu bestätigen, welche er zum Besten und zur Aufnahme des Handels versprochen hatte, und allen Englischen Handelsleuten in seinen Staaten ein sicheres Geleit ohne Einschränkung zuzugestehen. Damals meldete sich eine Handelsgesellschaft zur Entdeckung unbekannter oder vor der letzten Seeunternehmung noch nicht untersuchter Länder, Gebiete, Inseln, Herrlichkeiten und Herrschaften gegen Nordost und Nordwest. *) Philipp und Maria bewilligten ihr einen Freiheitsbrief, in welchem der alte Sebastian Cabot mit dem Titel eines Haupts und Gouverneurs dieser Gesellschaft beehrt wurde. Chanceller that jetzt verschiedne Reisen, und brachte auf einer derselben einen Russischen Gesandten nach England über, welcher mit vieler Pracht in dem Pallast von Westminster aufgenommen wurde. Chancellers glückliche Unternehmungen reizten verschiedne andre zur Nachfolge. **)

*) Lediard, S. 126.
**) Eb. das. S. 127.

Sobald Elisabeth die Belagerung von Leith 1564
aufgehoben, und mit Frankreich Frieden geschlossen hatte, wandte sie ihre Sorgfalt auf das Seewesen ihres Reichs. Sie ließ Schiffe bauen, und rüstete
eine beträchtlichere Flotte aus, als je eine unter
ihren Vorwesern seit der Eroberung war ausge-
rüstet worden Sie gab Befehl zur Anlegung eines
Forts an dem Flusse Medway, vermehrte die Besoldung der Seeoffiziere und der Matrosen, und
vermehrte durch alle diese Bemühungen die allgemeine Nacheiferung. Anton Jenkinson, welcher
schon eine Reise nach Archangel gethan hatte, unternahm eben dahin eine zweite, und begab sich von
da nach Moskau. Er hatte weit aussehende Entwürfe gemacht; allein er erhielt nur mit Mühe
von dem Zaren seine Pässe und die Erlaubniß durch
Rußland nach Persien zu gehen, weil sich einer der
Russischen Minister den Absichten der Engländer
widersetzt hatte. Indessen gelang ihm sein Unternehmen, und er kam mit Aufträgen von den Königen von Georgien und Hirkanien für den Zaren
zurück. Er brachte zugleich einen Handelstraktat
zwischen diesen beiden Fürsten und der Königin
von England mit, brachte den Winter zu Moskau
zu, und wuste sich so geschickt bei dem Zaren einzuschmeicheln, daß er sehr ausgebreitete Privilegien

1564 von ihm erhielt, und seine Reise für den Englischen
Handel nützlich ward. Johann Hawkins, des
oben genannten Williams Sohn, unternahm im
Jahr 1562 eine Reise nach Guinea und von da
nach Ostindien. Seine Unternehmung war glücklich und dem Handel vortheilhaft. Zwei Jahre
darauf unternahm er eine zweite Reise, auf welcher
er durch einen heftigen Sturm einige Schiffe verlor, und an das grüne Vorgebürge verschlagen
wurde. Nachdem er hier neuen Vorrath eingenommen hatte, setzte er seine Reise fort, berührte
die Inseln Dominique, St. Margaretha und
St. Domingo, segelte an den Küsten von Florida
nach Terre neuve hinauf, und kam mit einer
Menge Gold, Silber, Perlen und kostbaren
Steinen nach England zurück. *)

So war also der Handel mit Natur- und Kunster-
zeugnissen unter Heinrich VIII. seinem Sohne Eduard
und dessen Nachfolgerin Maria schon einigermaßen
in Aufnahme gekommen, aber die Erzeugnisse des
Orients waren noch bloß durch die Venetianer,
Genueser und Pisaner bekannt. England erhielt
diese Waaren durch ein Venetianisches Schiff, welches alle Jahr eine reiche Ladung davon hinbrachte,
und welches den Preis nach eignem Gefallen, da

*) Lediard, B. II, K. II, S. 139 f.

es keine Konkurrenz zu beforgen hatte, weit höher 1564
anfetzte, als ein erlaubter Gewinnft erfoderte.
Der glücklichen Elisabeth war es aufbehalten, in
England dem Handel nach der Levante feine Ent-
ftehung zu geben, *) welcher bis dahin bloß in dem
Befitz der Italiäner gewefen war. Sie trieben ihn
über Trapezunt, Damaskus und Aleppo, von wo
fie die Waaren nicht allein nach den Ländern an der
See, fondern auch nach Deutfchland, den Niederländern, nach England und allen nördlichen Ländern brachten. Zu Brügge war die Niederlage für
den Norden, und die Kaufleute, die fich in diefer
Stadt niedergelaffen hatten, vertaufchten da die

*) Allgem. Engl. Gefch. Th. 16. Neue Gefchichte,
Buch 17, Kap. 6. Die beiden oben (S. 73)
angeführten Memoires von Robert Thorne laffen
an Hakluyts Behauptung zweifeln, daß diefer
Handel fchon im Jahre 1512 fehr anfehnlich gewefen feyn folle. Seit diefer Epoke bis 1534 gingen, nach feinem Berichte, verfchiedne gute
Schiffe von London, Briftol und Southampton,
nach Candia, Chio, Cypern, Tripoli und Ba-
ruth in Syrien; fie brachten von da Seidenwaa-
ren, Kamelotte, Muskatweine, Oel, Katun zc.
mit, welche fie für feine und grobe Tücher von
allen Farben, für Leinwand, Felle, Leder zc.
eintaufchten. Heinrich VIII. würde Thornes Vor-

F 3

1564 Produkte dieser Länder für orientalische Waaren.
Eine Venetianische sehr stark beladene Karacke schei-
terte bei der Insel Wight. Dieser Vorfall flößte den
Englischen Kaufleuten den Wunsch ein, den Handel
nach der Türkei zu versuchen. Sie baten Elisabeth
um Briefe für den Großherrn, um von demselben
die Erlaubniß zu erhalten, daß sie geradezu auf
Englischen Schiffen mit der Türkei handeln dürften, ohne fremder Nationen Schiffe zu brauchen.
Die Königin schrieb an den Sultan. Er antwortete freundschaftlich, und die Engländer erhielten
Privilegien und Freiheiten,*) deren sie bis an den

schläge nicht so gleichgültig aufgenommen haben,
wenn der Handel damals so blühend gewesen wäre.
Er würde auf die Mittel aufmerksam geworden
seyn ihn zu vermehren, und aus der Erfahrung
von dem, was bisher leicht geworden war, würde
er gesehen haben, daß man noch weiter kommen
könnte. Aber die Englischen Manufakturen waren noch nicht zu dem Grade von Vollkommenheit gestiegen, daß vermittelst ihrer Erzeugnisse ein
so großer Handel hätte können getrieben werden.
Und wäre dies gewesen, so hätte England weder
Venetianer noch Niederländer nöthig gehabt.

*) Sir William Mousons Reise, S. 69. Ein
neuer Beweis von der Unrichtigkeit in Hackluyts
Bericht. Wenn schon im Jahre 1512 der Handel

Zeitpunkt genoſſen haben, da Drake nach ſeiner 1564
Reiſe um die Welt die Anleitung gab, nach dem
Orient ohne Umwege zu handeln.

Bis dahin hatten die Niederländer, welche den
ganzen Engliſchen Handel in ihrer Gewalt hatten,
ihre Verbündungen ſorgfältig erhalten, und ihre
Traktaten genau beobachtet. Ein Graf von Flandern, Ludwig Malan, hatte die Engländer dahin
gebracht, einen Markt von Engliſcher Wolle zu
Brügge zu errichten; und ſeit 1338 genoſſen dieſe
daſelbſt ſehr große Freiheiten, weil dieſer Traktat
mit den Britanniſchen Inſeln die große Quelle des
niederländiſchen Handels in ganz Europa war. *)
Margaretha, Statthalterin der Niederlande, welche,

nach dem Orient eröffnet geweſen wäre, ſo hätte
Eliſabeth nicht nöthig gehabt, ihn erſt über die
Türkei zu verſuchen, und auf Drakes Reiſe zu
warten, um ihm einen geradern und bequemern
Weg anzuweiſen.

*) Cambden berichtet, der Handel zwiſchen den Eng-
länbern und Niederländern habe die Summe von
zwölf Millionen Pfund Sterling überſtiegen, bloß
für Tücher, die nach Antwerpen gebracht wurden, ohne das Bley, Zinn und andre Waaren
zu rechnen, welche ſich auf mehr als fünf Millionen beliefen, S. 397.

F 4

1564wie ihr Bruder Philipp, gegen Elisabeth aufge=
bracht war, ließ unter dem Vorwande der an=
steckenden Krankheit, die sich in dem Königreiche
verbreitet hatte, die Einfuhr der Englischen Tü=
cher in die Niederlande verbieten. Aus eben der Ur=
sache verbot er die Ausfuhr der holländischen Waa=
ren nach England. Elisabeth untersagte nun von
ihrer Seite allen Verkehr zwischen den Englischen
und Holländischen Kaufleuten, und ließ die Nie=
derlage aller Waaren nach Embden verlegen, wo
sie gleichfals allen Umsatz mit den Holländern un=
tersagte. Diese Einschränkungen bestanden seit
dem ersten Regierungsjahre dieser Königin bis 1564.
England verlor viel hierbei, und Holland nicht
weniger. Ein Mann von Einsichten, Don Gus=
man, dachte auf Mittel, einen für beide Nationen
so vortheilhaften Handelsverkehr wieder herzustel=
len. Es kam zu Unterhandlungen; Elisabeth er=
nannte Kommissarien, welche mit den Abgeordne=
ten von Harlem und Amsterdam zusammenkamen,
und den großen Traktat von 1496 wieder erneuer=
ten. *)

*) Cambden, S. 395. De Thou, B. 31. Rapin
Thoiras, B. 17, S. 206. Geschichte der verei=
nigten Provinzen, B. 13, S. 69. Haynes,
S. 409.

Elisabeth nützte diese ruhigen Augenblicke, 1564 um einige Oerter ihres Reichs zu besuchen. Sie wohnte zu Cambridge allen gelehrten Uebungen, unter andern auch einem Lustspiele bei, das die jungen Studierenden vorstellten. Sie besah hierauf die verschiedenen Erziehungsanstalten von England, lobte den Eifer der Lehrer und der Zuhörer, und ermunterte sie durch Verheissung ihres besondern Schutzes zur Fortsetzung ihres Fleisses. Zu Cambridge antwortete sie ohne Vorbereitung auf eine lateinische Anrede der dasigen Zöglinge in derselbigen Sprache. *) Seit der Wiederherstellung der Wissenschaften hatten vier Englische Monarchen ihren Fleiß auf dieselben gewandt. Heinrich VIII. hatte theologische Werke geschrieben, Eduard hatte sich der Wissenschaften beflissen, Maria hatte sich, wie ihr Vater, mit scholastischen Untersuchungen und Auslegungen der Schrift beschäftigt. Elisabeth hatte sich mehr ausgebreitete Kenntnisse erworben, wovon noch in der Folge die Rede seyn wird.

Nach ihrer Zurückkunft von Cambridge erhob sie Robert Dudley zur Würde eines Grafen von Leicester und Dembigh. Die Aufnahme desselben

*) Desirata curiosa, von Sir Fr. Peck. London 1735, Th. 2. S. 23. No. 15. Der Triumph der Musen.

F 5

1564 geschah zu Weſtminſter mit vielen Feierlichkeiten. Die Königin unterbrach von Zeit zu Zeit den Ernſt der Zeremonie durch Freundſchaftsbezeugungen, die ſie ſich nicht entbrechen konnte ihrem Günſtlinge zu erweiſen, ohne ſich vor den Großen des Hofes, den fremden Geſandten, und ſelbſt Melvil, *) dem Geſandten der Königin Maria, zu entſehen. Dieſes Betragen, ſo wie ihre Wahl, bewies ihre ganze Schwäche. Eliſabeth, ſo geſchickt ſie ihre Miniſter, ihre Feldherren und diejenigen zu wählen wuſte, denen ſie ihr Intereſſe an fremden Höfen anvertraute, pflegte es in Abſicht auf das Verdienſt ihrer Günſtlinge nicht genau zu nehmen. Leiceſter hatte nichts weiter für ſich als eine angenehme Figur, die freien Sitten und die Dienſtgefliſſenheit eines Hofmanns, und die leichte Kunſt einen für Schmeichelei empfänglichen Geiſt zu feſſeln. Allein mit ſeiner Schönheit, ſeiner Anmuth,

---

*) Melvils Memoires, Buch 2. Der Graf, ſagt er, ſaß mit Geberden voll Ernſt vor ihr auf den Knieen; ſie half ihm den feierlichen Schmuck anlegen, und konnte ſich nicht enthalten, ihn zu liebkoſen, indem ſie ihm bald ſanft auf die Wangen klopfte, bald ihm die Hand auf den Kopf oder die Schulter legte, obgleich der Franzöſiſche Geſandte und ich gegenwärtig waren.

seinen Talenten und seinen Reizen beschäftigt, 1564
achtete er wenig auf die soliden Eigenschaften des
Geistes und des Herzens. *) Kaum war er der
Gunst der Königin gewiß, als er den Großsiegel-
bewahrer Bacon anklagte, daß er an der Erbfolge-
sage Antheil genommen, und eine Schrift, wozu
sich ein gewisser Hales bekannte, geschrieben oder

*) Gilbert Stuart beschreibt ihn als einen äußerst
   lasterhaften Mann, der aber alle die angenehmen Eigenschaften, welche weibliche Herzen fesseln, im
   höchsten Grade besaß. Er war nach der Schilde-
   rung, die er von ihm macht, ein vollkommner
   Höfling, aber als Staatsmann von sehr einge-
   schränkten Einsichten, und als Krieger von zwei-
   deutiger Tapferkeit. Er war als ein Mann
   ohne Empfindung für Ehre, ohne Redlichkeit
   und ohne Religion bekannt. Indeß hatte er sich
   des Herzens seiner Monarchin so ganz bemächtigt,
   daß er den Argwohn erregte, als ob er nach einer
   näheren Verbindung mit ihr strebte; ja er war
   im Verdacht, um zu diesem erhabnen Range zu
   gelangen, den Tod seiner Gattin beschleunigt
   zu haben. (Gilbert Stuart, S. 69: S. Cecills
   Gründe gegen desselben Heirath mit der Königin
   von England. Art. IV.) Er ist durch den Tod
   seiner Gemalin in übeln Ruf gekommen, sagt
   Haynes, S. 444.

1564 authorisirt hätte, worin das unmittelbare Recht des Hauses Suffolk an die Englische Krone nach dem Absterben der Königin Elisabeth bewiesen wurde. Hales wurde gefangen genommen. Die Königin stellte sich, als ob sie in ihm einen Mann bestrafte, der die Königin von Schottland beleidigt hätte. Aber es kostete ihr viele Mühe Bacon zu verzeihen; jede Aeußerung in Reden oder Schriften, die dahin ging, ihr einen Nachfolger zu ernennen oder zu bestimmen, war ihr unerträglich. Glücklicher Weise hatte Bacon nicht für Maria geschrieben; sonst wäre die Ungnade seiner Monarchin der Lohn dieser Verwegenheit gewesen, und nichts hätte deren Wirkung gemildert.

Die Sache war nicht gleichgültig. Der Graf von Hartford und seine Gemahlin schmachteten noch im Gefängnisse; und aus den Verhören und Prozeßakten ergiebt sich, daß jeder Argwohn unmittelbar auf diese beiden Personen und auf Johann Gray, ihren nahen Verwandten fiel, welcher für den Haupturheber dieses Versuchs gehalten wurde. Bacon wurde in den Verhören oft genannt; und es scheint, er habe dem Verfasser des Buchs Aufklärungen gegeben, welche das Haus Suffolk begünstigen, und den Grafen von Hartford berechtigen konnten, von der wider ihn ausge-

sprochnen Sentenz zu appelliren. *) Der Graf 1564
von Leicester verfolgte die Beklagten mit Hitze.
Vielleicht hatte dieser Wunsch, das Haus Suffolk
zu unterdrücken, den Wunsch zu herrschen zum
Grunde. Die Huld, die Elisabeth dem Grafen
von Leicester erwies, war allerdings groß genug,
um ihn zu der Hoffnung zu berechtigen, daß er
ihre Hand erhalten könnte, und muste ihm besonders zu Anfang, da sie ihn mit Gnadenbezeugungen überhäufte, Eifersucht gegen alle diejenigen
einflößen, die auf einen Thron Ansprüche zu machen wagten, den er selbst zu besteigen hoffte. Er
war der Zuneigung seiner Gebieterin so wenig würdig, daß mehrere Schriftsteller jener Zeit, nach
einem damals fast allgemeinen Vorurtheil, dieselbe
aus dem Einflusse der Gestirne erklärten.

Elisabeths Verstellung in Absicht auf Maria
Stuart hatte sie zu einem Schritte bewogen, durch
den sie sich selbst, den Grafen und Marien in Verlegenheit setzte. Die Intriguen, deren sie sich bediente, um die Königin von Schottland an der
Vollziehung der ihr angetragenen Verbindungen
zu hindern, sind schon oben bemerkt worden. Da
sie indeß dieselbe entschlossen sah sich zu verheirathen, so schlug sie ihr endlich den Grafen von Lei-

*) Haynes, S. 411—418.

1564cefter vor. *) Maria fand sich beleidigt, daß ihr
ein simpler Edelmann vorgeschlagen wurde, ein
Unterthan einer Königin, der sie an Rang gleich
war, dessen Vater und Großvater ihr Leben auf
dem Blutgerüste verloren hatten. Maria verbarg
indessen ihre wahren Gesinnungen vor dem Englischen Residenten, und ließ ihm bloß antworten, sie
sähe bei dieser Heirath einen zu großen Abstand des
Ranges, und zu wenig Vortheile, um eine Wahl,
die so weit unter ihrer Würde wäre, zu rechtfertigen. Elisabeth war gar nicht gesonnen, Marien
die Rechte, die sie sich auf den Grafen von Leicester
erworben hatte, abzutreten; sie wollte die Königin
von Schottland bloß durch diese Idee hinhalten,
die Entscheidung dieser Angelegenheit in die Länge
ziehen, ihrer Nebenbuhlerin neue Verlegenheiten in
ihren Entschließungen entgegensetzen, sie zwingen
unverheirathet zu bleiben, und die Erbfolgesache
verzögern. Leicester, weniger scharfsichtig als ge-
schmeidig und einnehmend, fand sich in einer außerordentlichen Verlegenheit. Mariens Hand auszu-
schlagen, im Fall, daß Elisabeth ihn nicht heirathen
wollte, schien ihm wieder alle Klugheit zu streiten,

---

*) Melvils Memoires, S. 66. Instruktionen der
    Königin von England für Randolph. Keith,
    S. 245.

ja dieß hieß sich der Gefahr aussehen, Elisabeths 1564 Gunst zu verscherzen, wenn sie merkte, daß sein Ehrgeitz nach etwas höherm strebte; wenn er hingegen unter den Augen einer eifersüchtigen und heftigen Frau diese Verbindung annahm, so muste er das schreckliche Schicksal des Grafen von Hartford befürchten. Leicester, welcher nicht wuste, wie er das Betragen seiner Monarchin erklären sollte, bildete sich endlich ein, Cecill hätte aus Haß gegen ihn die ganze Sache eingeleitet, um ihn bei Elisabeth in Ungnade zu bringen. Doch der Erfolg beruhigte ihn. Maria wies den ihr gemachten Antrag zurück, und die Königin von England zeigte ihm, daß sie ihn weder abtreten noch verlieren wollte.

Katharina von Medici zeigte der Königin von Schottland, wie sehr sie mit ihrem Verhalten bei dieser Unterhandlung zufrieden war. Ihre Leibgedinge hatte sie ihr seit dem Tode des Herzogs von Guise nicht auszahlen lassen, auch dem Herzoge von Chatelleraud wurde das Gnadengeld, welches ihm von Frankreich zugestanden war, nicht mehr bezahlt worden. Als die Königin von England ihrer Nebenbuhlerin zum Schein die Hand ihres Günstlings anbot, glaubte Katharina den Augenblick zu sehen, wo das gute Verständniß zwischen

1564 den beiden Fürſtinnen und die Engliſche Thronfolge
Mariens Nachgiebigkeit belohnen würde; und ſie
fürchtete, die Vereinigung der beiden Königreiche
möchte für Frankreich gefährlich ſeyn. Gewohnt
alle Geſtalten anzunehmen *) zeigte ſie jetzt äußer:
lich die zärtlichſte Freundſchaft für ihre Schwieger:
tochter, ließ ihr das Leibgedinge mit allen Rück:
ſtänden bezahlen, nöthigte ſie, den Wein für ihre
Hofhaltung von Abgaben und Taxen frei anzuneh:
men, und bot ihr Geſchütz und alle Arten von
Kriegsbedürfniſſen an. Maria ſetzte wenig Ver:
trauen auf dieſe Freundſchaftsbezeugungen, nahm
das, was ihr zukam, an, und machte von dem
gegenwärtigen Gebrauch, ohne auf die Zukunft zu
rechnen.

Bald änderte ſich der Schauplatz. Eliſabeth
ſchlug der Königin den Sohn des Grafen von Le:
nox vor. Als dieſer letztere unter Hamiltons Re:
gentſchaft nach England gegangen war, hatte ihm
Heinrich VIII. die Tochter ſeiner Schweſter Marga:
retha, Jakob Stuarts Wittwe, und Gemalin des
Grafen

*) Gilbert Stuart ſchildert dieſe Regentin mit der
den Engliſchen Schriftſtellern eigenen Kunſt,
S. 72. Keith beſchreibt ihren Charakter aus:
führlicher, S. 244 f.

Grafen, Margaretha Douglas zur Ehe gegeben. 1564
Die Gräfin von Lenox war also um einen Grad
näher als Maria Stuart mit Elisabeth verwandt,
und die gefährlichste Nebenbuhlerin Mariens in
Abſicht auf die Thronfolge von England. Sie hatte
daher einen beſtändigen ſehr freundſchaftlichen Brief-
wechſel mit dem Grafen und der Gräfin von Lenox
geführt. Eliſabeth hatte ſtarke Gründe dieſe Kor-
reſpondenz zu wünſchen. Der Graf hatte einen
Sohn von einundzwanzig Jahren, Milord Hein-
reich Darnley. Der Engliſche Hof ſchmeichelte ſich
mit der Hoffnung: daß dieſer junge Mann, dem
die Natur alle äußerliche Vorzüge reichlich zugetheilt hatte, glücklich genug ſeyn würde, Marien
zu gefallen; daß die Wahl eines katholiſchen Gemahls in Schottland Unruhen erregen, und daß
dieſe Verbindung, da Margaretha Douglas durch
eine Parlamentsakte für unehelich erklärt war,
Marien und ihre Nachkommenſchaft der Nachfolge
auf dem Engliſchen Throne unfähig machen würde.
Die Douglas ſelbſt dachten ſie auf dieſe Art der
Grafſchaft Angus zu berauben. *) Uebrigens war
dies eine Engliſche Familie, und wer nicht in England geboren oder von Eltern war, die den Monarchen dieſes Landes für ihren Oberherrn erkann-

*) Goodall, Th. 1. S. 200.
Geſch. Eliſab. 3. Th.

1564ten, konnte daselbst keine Erbschaft antreten. *)
Ohngeachtet also Margaretha Douglas für unrecht:
mäßige Erbin erklärt war, konnten doch ihre Rechte
den Rechten der Maria Stuart entgegengesetzt
werden; und die Königin von England erklärte sich
nur gegen ihre Korrespondenz mit den Lenox, um
sie desto begieriger nach derselben zu machen. Wenn
Maria sich zu einer Heirath entschloß, so schien
Darnley eben die Parthei zu seyn, die Elisa:
beths eifersüchtige Absichten am besten begün:
stigte. Ohne Verstand, ohne Talente, ohne Tu:
gend, war er nicht im Stande, Mariens Herrschaft
zu befestigen; er konnte sie nur unglücklich, in den
Augen ihrer Unterthanen verächtlich, und eben
dadurch einer fremden Macht desto unterwürfiger
machen, von der sie viel zu hoffen, aber noch mehr
zu fürchten hatte. Auch der Familie der Hamilton
und dem Grafen Murray konnte eine solche Ver:
bindung nichts weniger als gleichgültig seyn. Mehr
Gebieter in Schottland als Maria selbst, konnten
sie es nicht gerne sehen, wenn sie sich vermählte;
und ihre Verbindung mit einem Unterthan gab ih:
nen nicht allein das Recht selber, Anspruch daran zu
machen, sondern muste ihnen zugleich die Begierde

*) Haynes, S. 414 f. u. Robertson, B. 3. S. 310.
Carte, Gesch. v. Engl. Vd. 3. S. 422.

einflößen einen Mitwerber zu entfernen. Elisabeth, 1564
welche an den Gütern des Grafen von Lenox ein
Unterpfand wegen seines Betragens in Händen
hatte, konnte Zeit gewinnen, Zögerungen hervorbringen, den unruhigen und ehrsüchtigen Geist der
Schottländer wirken laſſen, und Marien ſo viel
Unannehmlichkeiten und Beſorgniſſe erregen, daß
ſie ſich zum eheloſen Stande entſchließen muſte.

Es durfte damals niemand ohne Erlaubniß des
Fürſten von einem Königreiche in das andre gehen.
Elisabeth ließ dem Grafen von Lenox heimlich den
Wink geben, daß er bei ihr um die Erlaubniß anhalten ſollte, nach Schottland zu gehen, um daſelbſt die Verlaſſenſchaft ſeiner Gemalin und ſeine
Rechte auf die Grafſchaft Angus zu reklamiren.
Sie erlaubte es ihm, und gab ihm ſehr dringende
Empfehlungsſchreiben für Maria Stuart mit,
welche ſo abgefaßt waren, daß dieſe über Eliſabeths wahre Abſichten zweifelhaft blieben, aber
zugleich einſehen muſte, daß ſie unter dem Schein
der aufrichtigſten Freundſchaft das zweideutigſte Betragen verbarg. Ueber ihre Hinterliſt aufgebracht,
ſchrieb ſie ihr in ziemlich heftigen Ausdrücken.
Doch bald reuete es ſie der erſten Hitze ihres Unwillens nachgegeben zu haben. Sie ſchickte Melbil
nach London, mit dem Auftrage, vornehmlich ſich

1564um die Absichten des Parlaments und den von
demselben vorzunehmenden Gegenstand zu bekümmern, zu beobachten, ob es der eifrige Wunsch des
Volks wäre, daß Elisabeth sich über die Thronfolge erklären möchte, und wenn sich die Wünsche der
Nation für sie zu bestimmen schienen, Elisabeths
wahre Gesinnungen hierüber auszuforschen, um zu
urtheilen, was Maria davon zu erwarten hätte.
Melvil besaß das Zutrauen seiner Monarchin in
einem hohen Grade. Er hatte sich an verschiednen
Europäischen Höfen aufgehalten, wo er sich so höfliche Sitten erworben hatte, dergleichen in Schottland beinahe unbekannt waren. Er kannte die
Menschen und den Gang der Affären. Sein Betragen war einnehmend und ehrfurchtsvoll; er
hatte einen feinen, tiefen und gesetzten Verstand.
Nichts entging ihm, und nie verlor er den Zweck,
den er sich vorgesetzt hatte, aus den Augen. Maria Stuart hatte ihm aufgetragen, über ihr Verhalten zu wachen, und sie zu erinnern, wenn ihre
Jugend und ihr Leichtsinn sie zu etwas verleiten
sollten, was der Würde ihres Ranges oder der
Gerechtigkeit entgegen wäre. Die meisten Hofleute,
sagte sie zu ihm, denken auf nichts als uns zu
schmeicheln; nur auf ihren eignen Nutzen bedacht,
sagen sie uns nicht, was zu unserm, sondern bloß,

was zu ihrem Besten dient; daher bitte ich Sie zu 1564
thun, was ich Ihnen sage, ohne zu befürchten,
daß Sie mir mißfallen möchten. Wenn Sie mir
meine Fehler sagen, so werde ich Sie beswegen
desto höher schätzen, und es erkennen, daß Sie
aus Diensteifer und Freundschaft für mich so han,
deln. *) Melvil muste dieses gefährliche Geschäft.
übernehmen, und hatte noch nicht Ursache es sich
gereuen zu lassen. Maria haßte das Laster, liebte
die Tugend, und bezeugte ihm kein Mißfallen,
wenn er ihr gute Erinnerungen gab. Sie trug ihm
auf, in England die Gräfin von Lenox zu besuchen,
und durch ihre Vermittelung die Rückkunft des
Lord Darnley nach Schottland auszuwirken. **)
Melvil hatte schon, nachdem er aus Deutschland
zurückgekommen war, Elisabeth gesehen, und sie
hatte ihn sehr gnädig aufgenommen; es ward ihm
nicht schwer, sich bei einer für sie so wichtigen An
gelegenheit noch mehr bei ihr einzuschmeicheln.
Sie vergaß ihre gewöhnliche Verstellung, und
zeigte dem Gesandten, der ihr auf eine geschickte
Art zu schmeicheln wuste, die ausschweifendste, un
vernünftigste Eifersucht. Sie that ihm verschiedne
Fragen über die Länder, die er besucht hatte; er

*) Melvil, S. 85.
**) Melvil, S. 83.

1564 redete davon mit vieler Anmuth, und rühmte, in:
dem er von politischen Beobachtungen auf bloß an:
genehme Gegenstände der Neugier überging, die:
jenigen Trachten der Frauenzimmer, die er den
Annehmlichkeiten des Wuchses und der Gestalt am
günstigsten gefunden hatte. Seit dem Augenblicke
zeigte sich ihm Elisabeth nicht anders mehr als in
den verschiednen Kleidungen, welche in den Län:
dern, wo er gewesen war, getragen wurden. Sie
hatte brandgelbes Haar, welches sie indeß für sehr
schön hielt; und Melvil sah sich gezwungen, ihr
zu sagen, der Italiänische Anzug wäre derjenige,
der ihr am besten stände, weil die Italiänischen
Frauenzimmer damals ihre Haare herunterhangen
ließen. Bei jedem Vorzuge, den er an ihr lobte,
fragte sie sogleich, ob auch die Königin von Schott:
land denselben besäße, und in welchem Grade;
und sie konnte ihren Verdruß nicht bergen, wenn
die Antwort für sie nicht günstig ausfiel. Endlich
verlangte sie zu wissen, welche von ihnen beiden
wirklich die schönste wäre. Melvil antwortete,
ohne einige Verlegenheit zu zeigen, Maria wäre
die schönste Person in Schottland, und Elisabeth
die schönste in England. Ein anderer Gegenstand
ihrer Neugier war der, zu wissen, welche von bei:
den den schönsten Wuchs hätte. Melvil gestand

hierin den Vorzug Marien zu. Sie ist also zu 1564
groß, erwiderte Elisabeth lebhaft, denn meine
Taille ist vollkommen proportionirt. Auch ihre bei-
derseitigen Talente blieben nicht unberührt. Die
Königin von England glaubte mit mehr Anmuth
und Geschmack zu singen, zu tanzen, und das Kla-
vier zu spielen als Maria. Bei dieser Gelegenheit,
da Elisabeth sich einer so heftigen Leidenschaft überließ, daß sie ihre Würde vergaß, und ihren eignen
Charakter verleugnete, überzeugte sich Melvil, daß
sie auf immer die unversöhnliche Feindin ihrer Nebenbuhlerin seyn würde. *) Und dies beschäftigte,
dies marterte jene Elisabeth, die so groß in ihrer
Staatsverwaltung, so mächtig in Europa war, an
deren Hofe so viele verschwenderische Pracht herrschte; diese beständig von dem Glanze der Majestät
umringte Monarchin, welche die Ruhe in ihren
Staaten, die Ordnung in ihren Finanzen wieder
hergestellt, ihr Seewesen vermehrt, den Handel
unterstützt hatte, und diesen noch in der Folge auf
eine so ruhmvolle Art vergrößerte. Die Welt
weiß nicht, wie klein die Weisheit ist, durch die
sie regiert wird. **)

*) Melvil, S. 97 f.
**) Natur- und Völkerrecht, Buch 2, S. 309.
Anmerk. des franz. Uebers. No. 1.

G 4

1564 Einige Monathe nach der Rückkunft des Grafen Lenox nach England, begaben sich die Kommissarien, welche wegen der vorgeblichen Heirath des Grafen von Lenox unterhandeln sollten, nach Barwick. Sie wurde in Elisabeths Namen förmlich vorgeschlagen, die Vortheile, welche sie der Königin verschaffen sollte, wurden auseinander gesetzt, und die Englischen Unterhändler gaben zu verstehen, Elisabeth würde gleich nach der Vermählungsfeier die Königin von Schottland durch eine Parlamentsakte zur vermuthlichen Kronerbin erklären lassen. *) Die Schottländer stellten hingegen vor, es wäre unter der Würde einer Monarchin, der Wittwe eines großen Königs, um die sich die mächtigsten Fürsten von Europa beworben hatten, einen simpeln Edelmann zu wählen. Sie drangen in die Englischen Kommissarien, ihnen die großen Vortheile, die die Königin durch diese Vermählung erhalten sollte, näher zu erklären, und versprachen, wenn darauf zu rechnen wäre, nach ihrer erhaltenen Vollmacht den Zweck der gegenwärtigen Unterhandlungen zu befördern. Allein die Kälte der Deputirten bestätigte ihnen genugsam, was der redliche Throgmorton seinem alten Freunde Melvil gesagt hatte, indem er ihm rieth, Cecil

*) Keith, S. 259.

und den Rathschlägen, die er Elisabeth gab, nicht 1564
zu trauen. Die ganze Conferenz lief fruchtlos ab,
und Elisabeth erlaubte dem jungen Darnley, seinem
Vater nach Schottland zu folgen, um die Rolle,
die sie den Grafen von Leicester so lange spielen
ließ, mit der unnützen Scene von Barwick zu
endigen. *)

Indeß diese Hofintriguen die Schottländischen
und Englischen Minister beschäftigten, lenkte Maria die Angelegenheiten ihres Staats mit kluger
Sorgfalt. Die Menschlichkeit diktirte alle ihre
Verordnungen, auf die Verwaltung der Gesetze
richtete sie vorzüglich ihr Augenmerk. Nach der
Einführung der Reformation waren die verschiednen Gerichtsstühle, worin die Bischöfe präsidirten,
abgeschaft, und keine andre an ihre Stelle gekommen. Aus dem unterbrochenen Laufe der Justiz
entstanden große Unordnungen; die Mächtigern
nützten die Zeit, da die Gesetze ohne Kraft waren,
um die Schwächern ungestraft zu unterdrücken;
das Laster suchte sich nicht einmal zu verbergen.
Maria errichtete in verschiednen Distrikten festste-
hende und wenig zalreiche Gerichtshöfe, deren
Präsidenten den Titel Kommissarien hatten, so
lange diese Tribunäle noch nicht durch förmliche

*) Keith, S. 260.

G 5

1564 Akten errichtet waren. Sie wies denen Richtern, die schon in wirklicher Ausübung ihrer Aemter begriffen waren, eine vermehrte Besoldung an, um ihnen ihre Pflichten angenehmer und leichter zu machen. Sie wohnte oft ihren Sitzungen bei, munterte die obrigkeitlichen Personen zur Wachsamkeit und zu geschwinder Rechtspflege auf, gab den gesetzlichen Formalitäten mehr Würde, und wuste mit sanfter Art jedem ihrer Unterthanen gleiches Recht widerfahren zu lassen, und die Gerechtigkeit sowohl unmittelbar als durch richterliche Aussprüche zu handhaben. *) Dieser Gebrauch ihrer Macht muste ihr einen ausgebreiteten Ruf verschaffen. Die fremden Nationen bewunderten ihre Gerechtigkeitsliebe, und glaubten ihre künftige Größe vorherzusehen. Sie wurde als eine Regentin betrachtet, die der Königin von England nacheiferte, und die wenigstens einen Theil ihres Ruhms erwerben würde. Maria hatte, indeß sie in fremden Ländern so günstig beurtheilt wurde, in ihren eignen Staaten mächtige Feinde. Die Ankunft des Grafen von Lenox, und die Beweise von Achtung, die sie ihm gab, erregten die Eifersucht des Grafen von Murray und des Herzogs von Chatelleraud.

---

*) Melvil, S. 106. Gilbert Stuart, S. 84.

Eben so wenig konnte die Familie Douglas die 1564
Rückkunft eines Mannes mit gleichgültigen Augen
ansehen, der ihr die nun zwanzig Jahre hindurch
besessene Grafschaft Angus zu entreissen kam. Maria, immer klug und menschlich gesinnt, legte diese
Zwistigkeiten bei, beruhigte die Hamiltons, verbot
dem Grafen die Güter seiner Gemahlin zurückzu-
fodern, und schien mehr zu wünschen, daß er sich
um die Freundschaft dieser großen Häuser, als um
die Erwerbung ihrer Besitzungen, bemühen möchte;
sie versprach ihm bloß, ihn in seine Würden und
in die Rechte seiner Vorfahren wieder einzusetzen.*)
Sie berief wirklich ein Parlament zusammen, welches die Akte, wodurch alle Güter des Grafen
eingezogen waren, vernichtete, und ihn in seinen
vorigen Stand völlig wieder herstellte, aber ohne
daß er den Genuß der mit seinen Titeln verbund-
nen Einkünfte fodern durfte. **) So viel Mäßigung hätte die Gemüther beruhigen müssen, wenn
nicht ihre Anhänglichkeit an die katholische Religion
den größten Theil ihrer Unterthanen ihr abgeneigt
gemacht, und fanatischen Priestern Anlaß gegeben

*) Keith, S. 258, f. 265 f.

**) Gilbert Stuart, S. 88. Keith, S. 268. Hay-
nes, S. 381 f.

1564 hätte, durch eitle Prophezeiungen das wirkliche Gute zu vernichten, dessen das Volk hätte genießen können. Knox, ihr grausamster Feind, hörte nicht auf sie öffentlich und ingeheim zu verfolgen, ihre Handlungen von der schlimmsten Seite auszulegen, und mit den schwärzesten Farben zu schildern, der Nation Uebel vorherzusagen, deren Vorstellung sie schaudern machte, und ihren Haß gegen diejenige erregte, die die Urheberin davon seyn sollte. Maria hätte mit mehr Klugheit und Festigkeit handeln können; sie hätte großmüthiger für den Unterhalt der Kirche und ihrer Diener sorgen müssen. Es ist nicht zu vermuthen, daß Knox und die übrigen Reformatoren dem Golde widerstanden hätten. Vielleicht hätte sie dem brennenden Eifer, den sie für die Religion vorgaben, Stillschweigen aufgelegt; aber aufgebracht gegen sie, wollte sie ihre Glücksumstände nicht über die Mittelmäßigkeit erheben. Heinrich VIII. beging denselbigen Fehler, als er die Mönche, arm und ohne Zuflucht, ihr Elend vor aller Augen herumschleppen ließ. Aber Heinrich hatte keinen Nebenbuhler zum Feinde; die Empörung wurde gestillt; und seine Unvorsichtigkeit kam ihm weniger theuer zu stehen als der unglücklichen Maria die ihrige. Ihre Duldung schien nur auf eine gewisse Zeit einge-

schränkt zu seyn, so lange sie nicht durch Parla- 1565
mentsakten gesichert war, und sie wollte die Artikel, die Reformation betreffend, als dem Glauben,
den sie in ihrem Herzen bekannte, zuwider, niemals ratificiren, indeß sie übrigens ihren Unterthanen eine völlige Gewissensfreiheit ließ. Schon
die anscheinend bevorstehende Verbindung zwischen
ihr und dem Hause Lenox, welches katholisch und
ihr so nahe verwandt war, daß zu dieser Vermählung die Dispensation des Pabstes erfodert wurde,
beunruhigte die Gemüther. Schon damals sah
man die Hindernisse voraus, die sie antreffen würde, und des jungen Darnleys Ankunft war die
Quelle ihres letzten Unglücks.

Der angenehme Anstand dieses jungen Mannes, seine schöne Gestalt, sein hoher und schlanker
Wuchs, seine höflichen und sanften Sitten, sein
anscheinend demüthiger und gefälliger Charakter,
hefteten die Augen der Königin auf seine Person.
Sie glaubte, er würde aus ihrer Seele die Eindrücke der Unruhe und des Kummers auslöschen
können, die sie seit drei Jahren empfand. Sie
entschloß sich ihn zu heirathen, und jetzt konnten Elisabeths Ränke sie von diesem Entschlusse
nicht abbringen, da er aus einer wahren Leidenschaft herkam. Die Absicht der Königin von

1565 England war, daß der junge Prinz ihre Neben-
bulerin heirathen sollte, wenn sie wirklich entschlossen wäre, sich zu vermählen; in ihrem Herzen
aber wünschte sie, daß sie unverheirathet bleiben
möchte. Sie sah vorher, daß ihre Intriguen, die
Zögerungen, die sie in dieser Angelegenheit zu verursachen hoffte, ihre Vorstellungen, ihre Drohungen, Mariens Neigung verstärken, oder sie von
dieser und jeder andern Heirath abziehen würden.
Uebrigens behielt sie, indem sie mit derselben nicht
zufrieden schien, den Vorwand, die Rechte der
Königin von Schottland an den Englischen Thron
zu verkennen. Kaum hatte sie erfahren, daß die
Briefe an den Papst abgefertigt wären, und Castelnau den Auftrag hätte, an den französischen Hof
zu schreiben, um die Einwilligung Karls IX. und
seiner Mutter nachzusuchen,*) als sie schon Maßregeln nahm, um alle ihre Vortheile geltend zu
machen. Als Meitland von Lethington an ihrem

*) Castelnaus Memoires, Buch 5. S. 326 f. Darn-
ley kam im Februar 1565 in Schottland an, und
Randolph schrieb den 2. Jul. an Cecill: ich weiß
nicht, was aus Darnley werden wird, aber ich
fürchte sehr, er werde nicht lange leben. Goodall, S. 201. Keith, Anh. S. 268.

Hofe erschien, um ihr Mariens Vorhaben zu eröff-1565
nen, und Elisabeth um ihre Zustimmung zu bitten,
zeigte sie das gröste Erstaunen und ein außerordent-
liches Mißvergnügen. Sie versammlete ihren
Rath, ließ sich ganz ernsthaft scheinende Vorstellungen über die eingebildeten Gefahren machen,
womit England durch eine Heirath sollte bedroht
werden, die demselben, im Grunde vortheilhaft
war. Nicht zufrieden gegen Mariens Vermählung durch ihren Residenten Randolph und in ihrem
Antwortschreiben, welches sie Lethington mitgab,
Einwendungen zu machen, schickte sie Throgmorton als außerordentlichen Gesandten nach Schottland, um ihr die nachdrücklichsten Vorstellungen
zu machen, und ihr Mißfallen zu erkennen zu geben. Der Graf von Murray war schon auf Elisabeths Seite. Man hat geglaubt, [*] der strafbare Bruder von Maria Stuart habe zuerst an
des Grafen Zurückkunft nach Schottland gearbei-
tet; aber nach den Umständen und der Denkungsart der Menschen zu urtheilen, läßt sich dies
schwerlich glauben. Randolph, der Lord James,
Lethington und Graf von Morton sannen schon
auf Empörung gegen Maria, ehe sie noch nach

[*] Robertson, S. 327.

1565 Schottland zurückkam. *) Immer an Elisabeth
verkauft, hinterbrachten sie ihr alles, was die Ruhe
ihrer Königin begünstigte oder störte. Verrätherei
war der Dank für die Gnade, womit sie von ihr
beehrt wurden. Lethington, Morton und der Lord
James unterhielten die Unruhen bloß in der Absicht sich nothwendig zu machen, und Randolph,
um Elisabeth die Vereinigung beider Reiche zu erleichtern. Dies war das Geheimniß dieser Monarchin und das Ziel, wornach sie strebte. Aber
Morton wuste, ohngeachtet seiner Unterwürfigkeit
gegen Elisabeth, nicht um alle ihre Geheimnisse.
Sein Plan war nicht, die Vereinigung beider
Reiche zu befördern; er wollte König, und nicht
Vicekönig von Schottland seyn. Von der andern
Seite beweist das Betragen des Grafen von Lenox,
daß er den Sturz des Grafen von Murray für sein
Bestes nothwendig glaubte. Er verband sich inge-
heim

**) Verschiedne Schriftsteller theilen Briefe von
Randolph an Cecill mit, welche die genaue Verbindung dieser vier Personen wider Maria beweisen. Cambden, S. 392. Goodall, Bd. 1. Brantome, Zusätze zu Castelnaus Memoires. De Thou,
Buch 34. Castelnau, S. 328. Forbes, Bd. 1.
S. 130.

heim mit allen seinen Feinden; und Murray, wel-1565
cher ihnen nur schwachen Widerstand leisten konnte,
begab sich auf seine Güter. Er war scharfsichtig
genug, um günstigere Umstände vorherzusehen,
und in der Stille mit anscheinender Unterwerfung
den Augenblick zu erwarten, wo er diese Umstände
nützen könnte.

Die Schwierigkeiten, die Elisabeth Mariens
Heirath entgegenstellte, waren nicht die einzigen.
Der Adel war in zwei Partheien getheilt, wovon
die eine sich von Randolph regieren ließ. Diese behauptete, die Königin dürfte sich keinen Gemahl
ohne Einwilligung der Stände wählen, und der
Nation keinen andern Herrn geben, als den diese angenommen hätte. Die Häupter der Parthei brauchten das unwissende und abergläubige Volk zu ihren
Absichten. Die Habsucht der Privatpersonen,
ihre Uneinigkeiten, die Religionsirrthümer, die
Leidenschaften einer mächtigen Königin, alles ver-
schwur sich wider die Existenz des Königreichs
Schottland, und wider Mariens Schwäche. Unter
so schwierigen Umständen allein und von keinem guten
Rathgeber geleitet, beging sie vielleicht den einzigen
Fehler, in der Wahl ihrer Günstlinge zu unvorsich-
tig zu seyn. Der einzige, der ihr in einer so gefährlichen Lage noch treu zu bleiben schien, war ein

1565 Italiäner Namens Rizzio, welcher kurz nach der
Rückkunft Mariens in ihr Königreich in dem Gefolge des savoyischen Gesandten nach Schottland
gekommen war. David Rizzio, welcher bei der
Königin ein besseres Glück zu machen hoffte, suchte
die Stelle eines Kammermusikus bei ihr, und erhielt sie. Er wurde bald von ihr bemerkt; sie gab
ihm Beweise ihres Zutrauens. Sie entfernte ihren
französischen Geheimschreiber, der sich bis zu einigen herausgenommenen Freiheiten gegen sie vergessen hatte, und der Italiäner kam an seine Stelle.
Durch seine Geschmeidigkeit und seine Ränke erhielt er nach und nach das völlige Vertrauen der
Königin. Er gelangte bald zu dem Kredit und der
Bedienung eines Staatssekretärs, und erwarb
sich bald dazu ein glänzendes Vermögen. Er ward
desto übermüthiger, je mehr er der Gnade seiner
Monarchin genoß. Aber in eben dem Maße wurde
er von dem Adel, von den Großen und von dem
Volke gehaßt, und sein Ansehen konnte ihn nicht
vor der Furcht eines nahen Falles schützen. Melvil,
den Maria mit ihrem Zutrauen beehrte, schien ihm
das seinige zu verdienen; er vertrauete ihm seine
Besorgnisse an. Melvil rieth ihm in gemäßigten
Ausdrücken mehr Klugheit in seinem Betragen,
mehr Ehrfurcht und Zurückhaltung in Gegenwart

der Königin, weniger Anmaßung und Stolz gegen 1565
die Großen. Rizzio wuſte gegen einen ſo verſtändigen
Rath nichts einzuwenden, als daß er ohne der Königin Einwilligung ſein Betragen nicht ändern dürfte. Melvil, überzeugt, daß dieſer Mann nicht
zurückblicken und mit der ſeiner Herkunft anſtändi-
gen Beſcheidenheit handeln wollte, entſchloß ſich
mit Marien ſelbſt davon zu reden. Er wuſte beſſer
als dieſe Fürſtin, welchen Unwillen ihr blindes
Vertrauen auf dieſen niedrigen Fremdling hervorbrachte, zumal wegen des Verdachts, daß er vom
Papſte bezahlt würde, um der Königin die Abſichten der katholiſchen Parthei annehmlich zu machen,
und ſie von dem Wege der Duldung abzubringen.
Er fürchtete, der Sturz dieſes Fremdlings, welchen er als unvermeidlich anſah, würde ihrer Ruhe
äußerſt nachtheilig ſeyn. Er ſtellte ihr alles vor,
was ein Mann von Einſichten und ein getreuer
Unterthan einem Monarchen vorſtellen kann, der
ſich durch ſeine Verirrungen eine lange und bren-
nende Reue bereitet; die Beſchimpfung, die ſie
dem Adel, ihrem mächtigen und gefährlichen Bruder, und ihren Unterthanen anthäte, von denen
der geringſte der Aufmerkſamkeit ſeiner Königin
würdiger als Rizzio wäre; die Gefahr, die Nation
glauben zu laſſen, daß ſie von den geheimen Rän-

1565ſten eines niedrigdenkenden Menſchen Gebrauch machen wollte, um die Religion in ihren Staaten zu
veråndern. Er wagte es, ſie an Chatelards Geſchichte zu erinnern, und die Bemerkung zu machen, daß ein Betragen voll Ernſt und Beſcheidenheit die Fremden zwånge, mehr Ehrerbietung zu
zeigen, und ihre Anſprüche mehr einzuſchränken. *)
Allein Rizzio war unter jener Klaſſe von Menſchen
geboren, in der eine elende Erziehung alles feine
Gefühl vernichtet. Er merkte in dem äußern Betragen der Königin das ſanft Abſtechende nicht,
was einem Hofmanne gewiß nicht entgangen wäre.
Er wuſte ſich Darnleyn nützlich zu machen, und
Maria hielt ihn nicht weiter für gefährlich. Darnley hatte den Stolz, die aufbrauſende Hitze, die

*) Melvils Memoires, S. 111. Keith, S. 272 ff.
Spootswood, S. 189. Rapin Thoiräs tadelt
Mariens Umgang mit Rizzio, und giebt zu verſtehen, ſie habe in ſeiner Geſellſchaft, alles was
ſie ſich ſelber ſchuldig war, vergeſſen. Buchanan
ſagt in der Geſchichte von Schottland, Buch 17,
S. 173, ſie habe Rizzio einer ganz beſondern
Gunſt gewürdigt. Allein er iſt der einzige, der
dies behauptet. Knox, von dem keine Partheilichkeit für Maria zu erwarten iſt, ſagt bloß unbeſtimmt, es habe ſich das Gerücht davon verbreitet. Randolph zeigt in ſeinen Briefen nicht

Leidenſchaften und die blinde Leichtgläubigkeit ſeines 1565
Vaters geerbt. Er überließ ſich ganz den Rathſchlägen eines Mannes, der keine andre zu geben
wuſte, als die ſeiner niedern Herkunft und Denkungsart angemeſſen waren. Murray, ſeit langer Zeit gegen Rizzio erbittert, war ſchon dem
Verdacht auf die Spur gekommen, den dieſer bei
der Königin gegen ihn erregt hatte. Darnley
machte indeß, auf den Rath des Italiäners, von
dem ganzen Einfluß Gebrauch, den ihm Mariens
entſtehende Leidenſchaft und ihr liebreicher Charakter gaben. Er ſtellte ihr vor, wie viel Antheil ihr
Bruder an den falſchen Heirathsvorſchlägen zwiſchen ihr und dem Grafen von Leiceſter gehabt hätte, welche genaue Verbindung er mit Cecill unter-

die geringſte Spur eines ſolchen Verdachts. Robertſon erklärt ſie für unſchuldig. Hume urtheilt
weniger gelinde. „Buchanan, ſagt er, giebt zu
verſtehen, daß er zwar häßlich, aber in der Blühte
der Jugend war.‟ Buchanan iſt aber auch der
einzige, der ihn ſo jung vorſtellt. Er ſoll vielmehr nach andern ſchon von reifem Alter, mür-
riſch und ohne alle Annehmlichkeiten geweſen ſeyn.
Die Epoke ihrer Leidenſchaft für ihren Gemahl,
und die tugendhafte Aufführung, die ſie bis dahin beobachtet hatte, ſprechen am ſtärkſten für
ihre Unſchuld.

H 3

1565hielte, und wie sehr er immer Knorens und des
übrigen Geistlichen Absichten begünstigte. Maria,
zu sehr aufgebracht, und zu furchtsam, um die
Wahrheit dieser Beschuldigungen zu ergründen,
und die Verbrechen zu bestrafen, schränkte die
Beweise ihrer Empfindlichkeit auf indirekte Angriffe
ein. Sie berief den Grafen Bothwell, der sich
seit des Grafen Huntleys Verschwörung als Ver-
bannter in Frankreich aufhielt, den Grafen von
Sutherland, welcher nach. den Niederlanden gegangen war, und den Sohn des Grafen von
Hundley, Georg Gordon zurück, welchem letztern
sie durch eine Akte ihres Konseils seine Güter und
seine Titel wiedergeben ließ. Darnley, immer von
Rizzio geleitet, drang auf den Schluß seiner Vermählung, ehe Elisabeths Antwort angekommen
war. Maria bereuete es indessen bald, seinen
Rath in Absicht ihres Bruders befolgt zu haben,
da sie niemanden mehr um sich hatte, dem sie die
öffentlichen Angelegenheiten anvertrauen konnte,
und wollte noch einmal bei ihren Unterthanen und
ihrem Bruder den Weg der Güte versuchen. Sie
berief nach Stirling eine Versammlung des Adels
zusammen, wo sie ihre Vermählung in Vorschlag
bringen, und das Versprechen erneuern wollte,
daß weder sie noch ihr Gemahl in Absicht auf die

eingeführte Religion das geringste andern würde.1565
Sie schrieb ihrem Bruder, und bat ihn, ihr seine
eigenhändig unterzeichnete Einwilligung zu geben.
Aber noch vor Eröffnung der Versammlung bewilligte sie dem jungen Darnley alle die Ehrentitel,
die ihn dem höchsten Range am nächsten bringen
konnten. *)

Die Nachricht von den Hindernissen, die Elisabeth der Vermählung Mariens entgegensetzen
wollte, war schon vor Lethingtons und Throgmortons Ankunft in Edinburg bekannt. Maria erwartete diesen letztern voll Erbitterung. Die Lords
Ereskine und Ruthwen führten ihn bei ihr ein.

---

*) Carte, S. 424. Gilbert Stuart, S. 96. Spots-
wood, S. 189. Keith, Anh. S. 160. Carte,
Keith und Melvil erzählen, die Königin habe,
nachdem sie Darnley zum Lord und Ritter, zum
Baron, Baronnet, Baron von Armanagh, und
Graf von Roß ernannt hatte, seine Erhebung zu
der Würde eines Herzogs von Albany noch auf einige Tage hinausgesetzt, ein Titel, der ihn dem
Throne einen Schritt näher brachte. Als Lord
Ruthwen ihm diesen Aufschub ankündigte, ward
er so wütend, daß er drohte ihm den Dolch ins
Herz zu stoßen. (Auszug eines Briefes von Randolph an Cecill, vom 21. Mai 1565.)

1565 Sie antwortete auf Elisabeths Klagen: Diese Fürstin hätte gar keine Ursache zum Mißvergnügen; sie hätte ihrem Rath zufolge keinen Fremden, sondern einen Engländer gewählt; Darnley stammte von den Monarchen beider Königreiche ab; doch wollte sie noch ihrer Schwester von ihrem Betragen Rechenschaft geben, und die Ausführung eines Plans etwas verzögern, welcher zu gut entworfen wäre, als daß sie ihn aufgeben sollte; sie hoffte, daß Elisabeth denselben nach reiferer Ueberlegung billigen würde. *) Sobald die Königin von England Mariens Antwort durch ihren Gesandten erfahren hatte, schrieb sie an Lenox und dessen Sohn: da die ihnen zugestandne Zeit jetzt abgelaufen wäre, so gäbe sie ihnen bei Bedrohung ihrer Ungnade den Befehl nach England zurückzukommen. **) Randolph hörte nicht auf, sie im Namen seiner Königin zu bedrohen und zu schrecken. Auf ihre Weigerung ließ Elisabeth alle Güter, die dieser Zweig des Stuartischen Hauses in England besaß, verarrestiren, und die Gräfin von Lenox nebst deren zweitem Sohn in den Tower setzen, wo sie in die genaueste Verwahrung genommen wur-

---

*) Robertson, Buch 3, S. 324.

**) Knox, S. 373. Keith, S. 285. Cambbell, S. 392. Robertson, B. 3, S. 325.

ben. *) Kurz, ohne irgend einen gerechten Grund 1565 zum Haſſe oder Mißvergnügen angeben zu können, betrug ſich Eliſabeth nicht anders als ob ihr die Königin von Schottland die empfindlichſte Beleidigung zugefügt hätte.

Indeſſen ſchien ein großer Theil des zuſammen berufenen Adels bereit, ihre Abſichten zu befördern. Verſchledne Mitglleder deſſelben gaben ohne Bedenken ihre Einwilligung zu der vorgeſchlagnen Vermählung; einige andre verweigerten, auf Ueberredung des Regenten **) ihre Zuſtimmung, und der Erfolg dieſer Verſammlung war, daß eine andre nach Perth berufen wurde, um von neuem über dieſe Sache zu berathſchlagen. Maria ſuchte

*) Cambden, eben daſ. Hume, Bd. 2, Kap. 2. Carte, S. 424. Keith, S. 303. Randolphs Brief an Cecill vom 21. Jul. und die Anmerk.

**) Robertſon bemüht ſich, dem Betragen Murrays den Schein von Eifer für das Beſte der Nation und der Königin zu geben, B. 2, S. 327. Er will einen Staatsmann aus ihm machen, und ſcheint das genaue Verſtändniß zu vergeſſen, das zwiſchen ihm und Randolph herrſchte. S. Keith, S. 241. Vergl. Hiſtoriſche und kritiſche Unterſuchungen über Mariens Prozeß, 2te Aufl. S. 191.

H 5

1565 In dieser Zwischenzeit die Meinungen zu ihrem Vortheil zu lenken, und gewann einige vom Adel durch
ihr von Natur einnehmes Wesen. Sie sparte
keine Versprechungen, machte einige Geschenke,
unterredete sich mit drei eifrigen Reformatoren,
schwur ihnen, daß sie nie die Gewissensfreiheit
beeinträchtigen würde, und bezeugte ihnen einiges
Verlangen den Konferenzen der Reformirten beizuwohnen, und diejenigen von ihren Lehrern aufmerksam anzuhören, die sich durch ihre Mäßigung
ausgezeichnet hatten. Aber sie konnte nicht den
treulosen Murray gewinnen, noch den Zorn der
Elisabeth und der Kreaturen, die sie sich in Schottland gemacht hatte, besänftigen. Zu Perth wurden neue Unruhen und größere Uebel vorbereitet,
als Maria noch bisher erfahren hatte. Sie wollte
sich nach dem Schlosse Kalendar begeben, um dort,
ihrem Versprechen gemäß, bei dem Sohne des Lord
Leringstons Pathenstelle zu vertreten. Den Tag
vor ihrer Abreise erfuhr sie, daß auf dem Wege
von Perth nach dem Schlosse Truppen im Hinter-
halt lägen, daß Lord Murray zu Lockleven, Argyle
zu Campbell, und der Herzog von Chatelleraud zu
Kinneil ständen, daß ihre Absicht wäre sie zu um-
zingeln, Darnley und seinen Vater zu St. John-
ston zu ermorden, oder gefangen nach London zu

schicken, und die Königin zu Lockleven gefangen zu 1565
setzen, indeß Murray sich der Regierung bemächtigen würde. Sogleich nahm Maria die Grafen
von Athol und Ruthwen mit, und begab sich unter
einer Begleitung von dreihundert Mann nach
Queensferry. Hieraus sahen ihre Feinde, daß sie
entdeckt waren, sie fürchteten Bestrafung, und
sahen kein andres Rettungsmittel, als zu Elisabeths
Schutz ihre Zuflucht zu nehmen. *)

Jetzt veränderte Murray seinen Plan, um dem
Eindruck vorzubeugen, den der Beweis des gerechten Unwillens einer beleidigten Königin und Schwester auf das Publikum hervorbringen könnte, und
seine Gegner zum Gegenstande des Abscheus zu
machen, den ein so schwarzes Komplott erregen

*) Goodall, S. 202 f. Anh. S. 358 f. No. 139.
Randolph hatte den 2. Jul. an Cecill geschrieben:
Der Lord Murray wäre über die Thorheit seiner
Monarchin in großer Betrübniß; er beweinte den
Zustand seines Vaterlandes, welches seinem Ver-
berben nahe wäre, ꝛc. Allein er konnte auf keine
Weise diese Heirath als ein thörichtes Vorhaben
ansehn, und hatte gar keine rechtmäßige Ursache,
sich für einen Feind des Gemahls zu erklären,
auf den Mariens Wahl fallen sollte. Schon der
einzige Umstand, daß sein eignes Interesse dabei
ins Gedränge kam, ist ein hinlänglicher Beweis

1565 muſte. Er beſchuldigte Darnley, er habe ihn ſelbſt in der Gallerie des Schloſſes von Perth ermorden wollen. Der Graf von Argyle verbreitete dieſe Verläumdung, und verſchaffte derſelben Glauben. Er verſicherte, Murray würde in die Verſammlung zu Perth gekommen ſeyn, wenn er nicht erfahren hätte, daß in dieſer Stadt ſein Untergang beſchloſſen wäre, und daß David Rizzio in der Verſammlung ſelbſt den erſten Streich vollführen ſollte. Der Graf von Rothes und der von Glenearn führten dieſelbige Sprache, und ſetzten das Volk in Unruhe und Schrecken. Maria, bei ihrer Ankunft zu Edinburg von dieſen Beſchuldigungen unterrichtet, die ihr Bruder und ſeine Anhänger verbreitet hatten, nahm ſich vor ihn erſt zu hören, ehe ſie

gegen ihn. (Hiſtor. Unterſuch. über Mariens Prozeß, S. 181.) Goodall berichtet S. 207 eine Thatſache, deren Hume und Robertſon keine Erwähnung thun, ob ſie ihnen gleich nicht unbekannt ſeyn konnte. Aber beide leugnen die Wirklichkeit der Verſchwörung von Perth, und das auf das Wort des Lobredners von Murray und die Ableugnung des Beklagten. Knox wurde als Mitverſchworner beſchuldigt. Er leugnete die Verſchwörung ſelbſt nicht, vertheidigt ſich aber gegen die Beſchuldigung ſie unterſchrieben zu haben. (Goodall, S. 210.)

ihn selbst anklagte. Sie foderte ihn auf, seine 1565
Anklage wider Darnley und dessen Vater förmlich
anzubringen, und versprach ihm, diese Sache mit
unpartheiischer Gerechtigkeitsliebe untersuchen zu
lassen, wenn er sie in rechtlicher Form vortrüge,
Beweise vorbrächte, und den Namen des Klägers
nennte. *) Sie setzte hinzu, die Grafen von Argyle und von Murray würden, wenn sie dieser
Auffoderung nicht Folge leisteten, für Verläumder
erklärt werden. Murray versprach zu gehorchen,
wenn ihm die Königin für sein Leben Sicherheit
gäbe. Er erhielt hierüber ihre Versicherung; die
Mitglieder des Conseils gaben ihr Ehrenwort, daß
er sich ohne Furcht stellen könnte. Er weigerte sich zu
erscheinen, und schickte eine schriftliche Erklärung,

*) Gilbert Stuart, S. 104. Einige Schriftsteller
haben behauptet, daß Darnley wirklich eine Verschwörung wider Murray angesponnen hat.
(Buchanan, Buch 17, S. 173. Robertson, S.
331, f.) Allein ihre Meinung kann das Ansehen
derjenigen Schriftsteller nicht aufwiegen, die
Thatsachen angeben; und das von Goodall No. 39
angeführte Dokument (S. die vorige Anmerk.)
kann nicht in Zweifel gezogen werden. Randolphs
Ansehen, welcher Buchanans Freund, Englischer
Resident, und von den Schottischen Unruhen
wohl unterrichtet war, ist verdächtig.

1565 welche anzulänglich befunden wurde. Die Königin
ließ ihm nochmals denselbigen Befehl, mit denselbigen
Drohungen begleitet, zufertigen. Er verweigerte
von neuem den Gehorsam, und ließ durch den Lord
Ereskine und Sir James Maxwell eine neue Ge-
währleistung verlangen. Die Königin gab ihm ihr
königliches Wort, daß er für sich und für vierzig Personen, die ihn begleiten sollten, von welchem Stande
sie auch seyn möchten, vollkommne Sicherheit haben sollte. Die Lords vom geheimen Rath und
die Häupter des Adels verbanden sich eidlich ihn zu
schützen. *) Er bestand auf seiner Weigerung, und
ergriff die Waffen gegen seine Schwester. Diese
wiederholte Versagung der Beweise bei einer so
schweren Anklage muste starke Vermuthungen wider die Wirklichkeit des Verbrechens hervorbringen.
In der That, es läßt sich kaum denken, daß
Darnley einen solchen Plan sollte entworfen haben. Kaum hatte er in Schottland festen Fuß gefaßt, und dankte seine Erhebung der Leidenschaft
einer Fürstin, die auf einem mit Klippen, mit
Stürmen und Gefahren umringten Throne saß;
ohne Stütze und ohne Freunde, wie hätte er so
sinnlos handeln können, einen mächtigen Mann
aus dem Wege räumen zu wollen, welcher von dem

*) Keith, Akten des geh. Raths. Anh. S. 106—110.

Adel geliebt wurde, der proteſtantiſchen Parthei 1565
angenehm war, und von der Königin noch Beweiſe einer wiederauflebenden Freundſchaft genoſſen
hatte, ſelbſt, indem ſie ihn einige verdiente Unannehmlichkeiten widerfahren ließ? Wer hätte an dieſem niedrigen Komplott Antheil nehmen, wer hätte
Darnley gehorchen wollen? Was für Nutzen hätten die Schottländer davon gehabt, den Bruder
ihrer Königin einem Fremden ohne Stütze und
ohne Verdienſt aufzuopfern? Aber Murrays Intereſſe war es ſich von einem Nebenbuhler zu befreien. Auch war es leicht zu beweiſen, daß er
dies wirklich vorgehabt hatte, anſtatt daß ſeine un-
beſtimmte und gewagte Anklage nie einigen Grund
von Wahrſcheinlichkeit gehabt hat.

Knox, welcher immer bereit war Unruhen und
Empörung anzuſtiften, kam ſeinem Beſchützer zu
Hülfe, ob er ihn gleich vorher verlaſſen hatte. Er
bedrohte das Volk mit dem Zorne Gottes und der
Königin von England. Es wurde öffentlich gegen
eine Vermählung mit einem Papiſten gepredigt;
es wurden aufrühreriſche Briefe ausgeſtreut. Das
Volk, durch Trug und Fanatismus aufgereizt,
empörte ſich gegen die Beobachtung der katholiſchen Kirchengebräuche in dem Pallaſte der Königin.
Ein Prieſter wurde, in ſeinem Ornate und das

1565 Hochwürdige in der Hand, auf den öffentlichen
Platz geschleppt. Die Königin konnte durch ihre
Gewalt die Verbrecher weder beſtrafen noch in
Schranken halten. Die proteſtantiſche Geiſtlichkeit
verſammlete ſich, und ſchickte Abgeordnete an Ma-
ria ab, um ihr die Foderungen vorzulegen, die im
Parlamente regiſtrirt werden ſollten. Es waren
folgende: die völlige Abſchaffung des katholiſchen
Gottesdienſtes; die Uebung des proteſtantiſchen
Gottesdienſtes an allen Orten ohne Ausnahme;
die Einrichtung, vermöge deren die Geiſtlichkeit einen
gewiſſen Rang in der Geſellſchaft behaupten ſollte;
die Vergebung aller erledigten Benefizien an die
Mitglieder der reformirten Geiſtlichkeit, nach einer
Unterſuchung ihrer Wiſſenſchaften und ihrer Aufführung durch die Superintendenten; die Aus-
ſchließung aller Weltlichen jedes Standes von geiſtlichen Pfründen, und die Uebertragung des Rechts
ſie zu vergeben an Eine Perſon; die Verwendung
der zu den Abteien gehörigen Ländereien und Ta-
felgüter zum Unterhalte der reformirten Kirchen
und Geiſtlichen; ferner, die Erziehung der Jugend
Männern anzuvertrauen, die in der reformirten
Religion erzogen, und von den Superintendenten
tüchtig befunden wären; alle Renten, die vor dieſem zur Unterhaltung der Hospitäler beſtimmt
gewesen,

gewesen, demselbigen Gebrauche wieder zu widmen; 1565 die den Mönchen von allen Orden zugehörigen Ländereien und Einkünfte, die Annuitäten, jährlichen Seelmessen ꝛc. zur Unterstützung der Armen und zur Anlegung von Schulen anzuwenden; Abgötterei, Gotteslästerung, Entheiligung des Sabbaths, Hexereien, Beschwörungen, Zauberei, Ausschweifung, Mord, Unterdrückungen; nachdrücklich zu bestrafen; einige Tribunäle für bestimmte Distrikte zu errichten, mit der Gewalt ihre Aussprüche in Ausübung bringen zu lassen; endlich die Zehnten, zum Besten der Landleute und Feldarbeiter, nach billigen Verhältnissen zu vertheilen. *)

Maria gab auf diese Foderungen die klügste und gemäßigteste Antwort. Sie stimmte, sagte sie, den Entschließungen der drei Stände des Königreichs in Rücksicht auf die reformirte Religion, die sie in ihren Staaten eingeführt gefunden, bei; sie hätte versprochen, und verspräche, auf Gefahr ihrer Ruhe und ihres Lebens, niemanden wegen seiner Religion zu beunruhigen, und hoffte, daß ihr Volk so vernünftig seyn würde, ihr in dieser Hinsicht keinen Zwang anzuthun; in der katholischen

*) Gilbert Stuart, S. 106—109. Robert Bruce, S. 315.

1365 Religion erzogen, und von ihrer Wahrheit überzeugt, könnte sie dieselbe nicht verleugnen; sie
glaubte sich selbst persönlich interessirt, die Freundschaft des Königs von Frankreich zu erhalten, und
bei dem Glauben ihrer Väter, dem sie von ganzem
Herzen anhinge, zu beharren. Das Recht, Pfründen zu vergeben, setzte sie hinzu, könnte sie der
Krone nicht nehmen, ohne dem Ansehen der königlichen Würde und der Ausübung der damit ver-
bundnen Pflichten des Monarchen hinderlich zu
seyn: indeß wollte sie die Summen festsetzen, die
sie nothwendig glaubte, um die Verbindlichkeiten
ihres erhabnen Ranges zu erfüllen, und das übrige
zum Unterhalt der Religionsdiener hergeben; übrigens würde sie die Stände ihres Reichs zusammenberufen, und mit ihnen die Mittel überlegen, alles
zur Zufriedenheit ihres Volks einzurichten. *) Die
erzürnten Reformatoren fanden diese Antwort nichtig und verfänglich, und nannten sie lächerlich und
unverschämt. **) Sie setzten das Volk in Schrecken. Die Protestanten versammleten sich in großer Anzahl, und schickten sich zu einem offenbaren
Aufstande an; aber nachdem einige ihrer Anführer

*) Gilbert Stuart, S. 106—109. Spotswood,
S. 191 f.

**) Gilbert Stuart, S. 110.

gefangen genommen worden, zerstreuten sie sich.1565
Maria schenkte den Verbrechern, auf Fürbitte des
Magistrats von Edinburg, die Strafe, und erlaubte nicht einmal ihren Prozeß anzufangen. Sie
erneuerte öffentlich das Versprechen, niemanden
wegen der Religion zu beunruhigen oder zu beläsi-
gen, und versicherte, daß sie an keine Neuerung
dächte, wodurch die öffentliche Ruhe in Gefahr gerathen, und dem Glück des Staats der gerinste
Eintrag geschehen könnte.

Murray hatte indessen in seinen Briefen *) an
den Grafen von Bedford bei der Königin Elisabeth um Hülfe angehalten, welche diese gerne zugestand. Das Vergnügen, das dieses Gesuch ihr
machte, war so groß als ihr Haß gegen Maria.
Weit entfernt Murray und seine Anhänger als Empörer zu betrachten, ließ sie dieselben durch Randolph ihrer Achtung und ihrer Gunst versichern,
so lange sie ihrer Religion und dem zwischen den
beiden Nationen beschwornen Bunde treu seyn
würden. Kühn gemacht durch diese Versprechungen, suchten sie ihre Parthei zu vergrößern, und
die Freunde ihrer Monarchin zu bestechen. Sie
wiederholten es dem Volke noch nachdrücklicher,
als sie es bisher gesagt hatten, daß kein Papist

*) Keith, S. 306. Goodall, Th. 1, S. 215.

J 2

1565 rechtmäßiger König von England seyn könnte, daß
die Königin nicht für sich einen Gemahl wählen
dürfte, und daß diese Angelegenheit zu wichtig
wäre, um nicht den drei Ständen des Reichs zur
Entscheidung vorgetragen zu werden. *)

Zu gleicher Zeit trieb Elisabeth die Verstellung
aufs höchste. Randolph muste Marien in einer
Audienz in ihrem Namen rathen, keinen Argwohn
gegen Murray zu hegen, ihre Aufrichtigkeit und
Großmuth nicht länger zu verkennen, und zu bedenken, daß, wenn sie durch geleistete Dienste ihrem
Reiche nützlich geworden wären, die Eifersucht derselben in eben dem Maße verderblich werden,
Blutvergießen anrichten, und ihre Person und den
Staat in Gefahr setzen könnte. Maria antwortete auf diesen stolzen Vortrag mit der ihrer Würde
anständigen Mäßigung, sie wüßte sehr wohl den
Patriotismus zu unterscheiden, ohne dies erst von
Elisabeth lernen zu dürfen, und besäße hinlängliche Gewalt, um die Kühnheit ihrer Unterthanen
zurückzuhalten und ihre Verbrechen zu bestrafen.
Randolph wandte sich hierauf an Lenox und Darnley, und foderte beide auf, nach England zurückzukehren. Der Graf beklagte sich auf eine gemä-

*) Gilbert Stuart, S. 112. Cambden, S. 397.
Melvil, S. 112.

ßigte Art über die Härte, mit der Elisabeth seine 1565 Gemalin behandelte, und schien eine Versicherung von ihren gnädigen Gesinnungen zu wünschen, ehe er in sein Vaterland zurückkehrte. Aber Darnley, dessen Lage freier und glücklicher war, antwortete, er erkennte sich niemanden als der Königin von Schottland zur Pflicht und zum Gehorsam verbunden. Randolph nahm diese Antwort als eine Beleidigung für seine Monarchin auf, wandte Darnley den Rücken zu, und ging weg ohne von ihm Abschied zu nehmen. *)

Maria, überzeugt, daß sie von ihrer Nebenbuhlerin keine andre als gefährliche Dienste zu erwarten hätte, zog nun bloß ihren eignen Willen zu Rathe. Sie beschleunigte den Augenblick ihrer Vermählung, ohne die unruhige Lage ihres Reichs aus den Augen zu verlieren. Sie schob die Zusammenberufung des Parlaments, wozu ihr der Augenblick nicht günstig schien, noch auf: sie berief ihre reichsten und mächtigsten Unterthanen zu sich, vereinigte durch ein allgemeines Aufgebot die ganze Macht ihres Reichs um sich her, und ließ das Schloß von Edinburg mit Mund- und Kriegsvor-

*) Gilbert Stuart, S. 114. Keith, S. 303. Auh. S. 161. Randolphs Briefe an Cecill, vom 21. Mai und 21. Julius.

städsrath versehen, um im Nothfall eine sichere Zu=
flucht zu haben. Die Bereitwilligkeit, mit der
alle ihre Unterthanen herbeieilten, war ein Be=
weis, wie sehr sie für ihre Beherrscherin und für
deren Regierung eingenommen waren. Ihre
Treue setzte Murray und seine Freunde in Erstau=
nen, und zeigte ihnen, mit welchem Auge das
Volk ihre eigne Aufführung betrachtete. Sie ließ
Murray vor sich vorladen, um ihr von seinem Be=
tragen Rechenschaft zu geben. Er erhielt diesen
Befehl in dem Augenblick, da er mit seinen Freun=
den zu Stirling überlegte, was für einen Entschluß
sie zu nehmen hätten; und ehe er antworten konn=
te, hatte Maria schon das fatale Band geknüpft,
das sie mit einem Manne vereinigte, den seine
Geburt zum Throne rief, den aber sein Charakter
eines solchen Mannes und einer solchen Gemahlin
unwürdig machte. Maria, mit allen Reizen der
Jugend und der Schönheit geschmückt, gab dem
Lord Darnley ihre Hand den 29. Julius. *) Sie
wurden durch den Dechant von Restalrig, John
Sinclair, in der Kapelle von Holingroodhause des
Morgens um 5 Uhr, nach den Gebräuchen der rö=
mischen Kirche vermählt. Den Tag darauf ließ
sie ihren Gemahl als König von England anerken=

*) Gilbert Stuart, eb. das.

nen, mit dem Befehl, ihm den Königstitel zu ge-1565 ben, und königliche Ehre zu erweisen, und alle Akten inskünftige unter dem Namen des Königs und der Königin auszufertigen. Den dritten Tag wurde die erste Proklamation durch eine zweite be- kräftigt, und Darnley bei Trompetenschall zum Könige ausgerufen und zum Mitregenten ange- nommen. *) Maria handelte hier freilich despo- tisch, da die Staatsverfassung, so unförmlich sie auch seyn mochte, ihr nicht erlaubte, sich ohne Zustimmung der drei Stände ihres Reichs zu ver- mählen, **) noch weniger, ihm als Mitregenten den Titel und die Würde eines Königs beizulegen, und ihn nicht durch eine Parlamentsakte, sondern durch bloße Proklamationen anerkennen zu lassen. Indessen schien die Nation hierüber gar nicht beun- ruhigt, und ohngeachtet des Geschreis der pro- testantischen Geistlichen, gab sich das Volk über keine ihrer Unternehmungen als Regentin leichter zufrieden, als über ihre Vermählung. Die Kennt- niß von Elisabeths Ränken hatte ihm Abneigung für dieselbe, und Nachsicht für Marien einflößen können. Es sah in den Verschwornen nur Verrä-

*) Keith, B. 2. S. 306. Buchanan, S. 175.
**) Buchanan, eb. daf. Robertf. B. 3, S. 335.
Anh. Bd. 2. No. X. S. 347.

J 4

1565ther, die den Eingebungen des Ehrgeizes, des Neides und des Hasses folgten. Hätte Maria einen aufgeklärten, tugendhaften, und ihrer und des Thrones würdigen Prinzen geheirathet: so hätte Murray nie seine Verwegenheit so weit getrieben, und die Nation hätte nie eine Königin, von der sie gerne beherrscht wäre, noch ihren Gemahl verlassen, der ihre weisen und wohlthätigen Absichten zu befördern gesucht hätte.

Nach der fruchtlosen Versammlung zu Stirling hatten sich die Mißvergnügten auf ihre Landgüter begeben; Murray blieb bis zum Monath Julius zu St. Andrews. Da sie aber gegen die von der Königin zusammengezogene Macht zu schwach waren, so flüchteten sie sich in die Grafschaft Argyle, wo sie Elisabeths versprochne Hülfe erwarteten, von welcher sie schon zehntausend Pfund Sterling erhalten hatten. *) Maria befahl, daß sie als Verräther und Rebellen denunziirt werden sollten, nachdem sie die Antwort auf die Vorladung der Königin verweigert oder vernachläßigt hatten. Knox deklamirte auf der Kanzel wider die Königin, und war verwegen genug, Heinrich zu insultiren,

*) Robert Bruce, S. 316. Cambden, S. 399. Knox, S. 306. Murrays Brief an den Grafen von Bedford vom 22. Julius.

welcher gleich in den ersten Tagen nach seiner Ver- 1565. mählung die Nachgiebigkeit hatte, sich in die Kirchen zu begeben, um den Vortrag der Reformatoren anzuhören, den sie das Wort Gottes nannten. Sie verbreitete das Gerücht, die römischkatholische Religion sollte in kurzem wieder eingeführt werden, und David Rizzio würde vom Römischen Hofe besoldet. Dieser Argwohn wurde durch die Nachricht von einem Päpstlichen Schiffe bestätigt, welches mit achttausend Goldthalern für Maria nach Schottland bestimmt gewesen war. Das Schiff verunglückte an den Küsten von England. Melvil erhielt den Auftrag, das der Königin von Schottland geschickte Geld zu reklamiren. Aber der Herzog von Northumberland eignete sich die Effekten des verunglückten Schiffes zu. „Er that dies, sagt Melvil, kraft einiger alten normannischen Urkunden, welche er mir von seinem Advokaten vorlesen ließ, und welche wir beiderseits nicht verstanden. Er war indeß katholisch, und schien der Königin sehr ergeben zu seyn.“

Da die Mißvergnügten sich öffentlich für Verbrecher erklärt sahn, so griffen sie zu den Waffen. Die Königin brachte ihre Kriegsmacht in Ordnung, rief die persönlichen Feinde ihres Bruders, den Grafen von Bothwell, welcher aus Furcht vor

1565 Murray wieder nach Frankreich gegangen war; den Grafen Sutherland und den jungen Gordon aus der Fremde zurück, und überhäufte ihre getreuen Unterthanen mit Gnadenbezeugungen. Elisabeth versäumte unterdessen keine Gelegenheit ihr zu schaden. Mariens Zurüstungen gegen die Mißvergnügten machten ihr Unruhe, und sie schickte einen Englischen Edelmann, Namens Tamworth an sie ab. Die Königin ließ ihn nicht vor sich, und verlangte von ihm eine schriftliche Erklärung seines Auftrages. Dieser bestand darin, ihr wegen ihrer Heirath und der wenigen Achtung, die sie für Elisabeths Freundschaft zeigte, Vorwürfe zu machen; sich zu beschweren, daß sie derselben zwei von ihren Unterthanen abwendig gemacht hätte; ihr zu rathen, daß sie die Protestanten in ihrem Reiche durch Neuerungen, wodurch die katholische Religion begünstigt würde, nicht reizen, und dem Grafen von Murray, dessen Redlichkeit, Diensteifer und Tugenden der Gesandte außerordentlich erhob, ihre Gnade wieder schenken möchte. *) Maria bezeugte ihr Erstaunen, daß Elisabeth nicht aufhörte, sich in die Angelegenheiten fremder Staaten zu mischen. Tamworth, über

*) Gilbert Stuart, B. 2, S. 119. Keith, Anh. S. 99. No. VII.

die wenige Achtung aufgebracht, die ihm wider-1565
fuhr, erlaubte sich unbedachtsame Reden wider die
Königin und Heinrichs Titel, schlug einen Sicher-
heitsbrief aus, worunter Darnleys Name stand,
und ging allein ab, ohne von jemanden Sicher-
heitsgewährung mitzunehmen. Der Lord Hume
hielt ihn in seinem Schlosse an, wo er einige Tage
als Gefangener bleiben muste. *) Maria gab Randolphen ihr Mißvergnügen auf eine nachdrückliche
Art zu erkennen. Sie ließ ihm zu verstehen geben,
daß ihr der Antheil nicht unbekannt wäre, den er
an den Kabalen hätte, die in ihren eignen Staaten
wider sie gemacht würden, und daß sie ihm, wenn
er seine geheimen Ränke fortsetzen sollte, eine Wache zugeben würde, um die Wirkungen seiner Intriguen zu verhindern, und ihn für seine Verwegenheit zu strafen.

Sie antwortete indeß auf Tamworthens Instruktionen: sie versicherte Elisabeth, sie würde sich
ohne Bedenken anheischig machen, in Absicht auf
den Englischen Thron, nie weder ihre Rechte, noch,
wenn sie direkte Erben haben sollte, die Rechte
dieser zu kränken; nie mit ihren Unterthanen ge-

*) Gilbert Stuart, S. 121. Keith, S. 311. B.
2. K. 9. Auh. S. 162 — 164. Robertſ. B. 3.
S. 337.

heime Verständnisse oder Korrespondenzen zu unterhalten; die Gesetze, die Religion und die Freiheiten von England, wenn sie dereinst diese Krone
erben sollte, unverletzt zu erhalten; ihr eifrigster
Wunsch, setzte sie hinzu, würde immer seyn, zwischen den beiden Reichen eine beständige Einigkeit
zu unterhalten.   Sie verlangte dagegen von Elisabeth, daß sie durch eine Parlamentsakte, durch
Proklamation, und andre öffentliche Akten ihres
Conseils sie und ihre rechtmäßigen Erben für ihre
Nachfolger in den Königreichen England und Irland erklären sollte, daß, wenn sie ohne Nachkommenschaft stürbe, Margaretha Douglas, Gräfin von Lenox, des Königs von Schottland Mutter, oder deren rechtmäßige Erben zu der Thronfolge zugelassen würden; daß die Königin von England, als Schwester des Königs und der Königin
von Schottland keine öffentliche noch geheime Verbindungen irgend einer Art mit den Feinden dieses
Reichs und zu dessen Schaden einginge; und endlich denen, die gegen sie pflichtbrüchig und treulos
geworden wären, weder mit Rath noch Hülfe bei-
stände. *)   Diese Foderungen machten der Königin von Schottland Ehre, waren ihres erhabnen
Ranges würdig, und konnten die Königin von

*) Keith, Anh. S. 105. No. VII.

England nicht beleidigen; allein sie blieben ohne 1565
Erfolg. Elisabeth wollte nun einmal die Sache
wegen der Thronfolge unentschieden lassen; *) sie
suchte vergebens Marien länger zu täuschen. Diese
stellte sich an der Spitze ihrer Armee, mit dem
Vorhaben, Murray in der Grafschaft Fife unver-
muthet zu überfallen. Er wurde aber von ihrem
Marsche benachrichtet, und zog sich nach der Grafschaft von Argyle hin, wo der Herzog von Chatelleraud, die Grafen von Argyle und von Glenearn nebst den Lords Boyd und Ochiltrye zu ihm
stießen. Maria gab dem Grafen von Athol den
Auftrag, die Rebellen bis in die nördlichen Provinzen zu verfolgen. Sie selbst marschirte nach
Glasgow, und die Armee des Grafen von Murray rückte gegen Pesley hin, als ob sie ein Treffen liefern wollte: aber auf einmal wandte er sich
nach Edinburg, wo er an der Spitze von 1300
Reutern einzog, in der Hoffnung, das Volk daselbst im Namen Gottes und der Religion aufzu-
wiegeln; allein er fand wenige, die sich zu ihm
schlugen. **) Da die Königin ihm auf dem Fuße

*) Gilbert Stuart, S. 122.

**) Randolph gab Elisabeth von dem Marsche der
Rebellen Nachricht. „Die Großen, sagt er in

1565folgte, so verließ er die Stadt, und nahm den
Weg nach Lonerk und Hamilton. Die königliche
Armee verfolgte sie einige Tage, kam hierauf nach
Stirling und der Grafschaft Fise zurück, und be-
mächtigte sich der Ländereien und Schlösser der Mißvergnügten. Die Königin kam, nachdem sie die
nothwendigen Maßregeln zur Sicherheit ihres
Reichs genommen hatte, nach Edinburg zurück,
und entschloß sich nach Dumfries zu marschiren,
wo die Verbündeten sich versammlet hatten. Sie
ließ alle ihre Truppen zu Biggar zusammentreffen,
fand daselbst ein Heer von achtzehntausend Mann,
welches der Macht der Rebellen sehr überlegen
war, und dessen Annäherung alle Entwürfe Mur-

einem Briefe an Cecill vom 3. September, sind
gezwungen worden, Edinburg zu verlassen. Sie
sind von Hamilton nach Drumlaurig gekommen,
wo Maxwell zu ihnen gestoßen ist; von da werden sie nach Dumfries oder Carlisle marschiren.
Sie trägt eine geladene Pistole auf dem Marsche;
ihr Gemahl allein trägt eine vergoldete Waffen-
rüstung. Die Lords sind entschlossen, Darnley
zu tödten; sie zweifeln nicht, daß wenn die Königin ihnen mit Mannschaft und Geld beistehen
will, dies Land nicht bald zwei Herrscherinnen
sehen sollte."

rays vereitelte. Er nahm die Flucht, und ging 1565
voller Beschämung über diesen unglücklichen Erfolg,
nach England.

Randolph hatte schon durch seine Briefe
an Cecill Elisabeth davon benachrichtigt. Die
Korrespondenz dieser beiden Staatsdiener enthält
die wahrsten Nachrichten von den Begebenheiten,
wovon hier die Rede ist, wenn gleich partheiische
Personen eben diese Nachrichten wider allen Au=
genschein nach ihren Absichten ausgelegt haben.
In ihren Erwartungen getäuscht, dachte jetzt die
Königin von England nur darauf, den Augen des
Publikums den Antheil zu entziehen, den sie an so
vielen Unordnungen genommen hatte. Die Re=
bellen und ihre Anführer schmeichelten sich indeß
noch mit der Hoffnung auf ihren Schutz, weit ent=
fernt zu erwarten, daß sie mit Härte von ihr wür=
den empfangen werden, und die demüthigende Er=
klärung hören müssen, daß sie mit ihnen in keiner
Verbindung stände. Der Graf von Murray und
der Abt von Kilwenning kamen vergebens als Ab=
geordnete der Flüchtlinge nach London; sie erhiel=
ten keine Audienz. Indessen hatten sich die beiden
Gesandten von Frankreich und von Spanien nach=
drücklich über ihre den Rebellen gegebne Unter=
stützung beschwert, und über ihre beständige Auf=

1565merkſamkeit die Unruhen in Schottland zu unter=
halten. Sie verſicherte ſie ihres redlichen Betra=
gens bei dieſer Gelegenheit, ließ, um ſie davon zu
überzeugen, Kilwenning und Murray vor ſich
kommen, und fragte ſie, ob ſie ihre Empörung be=
fördert hätte. Beide warfen ſich ihr zu Füßen,
und betheuerten feierlich, daß ſie nie zur Unterhal=
tung der Uneinigkeiten in Schottland beigetragen
hätte. „Das iſt die Wahrheit, ſagte ſie, denn
nie habe ich, und nie hat jemand in meinem Namen
euch zum Kriege wider eure Monarchin aufgewie=
gelt: Eure Verrätherei iſt abſcheulich; meine eig=
nen Unterthanen könnten ein böſes Beiſpiel daran
nehmen, und ich befehle euch als Verräthern und
Empörern, mir aus den Augen zu gehen.‟*) Ran=
dolph, welcher erſt aus Schottland zurückgerufen
war, verſicherte gleichfals geradezu die Unſchuld
ſeiner Königin. Throgmorton hingegen, unfähig
an der Wahrheit und ſeiner Ehre zum Verräther
zu werden, blieb mitten unter dieſen Theaterſpielen
frei und ſtolz. Er leugnete weder die Bemühun=
gen, die er angewandt hatte, Mariens Heirath
zu hindern, noch die Unterſtützung, die er den
Rebel=

*) Keith, S. 319. Cambden, S. 392. Melvils
Memoires. Knox, S. 424.

Rebellen verschafft hatte. Diese Aufrichtigkeit 1565 würde ihn großen Gefahren ausgesetzt haben, wenn er nicht die Klugheit gehabt hätte, wegen seines Betragens eine Garantie von dem geheimen Conseil zu verlangen; und diese Garantie, die er zu seiner Rechtfertigung sorgfältig aufbewahrte, diente zum unstreitigen Beweise, daß er nicht anders als nach erhaltenen Befehlen gehandelt hatte. *) Murray und seine Freunde, vor aller Welt Augen mit Schande bedeckt, wagten es weder in England zu bleiben, noch nach Schottland zurückzukehren. Elisabeth wies ihnen ingeheim Newcastle zum Zufluchtsort an, behandelte den erstern mit besonderer Achtung, und ließ ihm durch seinen vertrauten Freund Bedford Gelder zu seinem und seiner Mitschuldigen Unterhalt zustellen. **)

Maria hatte große Kosten aufgewandt; ihre Einkünfte waren erschöpft; zu ihrer persönlichen Sicherheit waren Vorsichtsregeln nothwendig. Nachdem sie bei einer dringenden Gefahr eine Armee mit Beobachtung der eingeführten Gebräuche

*) Melvils Memoires, S. 118. Keith, S. 320. Gilbert Stuart, S. 125. Hume, Bd. 2. K. ᵴ. Roberts. B. 3, S. 340. Carte, S. 430.

**) Keith, S. 320.

Gesch. Elisab. 3. Th,   K

1565 zufammengezogen hatte, machte fie den Verfuch, einige Kompanien in einem regelmäßigen und beftändigen Solde zu behalten. *) Diefe Neuerung, welche wider die Reichsgefetze lief, mißfiel der Nation. Aber fie wagte einen noch gewaltthätigern Verfuch, indem fie bloß vermöge ihrer königlichen Gewalt Taxen foderte. Sie legte den Städten Perth, Dundey und St. Andrews Geldftrafen auf, weil fie die Rebellen aufgenommen und begünftigt hatten. Sie verlangte von den Einwohnern von Edinburg eine fehr anfehnliche Summe, um ihren Bedürfniffen abzuhelfen; diefes Verlangen wurde ihr abgefchlagen; fie wollte das Geld eintreiben laffen; es entftand ein Auflauf, und einige gute Staatsbürger wurden gefangen genommen, und auf das Schloß von Edinburg gebracht. Durch die Klugheit des Magiftrats wurden die Folgen diefes verwegenen Schrittes gehindert; die Königin erhielt eine beträchtliche Summe als Darlehn, wovon fie die Bezahlung auf ihre eignen Einkünfte anwies. **) Die Ausgaben für ihre Hofhaltung hatten fich feit ihrer Heirath vermehrt: fie hatte das Geld dazu auf die Güter der Geift-

*) Keith, S. 316, Note F.

**) Spotswood, S. 193.

lichkeit angewiesen, und in ihrem Unwillen gegen 1565
die protestantischen Geistlichen, war sie nicht geneigt ihnen nachzusehen; die oft wiederholten Em-
pörungen derselben hatten sie dahin gebracht, daß
sie weniger als jemals ihre Anhänglichkeit an die
katholische Religion zu verbergen suchte. Sie verlangten mit großem Geschrei die Abschaffung der
Messe und die Festsetzung ihres Gehalts; sie erhielten keines von beiden. Alles Messelesen, ausgenommen in der Kapelle der Königin, war durch
eine Parlamentsakte verboten; die Grafen von
Lenox, von Cassilis und andre Hofleute ließen in
ihren Kapellen Messe lesen. Einige Mönche unterstanden sich öffentlich wider die reformirte Religion zu predigen. *) Daß diese leichten Aenderungen in den festgesetzten, und bis dahin so kräftig
aufrecht erhaltenen Regeln keinen Widerstand fan-

*) Robertson, B. 3, S. 343. Gilbert Stuart,
    S. 127. Die protestantischen Geistlichen verga-
    ßen unterdessen nichts, was das Volk in seiner An-
    hänglichkeit an die Conföderirten erhalten konnte.
    Sie sagten in öffentlichen Reden, die vornehmen
    Verbannten wären der beste Theil des Adels und
    die Säulen der Association. Sie riefen den Höch-
    sten an, und baten ihn um Geduld, Standhaf-
    tigkeit und Trost. (Knox, S. 423—425.)

1565den, ist ein Beweis, daß Maria die Liebe ihrer
Unterthanen besaß, und daß Murray das Volk
nur bei den augenblicklichen Ausbrüchen seines
Mißvergnügens bestärkt, noch mehr aufgereizt
und aufgemuntert habe, da es sogleich nach seinem
Falle ohne Murren Aenderungen duldete, welche
größere vorherzusagen schienen.

1566 Maria Stuart fand sich glücklich, die Entwürfe
ihres Adels ohne Blutvergießen vernichtet zu haben; da sie aber Elisabeths Intriguen fürchtete,
so beobachtete sie seitdem ein Verfahren, dessen
Strenge ihrer Gemüthsart ganz entgegen war.
Sie vergab dem Herzoge von Chatelleraud, einem
Manne von biegsamen Charakter und eingeschränk-
tem Verstande, welcher nicht aus Neigung sondern
aus bloßer Schwäche dem dringenden Zureden der
Rebellen nachgegeben hatte: aber sie rieth ihm,
unter dem Vorwande seiner Gesundheitsumstände,
sich einige Zeit in fremden Ländern aufzuhalten. *)
Sie ließ die Schuldigen vor dem geheimen Conseil
anklagen. Diese wurden, ohngeachtet aller ihrer
Bemühungen einen günstigen Ausspruch zu erhalten, des Hochverraths überwiesen und verurtheilt,
und ihre Güter wurden dem Urtheilsspruche zufolge
eingezogen. Sie waren nun, da alles in Schott-

*) Keith, Note (a) S. 319. Note (c) S. 320.

land ſich für Maria erklärt hatte, unwiederbringlich 1566
verloren, wenn ſie nicht begnadigt wurden. Sie
hielten von allen Seiten her um ihre Begnadigung
an, und ihre Bemühungen ſie zu erhalten machten es,
ſo zu reden, dem guten Herzen der Königin nothwendig, ſie ihnen zuzugeſtehen. Eliſabeth konnte ſich,
nach der Erklärung, die ſie in Gegenwart der Geſandten von Frankreich und Spanien gethan hatte,
nicht länger von Maria Stuart entfernt halten.
Sie ſchrieb ihr, und gab Randolphen ihre Verhaltungsbefehle. Er bat um eine Audienz, welche
er aber nicht erhielt; und Melvils erſte Bitten für
die Schuldigen konnten die Beſtätigung des gerichtlichen Verfahrens, welche noch vor der Eröffnung
des Parlaments erfolgte, nicht hindern. Dieſer
ſah, daß in dem Strome der öffentlichen Angelegenheiten, der die Königin fortriß, ſeine beſondern
Dienſte ihr weniger nothwendig wurden, und beſorgte, der König, welcher ſchon Erbitterung gegen ihn zeigte, könnte ihn um das Vertrauen dieſer
Fürſtin bringen. In der That hatten die Bewe-
gungen, die ſich Melvil für den Grafen Murray
gab, Heinrich mißtrauiſch gegen ihn gemacht. *)
Aber Maria Stuart, von Melvils Ergebenheit
für ihre Perſon überzeugt, hatte ihren Gemahl ſel-

*) Keith, S. 322. Note (a)

K 3

1566netwegen völlig beruhigt, und beide machten ihm
Vorwürfe, daß er sie in dem Augenblicke verlassen
wollte, wo er ihnen am nothwendigsten seyn
könnte. Die Königin bat ihn, dem Könige beständig seine Aufwartung zu machen, und seinem
Geiste die nöthige Richtung zu geben, da er sich
wegen seiner Jugend und Unerfahrenheit nicht immer selbst zu leiten wüste. „Hören Sie inskünftige, sagte sie zu ihm, nicht eher auf das, was
man von mir sagen wird, bis sie sehen werden,
daß ich auf das höre, was man mir von ihnen hin-
terbringen kann. Hier nehmen Sie meine Hand
zur Versicherung, daß ich nichts, was Sie mir
sagen können, übel nehmen werde; ich weiß, daß
Sie nicht anders als aus Eifer und Freundschaft
für mich handeln. Uebrigens bemühen Sie sich aus
Gefälligkeit für mich, mit Rizzio in gutem Vernehmen zu leben; er wird ungerechter Weise gehaßt. *) Melvil glaubte sich zu der größten Freimüthigkeit verbunden, und sagte ihnen seine Meinung, wie sie Elisabeths wenig aufrichtiges Verfahren gegen Murray zu benützen hätten. Maria

*) Melvil setzt hinzu, Heinrich habe ihm die Leute
genannt, die schlecht von demselben geredet hätten, und dann gesagt, sie wären so große Lüg-
ner als Schwäßer. S. 60.

war noch nicht geneigt zu vergeben; Darnley suchte 1566
diese Neigung völlig bei ihr zu ersticken. Melvil
stellte ihr vor, sie würde durch ein so erhabnes Betragen ihre Feinde in England und Frankreich ent-
waffnen, ihre Nebenbuhlerin demüthigen und überwinden, durch Unterdrückung ihrer Leidenschaften
in ihren Jahren die Bewunderung aller Europäischen Monarchen auf sich ziehen, und sich in ihnen, wenn es nöthig wäre, mächtige Stützen verschaffen: da sie hingegen durch Strenge die Mißvergnügten zu verzweifelten Entschließungen bringen, die benachbarten und mit ihr verbündeten
Fürsten kaltsinnig machen, und Elisabeth, den
Protestanten, den Reformatoren und denen, die
sich ihren Rechten an den Englischen Thron widersetzten, Waffen in die Hände geben könnte. Maria gerieth über diese Vorstellung in Zorn; Melvil
behauptete seine Meinung, und die Königin, welche
die Stärke seiner Gründe fühlte, dankte ihm da-
für. Sie befahl ihm nachher fortzufahren, weil
sie merkte, daß wenn sie sich auch noch nicht überwinden könnte, sie doch den folgenden Tag sich
vielleicht bestimmen würde. Melvils Rath war
überhaupt genommen billig und vernünftig. Es
ist schön, denen, die alles vermögen, vorzustellen,
wie sehr ihnen selbst daran gelegen ist, sich ihrer

1566 Gewalt mit Mäßigung zu bedienen, die Liebe ihrer Unterthanen nicht von sich zu entfernen, und sich um die Achtung und Unterstützung fremder Mächte zu bemühen. Aber er blieb nicht lange diesen erhabnen Gründen seines Betragens getreu, und vielleicht waren sie auch nicht die seinigen. Waren nicht vielleicht seine Rathschläge von Elisabeth und Murray bezahlt? Hingen sie nicht von politischen Rücksichten ab? Murrays Zurückkunft war die Ursache von Mariens letztem Unglück. Sie hätte nach der Ueberzeugung handeln sollen, daß ein Mensch, der aus Ehrgeiz zum Verbrecher ward, nie ein treuer Unterthan seyn kann; daß diese Leidenschaft nie erlischt, und daß die geringsten Umstände sie in den unglücklichen Seelen aufs neue beleben, in denen sie einmal herrschend geworden ist.

Melvils Rathschläge wurden von Throgmorton unterstützt. *) Murray hatte ihn um sein Vorwort angefleht: er war sogar niedrig genug gewesen, Rizzio, den er so sehr gehaßt, den er so sehr verachtet, den er eines Anschlags wider sein Leben beschuldigt hatte, um Unterstützung zu bitten. Rizzio, stolz auf den

*) Knox, S. 388. Keith, S. 322. Goodall, S. 224. De Thou, Buch 37.

Schein von Wichtigkeit, den ihm dergleichen Bit-1566
ten gaben, unzufrieden mit Darnley, seitdem
Murrays Anhänger diesem Fürsten eine Abneigung
gegen ihn beigebracht hatte, ergriff mit Vergnügen
diese Gelegenheit, sich gegen seinen Herrn zu verstärken, und bat für den Grafen um Gnade; ein
Schritt, wodurch er Heinrich aufs neue gegen sich
aufbrachte. *) Throgmorton foderte die Rebellen
auf, sich ihrer Monarchin zu unterwerfen, um
Gnade zu bitten, und ihr treu zu seyn. Dann
schrieb er ihr einen Brief, worin er ihr die Milde

*) Murray hatte ihm einen sehr schönen Demant
geschickt, mit einem sehr demüthigen Briefe,
worin er die tieffste Reue bezeugte und schöne
Versprechungen that. Darnley hatte sich schon
Vergnügungen überlassen, die seines hohen Ranges unwürdig waren. Einige Geschichtschreiber
berichten, seine öftere Abwesenheit habe die ge-
schwinde Beendigung der Geschäfte gehindert;
deswegen habe Maria in seinem Namen ein Pet-
schaft machen lassen, welches sie nebst dem ihrigen Rizzio gegeben habe, um dringende Angelegenheiten schleunig zu beendigen. Hierdurch,
setzen sie hinzu, sei der König in den heftigsten
Unwillen gegen den Günstling gerathen. (Keith,
S. 325, Note (b)
K f

1566als die beste Parthei vorstellte, die sie ergreifen könnte, wodurch sie alle Gemüther nicht nur in Schottland, sondern selbst in England für sich einnehmen würde, und versprach ihr, ihre zahlreichen Freunde in diesem letztern Königreiche, aus Eifer für die Gerechtigkeit ihrer Sache und aus persönlicher Ergebenheit gegen sie, zu unterstützen. *)

Maria, welche in Melvils und Throgmortons Klugheit das gröste Vertrauen setzte, glaubte ihren Rathschlägen folgen zu müssen. Sie hätte schon eher nachgegeben, wenn nicht ihr undankbarer, verachtungswerther Gemahl durch die Gewalt, die er noch über sie besaß, die Wirkung ihrer milden Gesinnungen zurückgehalten hätte. Robert Melvil, ein Bruder des Melvils, dessen Leitung sie sich überließ, wurde als Gesandter an den Englischen Hof geschickt, mit dem Auftrage, auf dem von Throgmorton angewiesenen Wege das Beste seiner Monarchin zu befördern, und die Stimmen der beiden Häuser des Parlaments durch alle mögliche Mittel zu gewinnen, die Bestechungen ausgenommen, welches Mittel diese Fürstin noch nicht gebraucht hatte. Aus Furcht, diese Wahl möchte Aufsehen oder Mißdeutungen erregen, da eben dieser Ro-

*) Melvils Memoires, S. 61, ff. Keith, S. 322, f. Gilbert Stuart, S. 129. Robertf. B. 4, S. 346, ff.

Herr Melvil kurz vorher von den Rebellen war ab-1566 geordnet worden, gab sie ihm Empfehlungsschreiben an die Königin von England und an den Kanzler mit; *) sie prorogirte das Parlament, welches sie auf den Monat März zusammenberufen hatte, bis auf den April, und beschäftigte sich nur mit der Akte der Amnestie, in Absicht auf die Form und den Inhalt derselben. Die Hindernisse, welche Heinrich Darnley den sanften und menschenfreundlichen Gesinnungen seiner Gemahlin entgegensetzte, musten den Grafen von Murray gegen ihn aufbringen. Er kannte Marien zu wohl, um nicht mit Gewißheit vorauszusetzen, daß sie ihm ohne Zögern und ohne Mißtrauen würde verziehen haben; sie hatte es schon gethan. Die Wuth dieses ehrsüchtigen Mannes gegen den König, den er als den einzigen Urheber dieser Zögerung kannte, muste desto größer seyn, je tiefer die Erniedrigung war, zu der er sich herabgesunken sah. Alles schien indeß Marien glückliche und ruhmvolle Tage zu versprechen, als Katharina von Medici sie durch ihre giftigen Rathschläge in einen Abgrund von Elend stürzte.

Sie hatte versprochen, ihren rebellischen Unterthanen zu verzeihen, als Jacques d'Angennes

---

*) Keith, Auh. No. 10. S. 119 Knox, S. 428.

1566 Herr von Reimbouillet, in Schottland ankam. Er
hatte, als französischer Gesandter, der Königin von
England zwei Ordensketten von dem H. Michaelsorden überbracht, welche ihr Karl IX. schenkte,
um sie zwei Herren ihres Reichs nach eigner Wahl
umzuhängen. Elisabeth hatte den Herzog von
Norfolk gewählt, dessen hohe Geburt durch die
Würden, die seine Familie besaß, noch glänzender
war, und sie fügte diese neue Gnadenbezeugung
noch zu denen hinzu, womit sie den Grafen von
Leicester überhäufte. *) Katharina wollte durch
diesen schmeichelhaften Beweis ihrer Achtung die
Königin von England blenden, und ihre Aufmerksamkeit von dem schrecklichen Komplott wider die
Protestanten abziehen, welches zu Bayonne ge-
schmiedet war. Elisabeth wußte freilich wohl, daß
Katharina auf den Untergang der Protestanten
arbeitete, aber den entsetzlichen Auftritt, den sie
jetzt vorbereitete, war niemand im Stande vorauszusehen. Die Königin von England hatte
gar keine Ursache, den Frieden mit Frankreich
zu unterbrechen. Sie hatte damals nichts von
der Seite zu fürchten, und das Wohl ihres
Reichs, welches nach einem eingefallenen Mangel-
jahre von einer schrecklichen Hungersnoth bedroht
wurde, beschäftigte ihre ganze Aufmerksamkeit.

*) Cambden, S. 393.

Ihre Wachsamkeit, ihre Thätigkeit, die Hülfs-1565
quellen, die ihr Genie ihr entdeckte, ließen dem
Volke nicht die Zeit den Mangel zu empfinden,
oder auch nur die Gefahr zu bemerken; sie begegnete den Folgen derselben durch die schleunigsten
Anstalten, welche der größten Monarchen und der
weisesten Minister würdig gewesen wären. *)

Rambouillet wohnte den prachtvollen Zeremo-
nien bei der Aufnahme der beiden Englischen Ritter bey, und ging von da nach Schottland, um
Heinrich Darnleyn dasselbige Geschenk zu überbringen. **) Die Aufnahme geschah auch dort,
wie in England, mit sehr großer Pracht, in dem
Pallast von Holyroodhouse. Diese Gesandschaft
betraf außerdem noch die wichtigsten Gegenstände.
Katharina von Medici hatte einem französischen
Edelmann Namens Villamont besondre Aufträge
gegeben, und der Kardinal von Lothringen hatte
ihm die seinigen anvertraut. ***) Ein Schottlän-

*) Cambden, eb. das.
**) Gilbert Stuart, S. 131. Knox, S. 428.
Keith, S. 325.
***) Keith bemerkt, daß nach verschiednen Brie-
fen von Randolph, die er in seinem Anhange
giebt; Herr von Villamont und Herr von Clernau oder Clarenoc einer und dieselbige Person
seyn müsse. „Nachdem ein Franzose, Namens

1566der, Namens Thornton, hatte einen geheimen Auf=
trag von dem Erzbischof von Glasgow, als Schott=
ländischen Gesandten in Frankreich. Diese Gesand=
ten hatten die Vorschrift erhalten, Maria Stuart
von ihren milden Gesinnungen gegen die Reformir=
ten abzubringen. Sie wurde von den Konferenzen
zu Bayonne unterrichtet; sie wurde nachdrücklich
aufgefodert, sich mit zur Vernichtung der vorge=
gebnen Reformation, mit denen, die sich dazu ver=
bündet hatten, zu vereinigen, und keine Religion
in ihren Staaten zu dulden, die in ganz Europa

Clernau, von Seiten des Kardinals von Lothrin=
gen angekommen ist, haben die Geächteten
nichts gutes mehr zu erwarten. Es ist eine Ver=
bündung errichtet, um das Papstthum in der
ganzen Christenheit wieder einzuführen. Die Kö=
nigin hat die verabredeten Artikel unterschrieben,
und das Original ist durch Stephan Wilson, ei=
nem würdigen Minister für einen teuflischen An=
schlag übersandt worden." (Randolphs Brief an
Cecill vom 6. Febr. 1566. Anh. S. 167.) „Ein
von Clarnoe ist mit Aufträgen von dem Kardi=
nal von Lothringen gekommen; die Briefe, die
er mitbringt, sind für die Flüchtigen sehr gefähr=
lich." (Schreiben von William Drury, Gouver=
neur von Barwick, an Cecill.)

ihrem Untergange nahe wäre. Es wurde alles bei 1566 ihr angewandt, was fähig war, auf den Geist einer jungen und schwachen, für ihre Religion eingenommenen Fürstin zu wirken. Ihre alte Willfährigkeit, den Rathschlägen des Hauses Lothringen zu folgen, ihre Ehrfurcht für den Erzbischof von Glasgow, der Wunsch sich dem Höchsten Wesen gefällig zu machen, der Stolz, die Religion in ihrer ganzen Reinigkeit wieder hergestellt zu haben, das Vergnügen ihre Feinde zu erniedrigen, alles trug zu dieser fatalen Veränderung in ihrer Seele bei. Sie vergaß Melvils weisen Rath, und vernachläßigte Throgmortons Vorstellungen, nahm einen neuen Plan ihres Verhaltens an, und berief das Parlament schon im Monat März zusammen. Der Untergang Murrays und seiner Mitschuldigen wurde beschlossen, und die Königin schien den festen Entschluß gefaßt zu haben, die katholische Religion in ihrem ganzen Reiche wieder einzuführen. *) Das Parlament eröffnete seine Sitzungen. Die Ernennung der Lords, welche dem Parlamente die verhandelten Geschäfte vorlegen, war ein

*) Keith, S. 331. Blackwood, Martyrthum der Königin von Schottland. Keith, Anh. S. 167. Goodall, S. 257.

1566 ſicherer Beweis, daß die Königin andre Entſchlüſſe gefaßt hatte; es wurden lauter Papiſten dazu genommen. Die katholiſchen Geiſtlichen wurden von dieſem Parlamente in alle ihre Aemter wieder eingeſetzt; kurz, das Reich ſchien mit einer nahen Revolution bedroht zu ſeyn. Die Sache der rebelliſchen und verbannten Großen wurde vor das Parlament gebracht. Ihr Verbrechen war bekannt, die Strafe war durch das Geſetz beſtimmt. Aber ein unvorhergeſehener Umſtand machte den Anfang aller der Uebel, die in der Folge auf Marien losſtürmten.

Eine heftige Leidenſchaft, verbunden mit den Hinderniſſen, die ihren Abſichten entgegengeſetzt wurden, hatte dieſe Fürſtin bewogen, Darnley auf den Thron zu heben. Dieſe Leidenſchaft hatte ihr ſeine Fehler verborgen. Er war ohne alle Geiſtesanlagen geboren, und hatte bald alle Fehler gezeigt, die nur zu oft Gefährten der Größe ſind. Er war heftig, ſtolz, leichtgläubig und undankbar geworden. Der höchſte Rang hatte ſeine ſchlechten Neigungen nur noch ſchleuniger entwickelt, anſtatt ihm edlere Geſinnungen einzuflößen. Er hatte keinen feſten Charakter, kein Gefühl für Anſtändigkeit, keine Zärtlichkeit in den Empfindungen.*)

gen. *) Maria bemerkte bald die Aufführung ih-1566
res Gemahls, seine niedrigen Neigungen, einige
Lieblingslaster, wodurch er die Majestät des Throns
herabwürdigte. Sie bemühte sich, ihn sich
selbst wieder zu geben, und ihm eine höhere Idee
von seinen Pflichten beizubringen; allein er verach-
tete die Erinnerungen, die ihre Zärtlichkeit ihr ein-
gab, ob sie gleich von jenem Zauber begleitet waren, der sie zur Abgöttin ihres Hofes machte.
Jetzt ward sie in Austheilung der Wohlthaten vorsichtiger, womit sie ihn bis dahin aus blinder Liebe
überhäuft hatte. Ohne Scham für sich selbst, überließ sich Heinrich den gröbsten Lastern, und zog
der schönsten Fürstin, die damals in Europa regierte, ehrlose Weibspersonen vor. Seine Fal-
ken, Pferde und Hunde machten sein liebstes Vergnügen aus; und je bekannter jemand wegen seiner Ausschweifung war, desto sicherern Anspruch
konnte er auf die Gunst des Königs machen. Oft
ließ er sich in ihrer Gesellschaft bis zu den niedrigsten Wollüsten und Ausschweifungen im Trunk
herab. So stellen ihn uns die glaubwürdigsten
Geschichtschreiber vor. **) Unfähig zu regieren,

*) Carte, S. 434.
**) Gilbert Stuart, S. 174, f. Melvil, S.
127. Roberts. B. 4, S. 352. Randolph sagt
Gesch. Elisab. 3. Th.   L

1566 wollte er aus übertriebenem Stolz alle Gewalt an
sich reissen. Maria sah, wie gefährlich es war,
sie in solchen Händen zu lassen. Sie hatte ihm,
der Verfassung des Staats zuwider, ohne Zustimmung des Parlaments, den Königstitel gegeben;
sie stand wenigstens noch an, ihn als ihren Gemahl
feierlich krönen zu lassen. Darnley verlangte dies
auf eine trotzige Art. Diese Feierlichkeit sollte nach
seiner Einbildung die Epoke seyn, mit der er eine
uneingeschränkte Gewalt in die Hände bekäme. Er

in einem Briefe an Cecill vom 3. Juny 1565:
„David Rizzio regiert die ganze Familie: das Volk
ist mit seinem neuen Herrn wenig zufrieden; entweder Gott muß bald sein Leben enden, oder
dieser Fürst wird die Schottländer unglücklich
machen. Die Gefahren, wovon diese beiden
Männer bedroht werden, sind groß; einer von
beiden muß darin umkommen, oder sie müssen
irgendwo Unterstützung finden. Möchte doch das
Unglück, das sie andern bereiten, sie selber treffen!" (Keith, S. 282.) Dieser Schriftsteller
setzt hinzu, es sei schon damals der Plan entworfen gewesen, entweder Darnley oder Rizzio aus
dem Wege zu räumen. Note (c) (Historische
und kritische Untersuchungen über Mariens Prozeß, S. 178 f.

sah die Erklärung der Königin, daß sie sein Ver-1568
langen nicht ohne Einwilligung der drei Stände
des Reichs erfüllen könnte, als eine tödtliche Beleidigung an. Bis auf die Widerrufung der den
Rebellen versprochenen Begnadigung, hatte das
Betragen und die Aufführung dieses Fürsten alle
diejenigen, die der Königin ergeben waren, und
die wenigstens ihren Rang und ihren guten
Ruf zu schätzen wusten, von ihm entfernt.
Einige haben sogar Marien beschuldigt, sie habe ihren Gemahl durch öffentliche Hintansetzung
der allgemeinen Verachtung preis gegeben. Sie
soll in den Writs und andern öffentlichen Akten ihren Namen beständig vor dem seinigen haben setzen
lassen; allein alle Register der hohen Gerichtshöfe
und die Protokollstücke der damaligen Zeit beweisen
das Gegentheil. Die Kommissionen, die öffentlichen Urkunden, die Akten des Conseils, die Staatspapiere waren alle in der gewöhnlichen Ordnung,
im Namen des Königs und der Königin ausgefer-
tigt. *) Dieselbigen Schriftsteller behaupten, die

*) Knox, S. 430. Buchanan, B. 17, S. 179.
Goodall, S. 234. Keith und Goodall haben die
öffentlichen Akten sehr genau untersucht, um sich
über diesen Umstand aufzuklären, und der erste

1766 Königin habe ihren Gemahl nach Peebles, der
Hauptstadt der Grafstadt Twedale, geschickt, wo
er einen sehr harten Winter ohne einiges Gefolge
hätte zubringen müssen, unter dem Vorwande,
ihm dort das Vergnügen der Jagd zu verschaffen: sie geben zu verstehen, daß sie ihn da so
gut als gefangen halten ließ, um ihn von allen öffentlichen Geschäften zu entfernen. Ihren Nachrichten zufolge hätte die Königin Heinrich wie ein
Kind gelenkt, und ihn nach eignem Gefallen, wie
einen Bedienten, weggeschickt und wieder rufen lassen. Die Wahrheit ist, daß er in den Provinzen
Fife, Strathern, Striveling und Lothian den
Winter mit Jagen zubrachte, *) und daß er
während seinem Aufenthalt zu Peebles in einigen

verſichert ausdrücklich, keine einzige gefunden zu
haben, worin Mariens Name vor dem Namen ihres Gemals ständе. Bloß auf einer kleinen Münze sollte, nach einer Akte des Conseils vom 22sten
December 1565 Maria et Henricus, Dei gratia,
regina et rex scotorum stehen; und dieses durfte,
vermöge der Konstitution, bei einer couranten
Münze nicht anders seyn.

*) Hollingshed, nach der Anm. (o) von Keith,
S. 328.

Stunden nach Edinburg kommen konnte. Es war 1766 nicht so leicht einen Fürsten von Heinrichs Charakter auf die Art vom Hofe zu entfernen. Er hatte bis auf die Ankunft des französischen Gesandten allein Marien abgehalten ihren rebellischen Unterthanen zu vergeben. Ramboullet fand ihn in Edinburg, als er ihm den St. Michaelsorden überbrachte. Randolphs Briefe thun der vorgegebnen Verweisung dieses Fürsten keine Erwähnung. In allen Briefen, die von jener Zeit noch übrig sind, finden sich Klagen über seine Anmaßungen und seinen Hochmuth.

Nach den bisher erzählten Umständen muß Buchanan, welcher in seiner Geschichte der Königin Maria Stuart ganz entgegengesetzte Begebenheiten erdichtet hat, alle Glaubwürdigkeit verlieren. Da er an den grausamen Auftritten ihres Lebens Theil hatte, so ist es wichtig, alle jene Verläumdungen zu widerlegen, welche noch gegen diejenigen, die er sich in der Folge erlaubte, von weniger Bedeutung sind. Die letzten waren greulich; die Zeit, und von Kritik geleitete Untersuchungen einer Menge von Geschichtschreibern haben sie nicht völlig auslöschen können. Eben dieser Schriftsteller behauptet, Maria habe Rizzio zum Sprecher im Parlamente gemacht, da es doch bewiesen ist, daß

1566 er nicht einmal im geheimen Conseil saß, sondern nur als Sekretair darin erschien. Er erzählt, Elisabeth habe Marien einen Brief voll kluger Verhaltungsregeln in Absicht auf die Verbannten geschrieben, diese habe dem Adel, welcher gerne den Inhalt davon wissen wollen, denselben vorgelesen. David Rizzio aber habe ihr mitten unter dem Lesen das Schreiben aus der Hand gerissen, und gesagt: sie hätte genug gelesen, es wäre nicht der Mühe werth. Keith sagt, kein Mensch kenne einen solchen Brief von Elisabeth an Marien; und Hollingshed, welcher selbst in den kleinsten Umständen genau ist, redet gar nicht von einem Schreiben der Elisabeth in einer Sache, um die sie sich gar nicht bekümmern zu wollen schien. Immer ging Mariens Güte für einen so niedrigdenkenden Fremdling, der den Schottländern nie angenehm war, zu weit. Aber ein unpartheiischer Richter mag entscheiden, ob eine Königin, deren Gemahl sich für ihren Unterthan erkennen muste, von eben diesem Gemahl, dem sie erst feine Existenz im Staate, dann ihre Hand und den höchsten Rang gegeben hatte, gleichgültig behandelt und gröblich beleidigt, ob nicht diese zu der traurigen Nothwendigkeit gebracht war, treue Diener als Gehülfen in Regierungsgeschäften zu brauchen, denen sie, von

allen Seiten verrathen, und voll Furcht noch ferner verrathen zu werden, ihre innersten Geheimnisse glaubte anvertrauen zu können. Die Herren,
die sich an ihrem Hofe und in ihrem Pallaste aufhielten, waren Murrays Freunde gewesen. Der
Kanzler Morton war mit dem Grafen von Angus
verwandt, und war während dessen Minderjährigkeit als das Haupt der Familie Douglas angesehen worden. Ruthwen hatte Heinrichs Tante
geheirathet. Die Gemahlin des Lords Lindsay war
aus dem Hause Douglas. Alle hatten mit Vergnügen gesehen, daß die Wahl der Königin auf ihre
Familie gefallen war. Sie hatten sich geschmeichelt, einen unmittelbaren Einfluß in die öffentlichen Angelegenheiten zu erhalten, und daher die
Parthei des Grafen von Murray verlassen. Lethington hatte sich indessen für keinen von beiden
Theilen erklärt, und seine Talente und seine Geschicklichkeit in einer wichtigen Rolle bei der jedes-
mal herrschenden Faktion geltend gemacht. Da
sie sich aber nachher in ihrer Hoffnung betrogen sahn,
und in Darnley einen Fürsten fanden, der keinen
guten Rath zu befolgen, ja nicht einmal einzusehen
wuste, so schien ihnen Murrays Zurückberufung
das einzige Mittel zur Wiedererlangung ihres Ansehens zu seyn, welches der alleinige Gegenstand

1566 ihres Ehrgeizes war. Maria konnte sich nicht auf Menschen verlassen, die immer eine andre Rolle spielten, nachdem sich das Glück für oder wider sie erklärte. Rizzio, es sei nun aus Eigennutz oder aus wahrer Treue gegen Maria, gab ihr zuverläßige Nachrichten, beklagte und tröstete sie, und bis auf den Augenblick, da der französische Gesandte in Schottland ankam, hatte sie keine Ursache das Zutrauen zu bereuen, das sie auf ihn gesetzt hatte. Sie muste ihn als einen treuen und eifrigen Diener behandeln, aber nicht als einen Unterthan, den Geburt und vorzügliche Dienste dem Throne nähern. Die Geschichte dieser Fürstin kann Personen des andern Geschlechts von hohem Range lehren, daß, wenn die Pflichten des Weibes in jedem Stande delikat, und leicht zu verletzen sind, sie dies noch mehr im höchsten Range werden, wo sie desto vorsichtiger seyn müssen, je mehr auf ihre Handlungen ankömmt, und je größer die Menge derer ist, die beständig auf sie ihre Blicke heften. Maria setzte sich dem Verdachte aus, und ward das Opfer desselben: und doch kann es seyn, daß sie aller der unglücklichen Umstände ohngeachtet, die wider sie zu zeugen scheinen, nie die Pflichten vergessen hat, die ihr die Würde ihres Standes und die weibliche Sittsamkeit auflegte. Kein

anderer als Buchanan hat es gewagt, ſie ſolglei 1566
chen Vergehungen zu beſchuldigen, und er hat es
nicht immer gewagt.

Rizzio, der Vertraute des jungen Darnley, vor
ſeiner Vermählung, tadelte deſſen Aufführung,
nachdem er König war. Ob er gleich in Abſicht
auf Murray und ſeine Mitſchuldigen mit ihm gleich
dachte, ſo vermied er doch ihr ſeinen vertrauten
Umgang, und wollte nie an ſeinen ausſchweifenden
Vergnügungen Theil nehmen, ja nicht einmal Zuſchauer davon ſeyn. Es hieß der Königin untreu
werden, wenn er an dem ſtrafbaren Betragen ihres Gemahls Theil nahm. Heinrich bemerkte ihren
Kaltſinn und ihr Mißvergnügen; aber unbekannt
mit den feinen Empfindungen einer edlen Seele,
ſah er Rizzio als den Urheber dieſer Veränderung
an, deren Urſache er in ſeiner eignen Aufführung
hätte finden ſollen, und faßte einen nicht minder
ſtarken Haß gegen ihn, als die Freundſchaft groß
geweſen war, womit er ihn beehrt hatte Er ward
argwöhniſch und eiferſüchtig, glaubte ſich beſchimpft,
und ſchwur dem Manne, von dem er ſeinen Stolz
beleidigt ſah, in der Aufwallung ſeines Zorns den
Tod. Die Freunde der Verbrecher, welche ihr
Anſehen nicht anders als durch Murrays Zurückberufung wieder zu erhalten hofften, hatten bisher

L 5

1566den Günſtling, welcher ſich für die Empörer ver;
wandte, ſo ſehr ſie ihn auch haßten, unterſtützt,
und ſich von einem verachtungswerthen Fürſten
entfernt, von dem Murray allein ſie befreien konnte. Als aber die Königin ihren Enſchluß geändert
hatte, als jene ſtolzen Männer die verdiente Strafe
erwarteten, und die Wiederherſtellung der alten
Religionsverfaſſung ihnen den Verluſt ihrer Eh;
renſtellen, ihrer Titel, ihrer Güter drohte, welche
mehrentheils der Kirche abgenommen waren, dach;
ten ſie darauf, ſich dieſes verachteten Fürſten als
einer mächtigen Waffe zu bedienen. Sie vereinig;
ten ſich mit ihm gegen Rizzio, und bereiteten in
kurzer Zeit eine der erſtaunlichſten Kataſtrophen
unter Mariens Regierung vor. Morton zweifelte
nicht, daß ſich der junge König nicht leicht durch
die Ehrfurchtsbezeugungen und die Schmeicheleien,
nach denen er geizte, verführen ließe, Murrays
Rückkehr zu begünſtigen, wenn er hoffen konnte,
ſeine heiſſeſten Wünſche dadurch befriedigt zu ſehen;
nämlich ſich krönen zu laſſen, und die Verſicherung
der ſchottländiſchen Thronfolge zu erhalten, im
Fall daß Maria ohne Erben verſterben ſollte. Er
glaubte, Murray würde ſich nachher mit leichter
Mühe der Regierung bemächtigen, und einem
ſchwachen Könige und einer unter ihrem Gram er;

liegenden Königin den bloßen Namen der Monar-1566
chen laſſen. Alle, die von dieſer Parthei waren,
arbeiteten mit Morton zu demſelbigen Zweck; und
indeß die Ehrſucht ſie dem Könige näherte, ſuchte
auch dieſer Fürſt aus Eiferſucht ihren Beiſtand,
bloß um ſich vom Rizzio frei zu machen. Er dachte
auf keinen größern und edlern Plan, als auf einen
Meuchelmord. Dieſe Art ſich zu rächen, ward
nach den Sitten der damaligen Zeit nicht für ſo
ſchändlich und niederträchtig gehalten als heut zu
Tage. Die Geſchichte von Europa führt eine
Menge ähnlicher Beiſpiele aus dem vierzehnten
und funfzehnten Jahrhunderte an, ohne daß die
damaligen Geſchichtſchreiber bei Erzählung derſelben den Abſcheu und den Unwillen bezeugen, die
ſie zu unſern Tagen erregen, ja ſie zeigen eine Art
von Freude bei dem gewaltſamen Tode derer, die
ſie haßten, und die vernünftigſten unter ihnen erzählen ein ſchreckliches Verbrechen mit kaltem Blute.

Lord Ruthwen war nicht bei Hofe, und ſeit
einigen Monaten bettlägerig, als Darnley ihm
durch ſeine Verwandten, James Douglas und Pa-
trick Lindſay, das Vorhaben Rizzio zu ermorden,
mittheilen ließ. Er billigte ohne Bedenken den
entworfenen Plan, um die Rückkunft der Verbannten zu beſchleunigen. Er glaubte es der Nation

zoozuträglich und dem Könige angenehm, sich einen
Mann ohne Geburt aus dem Wege zu schaffen,
dessen Gewalt ihm unerträglich war. Er bestärkte
Douglas und Lindsay in dem Entschluß ihr Vorhaben auszuführen, und versprach ihnen sich an
ihre Spitze zu stellen. Die Verschwornen suchten
nun Heinrichs Verdacht zu unterhalten und zu vermehren. Morton, der listigste und einschmei-
chelndste Mann seiner Zeit, übernahm es, ihn bis
zur Ausführung des Komplotts bei denselbigen Gesinnungen zu erhalten. Da sie aber seine Schwäche
und Feigherzigkeit kannten, so banden sie ihn durch
Bedingungen, die für ihn und für sie entehrend
waren, und die sie für nothwendig hielten, um in
seinem Namen und ohne Furcht vor Strafe handeln zu können. *)

Sobald die Rebellen von Heinrichs Vorschlä-
gen benachrichtigt waren, schrieben sie ihm in den
unterwürfigsten und demüthigsten Ausdrücken, und
verpflichteten sich, inskünftige seine getreuen Unterthanen zu seyn, die Freunde seiner Freunde,
die Feinde seiner Feinde zu werden, und Gut und
Blut für seinen Dienst aufzuopfern. Sie machten
sich anheischig, bei dem ersten Parlamente, das
nach ihrer Zurückberufung würde gehalten werden,

*) Gilbert Stuart, S. 136.

alles anzuwenden, um ihm den Besitz der Krone 1566
auf seine Lebenszeit zu verschaffen, und seine Rechte
auf den Thron von Schottland gegen alle diejenigen zu vertheidigen, die ihm denselben nach dem
Tode der Königin, wenn dieser erfolgen sollte,
streitig machen dürften. Sie versprachen, die pro-
testantische Religion aufrecht zu erhalten. Darnley, ein römisch-katholischer Fürst, erlaubte seinen
Unterthanen, ihm dieses Versprechen zu thun, als
ob dies die Bedingung wäre, unter der er ihre Zurückberufung bewirken wollte. Sie verpflichteten
sich, diese Religion bei ihrem Uebergewicht und in
ihrer Einheit zu erhalten, und thaten das eidliche
Versprechen, alle diejenigen zu bestrafen, die sich
unterstehen würden, Neuerungen darin anzufüh-
ren. Sie versprachen ferner, sich bei der Königin
von England zu verwenden, um die Loslassung der
Gräfin von Lenor und ihres Sohns auszuwirken, *)
und Elisabeth zur Vertheidigung des Fürsten gegen
alle diejenigen zu bewegen, die ihm schaden wollten.**)
Es ist schwer zu glauben, daß sie nicht des guten Wil-

*) Keith, Anh. S. 120.
**) Gilbert Stuart, S. 137. Goodall, S. 227.
Die hierüber ausgefertigte Akte ist unterzeichnet:
James Graf von Murray; Archibald, Graf von
Argyle; Alexander, Graf von Glencarn; An-

1566tens dieser Fürstin und der mächtigen Wirkungen ihrer Vermittelung zwischen ihr und Darnley gewiß sollten gewesen seyn: und wollte man an der Richtigkeit des von Keith gesammleten Verzeichnisses zweifeln, so würde es wenigstens eine Anzeige geben, daß die Königin von England von der Verschwörung gegen Rizzio unterrichtet war. Geächtete versprechen nicht durch eine öffentliche Akte den Schutz einer mächtigen Königin, ohne von ihr dazu einigermaßen berechtigt zu seyn; und das Versprechen bei ihr um die Freiheit der Gräfin von Lenox anzuhalten, läßt ein Verständniß vermuthen. Dieses wird indeß durch keinen Brief weder von ihr noch von ihren Ministern bestätigt. Allein wenn auch kein Argwohn da ist, daß sie das Verbrechen angerathen oder gebilligt habe, so ist doch nicht leicht zu glauben, daß sie gar nicht um dasselbe gewust haben sollte. *)

drew, Graf von Rothes; Robert, Lord Boyd; Andrew, Lord von Ochiltry, und andre Complicen des edlen und mächtigen Fürsten Heinrichs, Königs von Schottland.

*) Bei der Sorgfalt, mit der Randolph Cecill vor allem, was in Schottland vorging, unterrichtete, läßt es sich nicht wohl vermuthen, daß der Königin von England die Verschwörung unbekannt

Die Verheiſſungen des Königs von Schottlands166 waren von weitem Umfange und den Verſchwornen ſehr günſtig. Er verſprach ihnen alle vorige Beleidigungen zu vergeſſen und zu verzeihen, ſobald er durch ihren Beiſtand die Ehekrone würde erhalten haben; den Angeklagten jedes Verbrechen zu vergeben, und ſie als gute und getreue Unterthanen anzunehmen; nicht zuzugeben, daß ſie vor dem Parlamente verklagt und ihre Güter eingezogen würden, ſondern ſie im Gegentheil in ihren vorigen Rang und in ihre vorige Gewalt wiederherzuſtellen. Er verſprach ferner, die proteſtantiſche Religion, nach dem Inhalte der von Maria bekannt gemachten Proklamationen aufrecht zu erhalten; ſeine ganze Gewalt anzuwenden, um die Parthei der Verwieſenen zu ſchützen, ihnen zur Aufrechthaltung und

geblieben ſey. Man ſehe indeß, (Robertſ. Anh. zum 2ten Bd. No. XV.) Randolphs und Bedfords Bericht von Rizzios Ermordung an den geheimen Rath von England. Es ſcheint nach dieſem Berichte nicht vorauszuſetzen, daß dieſe Herren von dem, was vor dem Morde vorhergegangen iſt, Kenntniß gehabt haben. Die Erzählung fängt mit der Nachricht von der Verſchwörung zwiſchen Morton, Lindſay und Douglas an.

1566 fernern Ausbreitung ihrer Religion zu helfen, und
sie selbst in ihren persönlichen Angelegenheiten gegen
alle und jede in Schutz zu nehmen. *)

Doch dies war für die Sicherheit der Verschwornen noch nicht genug. Sie fürchteten die
Schwäche des Königs. Die Reize Mariens, welche
ihre Ansicht natürlicher Weise zu ihrem Gemahl
nehmen würde, ihre Thränen, der Zustand worin
sie sich befand, da sie im siebenten Monate schwanger ging, dies alles ließ sie befürchten, ein Augenblick möchte ihr ihre Gewalt über einen Gemahl
wiedergeben, der noch zu jung war, als daß eine
lange Gewohnheit ihn schon im Laster verhärtet
hätte. Morton und Lethington griffen ihn einen
um den andern von der Seite seiner Leichtgläubigkeit und seines Ehrgeizes an. Sie reizten seinen Zorn durch die giftigsten Verläumdungen,
zeigten ihm, wie wenig er in Vergleichung mit
Rizzio am Hofe gölte, gaben boshafte Winke
über die Schönheit der Königin, über die Anmuth die in ihren Reden, in ihrer Bildung
und ihrem Anstande herrschte, über die Gunst,
deren Rizzio genoß, über seinen vertrauten

Um-

*) Keith, S. 120. Carte, S. 435. Robert Bruce,
S. 518. Grodall, S. 231.

ten Umgang mit ihr und den freien Zutritt, den 1566
sie ihm zu jeder Stunde erlaubte, besonders über
die Verweigerung der Ehekrone, welche, so wie
der Kaltsinn der Königin gegen ihren Gemahl,
von den Eingebungen ihres Günstlinges herkäme.
Durch diese arglistigen Vorstellungen brachten sie
ihn in eine solche Wuth, daß er selbst auf diesen
Unglücklichen den ersten Angriff thun wollte. Wie
sie ihn in dieser Stimmung sahen, verlangten sie
von ihm eine an die Großen des Reichs, den Adel
und den dritten Stand gerichtete Erklärung, daß
sie bei Rizzios Ermordung bloß auf seinen Befehl
gehandelt hätten, daß sie von ihm selbst in diese
Verschwörung gezogen wären, und daß er in seinem und seiner Erben und Nachfolger Namen
verspräche, sie und ihre Kinder, ihre Verwandten
und Erben vor den Gefahren zu sichern, denen sie
sich durch die Ausführung seiner Absichten aussetz-
ten. Voll Ungeduld seine Rache befriedigt zu sehn,
ging er in die Schlinge, und unterschrieb diese Erklärung. Sogleich eilten die Verschwornen die
Schandthat zu vollbringen, ließen Murray und die
übrigen Rebellen benachrichtigen, und sie im Namen
des Königs einladen, an den Hof zurückzukommen.*)

*) Keith, Anh. S. 122. No. XI. Ueber die letzten
Unruhen in Schottland ꝛc. Geschrieben zu Bar-

Gesch. Elisab. 3. Th.　　　　　M

1566 Die wilde Grausamkeit, womit dieses Verbrechen ausgeführt wurde, muß jedes nur irgend em-
pfindende Herz empören. Den neunten März 1566
speiste Maria in ihrem Gemache um sieben Uhr zu
Abend, in Gesellschaft der Gräfin von Argyle,
des Kommandanten von Holyroodhouse, des Lords
Creik, des Lords Ereskin und anderer Personen,
mit denen sie vertraut umging, worunter auch David Rizzio war. *) Der König führte Morton,
Ruthwen und die übrigen Verschwornen in den
Pallast, wovon sie alle Zugänge mit hundert und
sechzig bewaffneten Leuten besetzten. Die Grafen
Athol, Huntley, Bothwell und Levingston wohnten im Pallaste. Lethington, welcher die unglückliche Stunde wuste, lud den Grafen Athol bei sich
zum Abendessen ein, und behielt ihn bis tief in die
Nacht bei sich, um ihn vor Gewaltthätigkeit zu
sichern, oder ihn zu verhindern, dergleichen selber
zu begehen, besonders aber um alle Gelegenheit
zum Verdachte zu entfernen, den die Königin,

wick, den letzten April 1566. Carte, S. 435,
Robert Bruce, S. 319. Robertf., S. 357.

*) Mariens Brief an den Erzbischof von Glas-
gow, Rizzios Ermordung betreffend. (Keith,
S. 331.)

auf des Grafen Zeugniß von seinem Betragen, *)1566
gegen ihn fassen könnte. Die Grafen Huntley und
Bothwell erschraken über den Lärmen, den sie hörten, entsprangen, da sie alle Thüren verschlossen
und bewacht fanden, durch ein Fenster, und verbreiteten diese Nachricht in der Stadt. **) Ruthwen führte einen Theil der Verschwornen in des
Königs Zimmer, indeß die übrigen auf dem Schloß-
platze blieben. Douglas war die Losung. Der
König ging allein zu der Königin hinein, und setzte
sich neben sie. ***) Einen Augenblick nachher erschienen Ruthwen und Douglas mit dem Dolch in
der Hand. Der erstere, den Helm auf dem Kopf,
und so schwach, daß er kaum seine Waffen tragen
konnte, mit blassem Gesichte, und alle seine Züge
durch eine lange Krankheit entstellt, jagte, einem
Gespenste gleich, Furcht und Entsetzen ein. Seine
Mitschuldigen traten nach ihm mit wütenden Bli-
cken herein, wandten sich an Rizzio, und sagten,

*) Historische und kritische Untersuchungen, S.
199. Calderwoods Manuskr. von Goodall angeführt, Bd. 1, S. 269.

**) Spotswood, S. 196. Keith, S. 332.

***) So sagt Maria in ihrem Schreiben an den
Erzbischof von Glasgow.

M 2

1565 ſie hätten mit ihm zu reden. Maria fragte voller
Schrecken den König, was dies für ein Beginnen
wäre. Er antwortete, er wüſte es nicht. Sie be-
fal Ruthwen bei Strafe des Hochverraths ſich zu
entfernen, und Rizzio ordentlich vor Gericht zu fodern, wenn er von ihm beleidigt wäre. Ruthwen,
ohne auf dieſen Befeßl zu hören, riß ihn mit ſolcher Heftigkeit fort, daß der Tiſch umgeworfen
wurde. Rizzio glaubte zu den Füßen der Königin
eine Zuflucht zu finden, und umfaßte ihre Knie.
Die Königin ſuchte ihn zu vertheidigen; aber Ruthwens älteſter Sohn ſetzte ihr eine Piſtole auf die
Bruſt, und Ruthwen nahm ſie in die Arme und
übergab ſie in die Arme des Königs. Hierauf riß
Douglas Heinrichen den Dolch aus der Hand,
und ſtieß ihn dem Rizzio in den Leib; Ruthwen
und die übrigen ſchleppten ihn ins Vorzimmer, wo
er ſechs und funfzig Stiche empfing. *) Ruthwen
trat ſogleich wieder herein, überhäufte die Königin mit Vorwürfen, und ſagte ihr, um ſie vollends
zur Verzweiflung zu bringen, er und ſeine Mit-

*) Keith, Anh. S. 120. Melvil, S. 65. Good-
   all, S. 294. f. Gilbert Stuart, S. 143. Robertſon, B. 4, S. 359. Caſtelnau, S. 468.
   Keith, S. 331. Alle Nachrichten über dieſen

schuldigen hätten auf Befehl des Königs gehandelt. 1566 Er sagte ihr, sie hätte auf Eingebungen ihres Lieb: lings Heinrich die Ehekrone verweigert, die rö: misch:katholische Religion wieder eingeführt, sich entschlossen, Murray und seine Freunde zu strafen, ihr Vertrauen Huntley und Bothwell geschenkt, welche Verräther wären. Er kündigte ihr an, daß die Verbannten den folgenden Tag vor ihr erschei: nen und sich mit ihrer ganzen Parthei wider sie vereinigen würden, und daß der König ihnen ver: zeihen wollte. Er setzte hinzu, sie hielten im Pal: laste die Grafen Huntley, Bothwell, Athol, Fleming und Levigston, Sir James Balfour und andre der treusten Diener der Königin, in guter Verwahrung, besonders aber den letztern, gegen den die Unternehmung nicht weniger als gegen ih: ren Liebling gerichtet wäre. Der König vereinigte sich mit Ruthwen, warf ihr ihre Unredlichkeit, ihre Güte für Rizzio und ihren Kaltsinn für ihn selbst vor. Man denke sich ein Weib im siebenten

Vorfall stimmen in den Hauptsachen überein, wenn sie auch in Nebenumständen von einander abgehen. Die Königin wurde grausam behandelt, die Pistolen wurden ihr nahe genug gebracht, daß sie die Kälte des Eisens fühlte.

1566 Monate ihrer Schwangerschaft, welche eine Schaar bewaffneter Leute in ihr Zimmer stürzen sieht, zu deren Füßen ein Mann, den sie mit ihrer Gunst beehrt hatte, ermordet, die selber mit dem Tode bedroht wird, zu der Ruthwen sich zu sagen untersteht, wenn sie einen Schritt thäte, um hinauszugehen, oder zu dem Volke zu reden, wollte er sie in Stücken hauen, und unter den Mauern ihres Pallastes begraben. *) Welche Wirkung muste nicht diese schreckliche Scene auf sie hervorbringen! Es ist zu vermuthen, daß Murray und Morton noch etwas mehr als Rizzios Tod zur Absicht hatten, obgleich Heinrich nur den Tod seines Feindes wollte, und daß Morton die ganze Unternehmung so geleitet hatte, damit der Schreck, die Unruhe, der Zorn und die Verzweiflung der Königin tödtlich würden. So hätte er, ohne geradezu eines solchen Verbrechens beschuldigt werden zu können, die einzige Person aus dem Wege geräumt, die der Größe seines Freundes beständig hinderlich gewesen war. Ohne dieses Vorhaben hätten die Verschwornen Rizzio heimlich ermorden können; wodurch sie selbst die Gefahren einer Verschwörung

*) Gilbert Stuart, S. 145. Mariens Schreiben an den Erzbischof von Glasgow, S. 333.

vermieden, und dem Könige die Aussicht erspart1566
hätten, seiner Gemahlin auf immer zum Abscheu
zu werden. Die unglückliche Königin sagte zu ihrem Gemahl und Ruthwen, sie hinterließe, wenn
dieser Vorfall ihren Tod nach sich ziehen sollte, in
dem Könige von Spanien und dem Kaiser, dem
Könige von Frankreich und ihren Onkeln vom
Hause Lothringen, dem Pabste und verschiedenen
Fürsten Italiens Rächer, welche das Verbrechen
an den Schuldigen und deren Nachkommenschaft
ahnden würden. Ruthwen entschuldigte sich mit
den Befehlen des Königs, und Heinrich gestand,
er hätte sie gegeben. Nach einigen Schriftstellern
trocknete sie in diesem Augenblicke, da sie für eignes Leben fürchtete, ihre Thränen ab, und sagte:
ich will nicht länger weinen, ich will nur auf Rache
denken. *) Ein Ausruf, der sich von ihr in einer
solchen Lage nicht wohl denken läßt, da der Urhe-

*) Melvil, S. 64. Spotswood, S. 195. Hume,
Bd. 2, K. 2, wo er Melvil und Keith anführt.
Allein der letztere sagt davon auf der angezeigten
Seite 330 kein Wort, wenigstens nicht in der
Edinburgischen Edition von 1734, welches die
beste ist. Auch Blackwood und Goodall erwäh-
nen dieser Drohung nicht. Gilbert Stuart redet
davon bloß nach Melvil.

1566ber des Verbrechers ihre Person in seiner Gewalt
hatte, da sie nicht wissen konnte, ob sie frei bleiben sollte, und mit dem Tode bedroht wurde,
wenn sie um Hülfe riefe. Wahrscheinlicher ist es,
daß er erst in der Folge erdichtet wurde, um für
die ihr aufgebürdeten Verbrechen eine Ursache anzugeben, und um glauben zu machen, daß sie schon
damals auf eine ausgezeichnete Rache sann. Den
zweiten April schrieb sie an den Erzbischof von
Glasgow einen Brief, in der Absicht, daß ihr
Gesandter ihn dem französischen Hofe und den
fremden Gesandten in Paris mittheilen sollte.
Dieses Schreiben ist mit einer Mäßigung abgefaßt,
wodurch sie hinlänglich gegen allen Verdacht eines
Verbrechens gerechtfertigt wird, wenn sie es auch
nicht schon durch ihren Charakter wäre. Das Gerücht von der Behandlung, welche die Königin er-
litt, hatte sich aus dem Pallaste in die Stadt verbreitet; die eilige Flucht der Grafen von Bothwell
und Huntley setzte die Einwohner in Schrecken,
und der Magistrat ließ die Sturmglocke läuten.
Die Bürger strömten haufenweise nach dem Pallaste hin, um sich nach dem Schicksale ihrer Monarchin zu erkundigen. Der König zeigte sich dem
Volke, verbürgte sich demselben für die Sicherheit
der Königin, und befahl ihm aus einander zu ge-

hen. Indeſſen wurde dieſe Unglückliche in ihren 1566 Zimmern gefangen gehalten, ungewiß, was ihr Schickſal ſeyn würde, ohne nur eine von ihren Frauenzimmern oder jemanden von ihren Bedienten um ſich zu haben. *) Den folgenden Morgen ließ der König ohne ihre Bewilligung in ſeinem eignen Namen durch eine Proklamation die Trennung des Parlaments befehlen. Sie wurde indeß, nach ihrem eignen Berichte, von denen, die das Verbrechen begangen hatten, gefangen gehalten, und von vierzig Mann bewacht. Sie bekam ein Fieber, und heftige Schmerzen ließen ſie beſorgen, daß ſie ohne Beiſtand niederkommen möchte. Die Verſchwornen verſagten ihr die Erlaubniß, ihre Frauenzimmer zu ſich kommen zu laſſen. Aber ein franzöſiſcher Arzt, den der König rufen ließ, ſtellte ihm die Gefahr vor, ſie an dieſem traurigen und dumpfigen Orte ſich ſelbſt zu überlaſſen. Darn

---

*) Mariens Brief. Keith, S. 332. Anh. S. 119. Ruthwens Bericht. Melvil berichtet, des andern Tages frühe hätte ihn die Königin von einem Fenſter her wahrgenommen, und ihm aufgetragen, den Maire der Stadt zu bitten, daß er ſie aus dem Gefängniſſe befreien möchte; dieſer aber hätte ſchon von dem Könige entgegengeſetzte Befehle gehabt.

1566ley weigerte sich jetzt nicht länger, ihr die verlangte Erlaubniß zuzugestehen, er mag nun durch Schwäche, oder durch wirkliches Gefühl, durch Furcht oder durch Reue sich haben bewegen lassen. Sobald Murray zurückgekommen war, ließ Melvil es ihr melden. Sie ließ sogleich ihrem Bruder sagen, er könnte ohne Furcht zu ihr kommen, und möchte zu niemanden davon reden. Zugleich ließ sie ihm Vergessenheit alles Vorgefallenen und eine ewige Freundschaft versprechen. Murray erschien. Ach, mein Bruder, rief sie ihm zu, indem sie sich ihm in die Arme warf, wäret ihr mir treu geblieben, ich wäre nicht mit solcher Härte behandelt worden! *) Murray vergoß einige heuchlerische Thränen, verschwendete die Versicherungen von seiner Ergebenheit und Treue, und hinterging durch seine Liebkosungen seine Schwester, die sich selbst im Schoße des Glücks und der Ruhe zu leicht einnehmen ließ, um nicht ihr Herz diesem schwachen Strahle von Hoffnung zu öffnen. **)

Unterdessen berathschlagten die Verschwornen, wie sie ihre strafbare Unternehmung völlig auszu-

*) Melvil, S. 68. Robert Bruce, S. 319. Carte, S. 437.

**) Gilbert Stuart, S. 145.

führen hätten. Sie nahmen ihre Maßregeln, um 1566 entweder ihre Monarchin nach dem Schlosse Stirling zu bringen, bis sie ihr Komplott durch eine Parlamentsakte genehmigt, ihrer Religion eine feste Verfassung gegeben, und dem Könige die Ehekrone und die gesellschaftliche Regierung des Reichs zugestanden hätte, oder um sie in einer beständigen Gefangenschaft zu erhalten, und vielleicht ihr das Leben zu nehmen. *) Murrays Gegenwart erregte Furcht bei den Verschwornen, indeß sie Marien Hoffnung einflößte, und die ganze Lebhaftigkeit ihres Geistes wieder weckte. Sie machte dem Könige so eindringende Vorstellungen über seine Undankbarkeit und den Mangel der Klugheit in seinem bisherigen Verfahren, da er nicht allein sie und den Staat, sondern zugleich sich selbst in die äußerste Gefahr gebracht hätte, daß sie einige vorübergehende Regungen von Reue in seiner Seele hervorbrachte. Ihre Aussöhnung mit ihrem Bruder war ihm eine schreckliche Nachricht. Die Verschwornen sahen ein, daß sie, wenigstens für dasmal den Zweck ihrer Unternehmung verfehlt hatten. Sie baten die Königin um Verzeihung, welche sie ihnen zugestand, da es zu gefährlich war, eine gerechte Strenge zu brauchen; sie

*) Keith, S. 332. Gilbert Stuart, S. 146.

1566 machte sich sogar anheischig, eine Akte, welche sie
zu ihrer Sicherheit verlangten, zu unterzeichnen, *)
und ging mit ihrem Gemahl in Begleitung der
Grafen von Bothwell und Huntley nach Dumbar.
Dort fanden sich die Grafen von Marschall, von
Athol und von Caithnes bei ihr ein; und bald hatte
sie achttausend Mann um sich, welche auf ihren
Wink bereit waren, die Waffen zu ergreifen. Un

*) Robertson, B. 4. S. 361. Robert Bruce, S.
315. Spotswood, S. 197. Goodall, Bd. 1,
S. 180. Maria spricht freilich weder von der
Bitte der Verschwornen noch von dem Versprechen der Königin. Nach Humens Geschichte des
Hauses Tudor, Bd. 2, S. 340, wich sie der
Bitte aus, den Urhebern und Mitschuldigen des
an Rizzio verübten Mordes zu verzeihen, da sie
sich als Gefangene in der Gewalt des Königs und
der Verschwornen befand. Sie antwortete, alles, was sie während ihrer Gefangenschaft unterzeichnen könnte, würde nichtig seyn. Melvil und
Robertson sagen gerade das Gegentheil. Nach
Ruthwens Bericht (Keith, Anh. S. 128.) versprach Heinrich die Königin zur Unterschrift einer
Sicherheitsakte, von welcher Art die Verschwornen sie wünschen möchten, zu bewegen; und es
scheint nicht, daß sie diese Unterschrift verweiger

terdeffen ließ sie Melviln auftragen, ihren Bruder1566 bei seinen geäußerten guten Gesinnungen zu erhalten, ihn von jeder Verbindung mit den Verschwornen abzumahnen, und auf seine Schritte zu wachen. Wie die letztern ihre schleunige Abreise, ihren Aufenthalt zu Dumbar, die Anzahl ihrer Truppen und der Großen von ihrer Parthei erfuhren, so schickten sie den Lord Simple zu ihr, um sie wegen der Erfüllung ihrer Versprechungen anzugehen. Der Lord wurde drei Tage gefangen gehalten, und nach der Antwort der Königin hatten sie keine Vergebung zu hoffen. Sie rückte mit ihren Truppen gegen Edinburg an. Die Verschwornen, zu schwach, ihr zu widerstehen, nahmen die Flucht. Der Graf von Morton, Lethington, Ruthwen und Lindsay gingen nach Newcastle; die Grafen von Glencair-

te. Heinrich, welcher nunmehr anfing zu merken, daß er nicht weniger als die Königin gefangen gehalten wurde, dachte, wie es scheint, auf nichts weiter, als sich selbst mit ihr zugleich zu befreien, und wünschte daher die Loslassung seiner Gemahlin ernstlich. Ruthwen protestirte gegen diese Nachsicht, und setzte unwillig hinzu, er wünschte, daß alles Uebel, was daraus entstehen könnte, auf das Haupt des Königs und seiner Familie fallen möchte.

1566und Rothes unterwarfen sich freiwillig, und erhielten Gnade. Knox verbarg sich in der Provinz
Kile. Die übrigen wurden vor dem geheimen Rath
angeklagt, und des Mordes und Verrathes überwiesen; ihre festen Schlösser wurden eingenommen,
und den Kronbeamten überliefert, ihre Güter eingezogen und ihre Bedienungen für erledigt erklärt. *)
Das gerichtliche Verfahren und das über sie ge-
sprochene Urtheil waren sehr strenge. Indeß zeigte
doch Maria, ohngeachtet der Wuth, deren sie gegen Rizzios Mörder beschuldigt wird, eine seltene
Milde. Zwei Menschen von der niedrigsten Herkunft,
beide Anhänger von Ruthwen, Thomas Scot und
Heinrich Yair, wovon der letzte Anfangs Priester
und nachher Bedienter des Lords gewesen war, wurden hingerichtet, und ihre Köpfe öffentlich aufgesteckt.
Zwei Edinburgische Kaufleute wurden auf dem Richt-
platze begnadigt, erhielten ihre Freiheit, und wurden ihren Gewissensbissen überlassen. **) Ruth-

---

*) Spotswood, S. 197. Keith, S. 333. Ma-
riens Schreiben. Anh. S. 129. Robertf. ibid.
Melvil, S. 75. Robert Bruce, S. 320. Carte, S. 437.

**) Buchanan, welcher sich iu Absicht auf Maria
Stuart geflissentlich immer zweideutig ausdrückt,
behauptet: Darnley habe sich iu Dumbar aus

wen, derjenige, dem die Königin wohl am wenig-1566
sten gerne verziehen hätte, starb im Monat Junius zu Newcastle. Murray erhielt mit seinen
Gütern und Ehrenstellen die Gnade seiner Monarchin wieder, sezte seine heimlichen Unternehmungen fort, und vergaß nicht, seinen Mitschuldigen
seine Dankbarkeit zu bezeugen. Murray, Bothwell und Athol wirkten noch vor Ende des Jahrs
allen Verschwornen ihre Begnadigung aus. So
versammlete die leichtgläubige und schwache Maria
Stuart, durch ein Betragen, welches den Gesetzen
der Vernunft und ihren eignen Einsichten entgegen
war, Feinde und Verräther um sich her.

Furcht sein Leben zu verlieren, zum Gehorsam
entschlossen. Er allein wagt diese Behauptung,
welche durch Thatsachen widerlegt wird. Sie ließ,
sezt er hinzu, Rizzios Leichnam in dem Begräbnisse der Könige von Schottland, und fast in den
Armen ihrer Großmutter, der Magdalene von
Valois, beisetzen. Diese Beschuldigung ist falsch.
(Keith, S. 330. Note (d) Er sagt ferner, nachdem er sie eine Ehebrecherin und ein verworfenes
Weib genannt, sie habe Rizzios Mörder mit
Wut verfolgt, und verschiedne, die am wenigsten schuldig gewesen, hinrichten lassen, um zu
verstehen zu geben, es wäre viel Blut ge-
flossen. Knox giebt vor, (S. 333.) die Köni-

1566 Die empfindlichen Beleidigungen, sagt der be=
rühmteste Englische Geschichtschreiber, *) welche
sie empfangen hatte, würden in der sanftesten und
gelassensten Seele keine Empfindung von Milde zu=
rück=

gin habe ihren Rizzio noch nicht hinlänglich ge=
rächt gehalten, und im Monate August einen
Menschen einziehen, hängen und viertheilen las=
sen. Er fügt noch andre Verläumbungen hinzu,
welche von Keith hinlänglich widerlegt sind.
(Keith, S. 333 f.) Ruthwen sucht das Mitlei=
den für die unglücklichen Familien der Verschwor=
nen rege zu machen, welche nach dem Urtheils=
spruche alles das Ihrige verloren. Ohne Zwei=
fel ist es schrecklich, daß das Verbrechen eines
Vaters den Untergang und die Schande der Sei=
nigen nach sich zieht. Allerdings seufzt die Mensch=
heit hierüber. Aber wie könnte öffentliche
Ordnung bestehen, wenn ein so gefährliches Mit=
leiden das Leben der Könige, ihre Gewalt, ihre
Staaten, das Leben und die Ehre der Bürger
allen Unternehmungen der Boshaften bloßstellte,
und die Verbrechen ungestraft ließe, weil gut=
herzige Menschen mehr die gedemüthigten Fami=
lien der Verbrecher, als jene unglücklichen Fami=
lien bedauern, die sie ins Verderben stürzten?

*) Hume, Bd. 2, S. 367.

rückgelaſſen haben. Eine Frau, die ſeit ſechs Mo: 1566
naten ſchwanger iſt, ſieht den Mann, den ſie mit
ihrer ganzen Gunſt beehrte, ermorden; ſie ſelbſt
wird mit tödtlichen Waffen bedroht, und das
Haupt der Meuchelmörder iſt ihr eigner Gemahl;
ſie ſieht ſich in ſeiner und der Verſchwornen Ge:
walt als Gefangene; von den Bedienten derſelben
bewacht, ohne einen von den ihrigen, ohne irgend
eine Perſon von ihrem Geſchlechte, deren Gegen:
wart ſie aufrichten könnte, in deren Buſen ſie ih:
ren Schmerz auszuſchütten wagte; von einem Fie:
ber befallen, welches von Gemüthsunruhe entſtand;
von heftigen Schmerzen ergriffen, welche ſie ihre
Niederkunft vor dem ſiebenten Monate, ohne Bei:
ſtand, und an einem für ſie unbewohnbaren Orte
erwarten laſſen; ohne Troſt und Hoffnung, wenn
ſie nicht ihre aufrühriſchen Unterthanen zurückbe:
ruft, die nach den Geſetzen verbannt ſind, weil
ſie wider ihre Monarchin die Waffen ergriffen: den:
noch verzeiht ſie und begnadigt. Iſt das die Frau,
die zwei berühmte Geſchichtſchreiber *) als heftig,
und auf nichts als Rache denkend vorſtellen? Nur
gegen ihren Gemahl behielt ſie Groll im Herzen;

---

*) Hume und Robertſon. In dieſer Abſicht haben
ſie alle oben angeführte Umſtände unterdrückt.

1566und gegen ihn muſte ſie allerdings am meiſten aufgebracht ſeyn. Man hat Marien getadelt, daß ſie durch ſanftes Betragen und Verſprechungen ſich der Gefahr entzog, worin ſie ſich zu Holyroodhouſe be-fand, und nachher ihr Wort brach, und Darnley den Kaltſinn, der aus erlittenen Beleidigungen entſpringt, empfinden ließ. Aber wen lehrt nicht eine gegenwärtige, unvermeidliche Gefahr ſich zu verſtellen? Wer wird nicht, wenn er ſein Leben dadurch erhalten kann, demjenigen, von dem ſein Leben und ſein Tod abhängt, Stillſchweigen und Vergeſſen alles angethanen Unrechts verſprechen? Welche Frau, der ihr Gatte nicht einen Thron, ſondern nur ordentliche Vermögensumſtände zu danken hätte, wäre wohl im Stande ihm dergleichen Beleidigungen zu verzeihen, und ihm ihre erſte Liebe wiederzugeben? Und wer auf der Welt kann dem Gefühl der Verachtung gebieten? Soll denn eheliche Zärtlichkeit, Vertrauen, Hochachtung und Freundſchaft dem Laſter und der Unmenſchlichkeit gebühren? War Darnley nach Rizzios Ermordung dergleichen zu fodern berechtigt? Und doch mit welcher Schonung redet Maria in der Nachricht, die ſie von dem erſt kürzlich begangenen Verbrechen giebt, von ihrem Gemahl! ,,Nachdem die Garde, ſagt ſie, Befehl erhalten hatte, Uns wie ſonſt zu

bedienen, waren Wir doch noch voller Furcht und 1566
Bestürzung. Wir redeten mit dem Könige unserm
Gemahl von unserer Lage, und stellten ihm vor,
wie übel es von ihm gehandelt wäre, wenn er den
Lords erlaubt hätte, sich so gegen uns zu betragen.
Dies bewog ihn, mit Uns nach Dumbar zu gehen." . . . . Und weiter unten: „Jetzt sind
Wir des Beistandes unsers Gemahles sicher, welcher Uns in Gegenwart der Lords von unserm geheimen Conseil erklärt hat, daß er an der letzten
Verschwörung unschuldig wäre, und daß er niemals durch Rath, durch Befehl, durch Unterstützung oder Billigung daran Theil genommen
hätte; er hat, wie er Uns versicherte, nach dem
Rath der Verschwornen, und ohne uns darum zu be-
fragen, bloß in die Zurückberufung der Grafen von
Murray, von Glencarn, von Rothes, und anderer, welche Uns beleidigt hatten, eingewilligt."*)
Möchten nur alle übrige Handlungen dieser unglücklichen Monarchin, die bis dahin die öffentliche
Achtung verdiente, eben so gut können gerechtfertigt und gebilligt werden, als ihr Verfahren gegen die Rebellen und den undankbaren Darnley!

Murray war nun dem Ziele, nach dem er ge-
strebt hatte, nahe. Er bekleidete wiederm den zwei-

*) Keith, S. 333. f.

N 2

1566ten Platz im Staate. Er war gewiß, daß Heinrich ihn nicht wieder einnehmen würde; und gelang
es ihm endlich dieses Hinderniß wegzuräumen, so
fand er an Maria Stuart nur einen schwachen
Widerstand, und das ungewisse Leben des Kindes,
dessen Geburt sie entgegensah, erlaubte ihm, den
Besitz des Throns zu hoffen, oder versicherte ihm
wenigstens eine lange Regentenschaft. Es ist klar,
daß Murray bei seinen Handlungen diesen Entwurf vor Augen hatte, wenn es auch nicht durch
Thatsachen bewiesen wäre, von denen einige Geschichtschreiber gar keine Kenntniß gehabt, die einige andre ihren Lesern sorgfältig verborgen, und
die meisten verändert und unter falschen Farben
vorgestellt haben.

Er fing damit an, daß er zum Schein die seiner Schwester zugefügte Beleidigung mißbilligte,
Rizzios Ermordung eine abscheuliche Handlung
nannte, öffentlich erklärte, daß er an dieser Unternehmung nicht im geringsten Theil genommen
hätte, und der Königin versprach, nie die Schuldigen zu vertreten, und keine Verbindung mit
ihnen zu haben. Zu gleicher Zeit rieth er ihnen
nach England zu fliehen, und gab ihnen Empfehlungsschreiben an seinen Freund, den Grafen von

Bebfort. *) Maria gab Elisabeth von dem in ih. 1566 rer Gegenwart begangnen Morde schriftliche Nachricht, und bat sie, den Mördern, welche sich gegen ihre Monarchin aufgelehnt, sich an deren Person vergriffen, und ohne des Königs Wissen und Willen gehandelt hätten, keine Zuflucht in ihrem Reiche zu gestatten. Elisabeth schickte Heinrich Killegrew **) nach Schottland, um Marien ihren Glückwunsch abzustatten, daß sie dieser großen Gefahr so glücklich entgangen wäre, und versprach ihr, die Rebellen vor der Mitte des Sommers aus ihrem Reiche zu schaffen. Sie schickte ihnen wirklich Befehl nach Newcastle das Land zu verlassen; aber derjenige, der diesen Befehl überbrachte, hatte zugleich den Auftrag ihnen zu sagen, Englands Gränzen wären groß genug.

*) Cambden, S. 403. Gilbert Stuart, S. 150. Als Murray Regent des Reiches ward, ließ sein Freund Morton der Königin von England durch Throgmorton seine Erkenntlichkeit beweisen, und Elisabeth sagt selber in einem Briefe an den letztern, wie viel ihr Morton als Flüchtling in ihren Staaten zu verdanken gehabt habe. Keith, S. 428, 458.)

**) Keith, S. 936. Anh. S. 165.

1566 Morton und seine Gefährten verstanden den Wink, und gingen nach Alewick und andern Gränzörtern. Hier wurde ihnen erlaubt zu bleiben, wenn sie sich nur ruhig verhielten, und nichts zu ihrem Vortheile unternähmen, womit man sich schon beschäftigen würde. *) Killegrew war zugleich befehligt die Königin von Schottland zu fragen, warum sie einem Papisten Namens Ruxby, welcher als Rebelle gegen die Englischen Geseze von der Königin des Landes verwiesen wäre, einen sichern Aufenthalt gestattet hätte, und zu verlangen, daß, da Elisabeth die rebellischen Schottländer durch öffentlichen Befehl aus ihren Staaten gejagt hätte, auch die Königin von Schottland ihre geheimen Verständnisse mit den Irländischen Rebellen, deren Abgeordneter in ihren Staaten bei dem Grafen von Argyle wohnte, aufgeben sollte. Ferner war ihm aufgetragen, sich über einige Unordnungen zu beschweren, welche von den Schottländern auf den Gränzen begangen worden. Ruxby war wirklich ein Papist, und hielt sich in Schottland auf. Er gab vor von Elisabeth aus England verbannt zu seyn, war aber in der That von ihr nach Edinburg geschickt, unter dem Vorwande, die Königin von Schottland von dem zu unterrichten, was sie von

*) Keith, S. 336.

den Katholiken in England zum Besten ihrer An 1566 sprüche auf die Krone zu hoffen hätte. Er that, als ob er bloß von Erkenntlichkeit für Mariens Wohlthaten getrieben würde, indeß er eigentlich angewiesen war, auf alles, was zwischen Maria und ihren Unterthanen vorging, acht zu geben, und Cecill davon Nachricht mitzutheilen. Robert Melvil hatte das Beste seiner Monarchin mit so vielem Eifer und so vieler Einsicht und Geschicklichkeit wahrgenommen, daß Elisabeth erst kürzlich erfahren hatte, wie sehr ihre protestantischen und katholischen Unterthanen zu Gunsten ihrer Nebenbühlerin eingenommen waren. Der Bischof von Roß verschafte dem Kundschafter der Elisabeth den Schutz der Königin. Dieser Prälat, dessen Treue über allen Argwohn erhaben ist, war ohne Zweifel betrogen. Aber nachdem Ruxby dem Minister alles geschrieben hatte, was er hatte entdecken können, erhielt er von demselben einen Brief in verborgnen Charakteren geschrieben. Die Korrespondenz konnte nicht so ganz geheim bleiben, daß Melvil sie nicht erfahren und Maria sogleich davon benachrichtigt hätte. Auf Killegrews Beschwerden über ihr gnädiges Bezeigen gegen Englische Flüchtlinge, ließ sie sogleich Ruxby gefangen setzen und seine Papiere wegnehmen, unter welchen sich auch der Brief von

N 4

1566 Cecill befand. Der Spion, welcher sich entdeckt sah, warf sich denen, die ihn gefangen nahmen, zu Füßen, gestand, daß er tausendfachen Tod verdient hätte, und flehte die Königin um Gnade an. Maria ließ ihn so genau verwahren, daß die Ursache seiner Gefangenschaft zu niemandes Wissenschaft kommen konnte, und antwortete Killegrew, sie hätte gesucht zu thun, was der Königin von England, ihrer guten Schwester, angenehm wäre, und Ruxby, welcher ihr zu Gefallen festgesetzt wäre, sollte denen, die deswegen ihren Auftrag erhalten würden, ausgeliefert werden. *) Ihr wurde gerathen, den Gesandten der Königin von England nicht merken zu lassen, daß sie von ihrer Treulosigkeit unterrichtet wäre, um noch einige Zeit eine anscheinende Freundschaft mit ihr zu erhalten, deren wenige Aufrichtigkeit von Elisabeths Seite der Erfolg bald zeigen würde.

Sie näherte sich nun dem Ende ihrer Schwangerschaft. Nach Rizzios Ermordung war sie nach Edinburg gekommen, wo sie ihre Wohnung in dem Schlosse nahm. Es findet sich in den Akten des geheimen Raths noch ein Protokoll von einer den fünften April gehaltenen Versammlung, worin

*) Melvil, S. 69. Spotswood, S. 198. Keith, S. 133. Haynes, S. 445.

unter andern der Graf Huntley als Kanzler des 1566 Reichs und der Graf Bothwell faßen. Es wurde in dieser Versammlung über den Ort berathschlagt, wo Maria ihre Wochen halten sollte. Das Schloß von Edinburg schien wegen seiner Lage und seiner starken Befestigung dazu am vortheilhaftesten zu seyn. Maria, nicht zufrieden, sich hier in einem Augenblick, der durch die vorhergegangenen schrecklichen Unruhen noch gefährlicher war, für ihre Person in Sicherheit zu sehn, wollte ihre Ruhe durch Beilegung der Streitigkeiten unter den Großen völlig sichern. Argyle und Murray hegten gegen die Grafen von Bothwell und Huntley wegen voriger Beleidigungen noch immer einen tiefen Groll, und wurden von ihnen nicht weniger angefeindet. Doch sahen diese verwegnen und ehrsüchtigen Männer wohl ein, daß ihr eigner Vortheil eine Vereinigung unter ihnen nothwendig machte. Sie schloßen also, ohne die Absicht einander zu Grunde zu richten aufzugeben, eine politische Verbindung, deren erstes Schlachtopfer der schwache Darnley war. Sie stellten sich, als ob sie sich in den Willen der Königin fügten, Murray, als ob er seiner Schwester seine Rachsucht aufopferte, Bothwell, als ob er der Königin gehorchte; und Maria glaubte aus ihren gelungenen Bemühungen

N 5

1566 die trostvolle Hoffnung einer ruhigen und sichern Zu= kunft schöpfen zu dürfen. *)

Die Erklärung des Königs, daß er an Rizzios Ermordung gar keinen Theil gehabt hätte, war in allen Städten des Königreichs an allen öffentlichen Orten angeschlagen. Eine so abgeschmackte Lüge, die durch keinen Bewegungsgrund, durch keine Nothwendigkeit zu rechtfertigen war, versetzte sei= nem guten Ruf den letzten Stoß, und gab ihn der allgemeinen Verachtung preis. **) Nachdem Ma= ria sich einige Tage auf dem Schlosse von Edinburg aufgehalten hatte, verließ sie dasselbe, um einer gesündern und gelindern Luft zu genießen. Sie begab sich nach Stirling, und von da nach dem an= genehmen Landsitze Alloa, welcher den Grafen von Marr gehörte und vier Meilen oberhalb Stirling lag; von hier ging sie wieder nach Edinburg zu= rück. Der König folgte ihr auf allen diesen Rei= sen, ob sie ihn gleich mit der verdienten Kaltsinnig= keit behandelte. Aber wenn sie seinen häuslichen Umgang vermied, so begegnete sie ihm doch öffent=

*) Melvil, S. 133. Keith, S. 536. Anhang, S. 138.

**) Gilbert Stuart, S. 151. Keith, S. 333. Knox, S. 432, f. Goodall, Bd. 1, S. 280.

lich mit der Achtung und Höflichkeit, die ihm als 1566
König und als ihrem Gemahl zukam, indeß seine
schlechte Aufführung ihr Mitleiden erregte. *)

Zu Anfang des Junius berief Maria die Vornehmsten vom Adel nach dem Schloße von Edinburg, und die meisten folgten diesem Aufgebot.
Der König, die Grafen von Marr, von Murray,
von Argyle und von Athol wohnten im Schloße,
die übrigen in der Stadt. **) Den neunzehnten
Junius ward sie zur größten Freude des Volks von
einem Prinzen entbunden. Maria ließ Elisabeth
durch Melvil die Nachricht von ihrer Entbindung
unverzüglich überbringen. Diese Monarchin gab,
als Melvil ankam, eben ein Fest zu Greenwich,
wobei sie sich dem Vergnügen der Musik und des
Tanzes ganz überließ. Cecill hätte ihr diese Nachricht gerne bis auf den Abend verborgen, ließ sich

*) Gilbert Stuart, S. 163. Auszüge aus Ran-
dolphs Briefen an Cecill, bei Keith im Anh.

**) Keith, S. 338. Gilbert Stuart, S. 156.
Hume redet von einer Erlaubniß, die der König
erhalten hätte, auf dem Schloße zu wohnen.
Robertson, Melvil und Goodall erwähnen keiner
solchen Erlaubniß zu einer Sache, die nicht anders seyn konnte.

1566 aber durch Melvils dringende Bitten bewegen, ſie
ihr eher mitzutheilen. Sogleich verlor ſie ihre
ganze Munterkeit, ſie ſetzte ſich mit geſenktem
Haupte nieder, und rief weinend aus: „Wie, die
Königin von Schottland iſt Mutter, und ich bin
nur eine unfruchtbare, einſam ſtehende Pflan-
ze!" *) Der Ball wurde unterbrochen, und erſt
den folgenden Tag erhielt Melvil Audienz. Da
ſie ſich unterdeß auf ſeinen Empfang vorbereitet
hatte, nahm ſie ihn ſehr gnädig auf, und verſicherte ihm, die Nachricht, die er ihr überbracht
hätte, machte ihr ſo viel Vergnügen, daß ſie zur
Wiederherſtellung ihrer Geſundheit beitragen würde, nachdem eine heftige Krankheit für ihr Leben
Beſorgniſſe erregt hätte. Sie dankte ihm für ſeine
ſchleunige Reiſe und antwortete ihm in beſonders
huldvollen Ausdrücken auf Mariens Bitte, den
Prinzen von Schottland zur Taufe zu halten. Sie
verſicherte, ſie übernehme dieſe Stelle mit Vergnügen, und verſprach, da die Angelegenheiten ihres
Reichs ihr nicht erlaubten, in eigner Perſon zu er-
ſcheinen, ſie durch die Herren vom höchſten Adel
und die vornehmſten Damen ihres Hofes vertreten
zu laſſen. Als Melvil ſie bei ſo günſtigen Geſinnungen ſah, dankte er ihr für den Troſt, den ſie

*) Melvil, S 76.

feiner Monarchin durch Killegrews Gefandfchaft ge-1566 geben hätte. Er verficherte, Maria hätte nie an den Irländifchen Angelegenheiten Theil genommen, und fie wäre bereit, den gefangenen Ruxby, fobald fie es verlangte, auszuliefern. Er vergaß nicht ihr für die bezeugte Freundfchaft zu danken, indem fie die rebellifchen Schottländer aus England verbannt hätte. Doch wagte er zu bemerken, daß fie, allem Anfcheine nach, ihren Befehlen nicht nachgelebt hät=ten, und daß man behauptete, es würde ihnen noch von Englifchen Unterthanen ein geheimer Auf=enthalt im Lande verftattet. Elifabeth verficherte ernfthaft, fie glaubte, daß fie fich wirklich entfernt hätten, und fetzte hinzu, fie würde, wenn fie eine folche Verachtung ihrer Befehle erfahren follte, die ausgewiefenen Schottländer und die Engländer, die diefelben der Wirkung ihres Unwillens hätten entziehen können, nachdrücklich beftrafen. *) Jetzt erinnerte Melvil fie an die Rechte Mariens auf den Thron von England, und an die Hoffnung, die fie ihr durch verfchiedne Verfprechungen zur An=erkennung diefer Rechte gemacht hätte; Verfpre=

*) Melvil, S. 79, f. Keith, S. 339, nach Mel=
  vils Bericht. Gilbert Stuart, S. 157. Ro=
  bertf. S. 373.

1566chungen, die in dem Munde einer großen Monarchin als Verpflichtung gölten, und an die Geburt
eines Prinzen von Schottland, als an einen Umstand, den er fähig glaubte ihren Entschluß zu bestimmen. *) Elisabeth antwortete Melviln auf
diese dringenden Vorstellungen, die Rechtsgelehrten ihres Reichs würden ohne Zweifel diese Gelegenheit ergreifen, die Gültigkeit der Rechte Mariens
von neuem zu untersuchen; sie glaubte dieselben gegründet, und wünschte aufrichtig, daß die Gesetze
die Meinung, die sie davon hätte, bestätigen
möchten. Melvil versetzte, bei seiner letzten Reise
hätte sie eben so geredet, und er hätte gehoft seiner
Monarchin diesmal eine befriedigendere Antwort
zu bringen; wenigstens bäte er sie ihm zu sagen,
was er in Schottland von ihren eignen Gesinnungen wieder sagen könnte. Diese neue Vorstellung

---

*) Zu den vielen Freunden, die Maria am Engli-
  schen Hofe hatte, gehörte auch Leicester. Er
  hatte oft selbst in Elisabeths Gegenwart ihre
  Rechte vertheidigt, und gesagt, Cecill würde
  alles verderben. Der Herzog von Norfolk, der
  Graf von Pembrock und mehrere vom höchsten
  Range erklärten sich öffentlich für sie, als sie die
  Nachricht von der Geburt ihres Sohnes erfahren hatten.

setzte die Königin noch mehr in Verlegenheit; sie 1566
sagte ihm, sie wäre gesonnen, ihrer guten Schwester durch die Gesandschaft, die sie wegen der Taufe
des jungen Prinzen schicken würde, Genüge zu leisten. Diese letzte Ausflucht legte Melviln Stillschweigen auf, ob er gleich die List wohl einsah,
die darunter verborgen lag. Er bat um seinen Abschied, erhielt ihn, und wurde von Elisabeth mit
einer sehr schönen goldenen Kette beschenkt.

Sein Bruder Robert Melvil, welcher Resident in England war, gab ihm indeß geheime An-
leitungen wegen des Betragens, das die Königin
von Schottland zu beobachten hätte. Sie waren
als Instruktionen aufgesetzt, welche Marien und
ihrem Rathe mitgetheilt werden konnten. Es
scheint, daß Robert Rußbyen nicht traute, und nicht
wollte, daß derselbe Elisabeth wieder ausgeliefert
würde. Eben so mißtrauisch war er in Absicht
auf Killegrew und Cecill. Er rieth der Königin
ihre Angelegenheiten vor allen geheim zu halten,
ausgenommen vor dem ältesten und getreuesten ihrer Räthe. *) Er wußte nicht, daß der schottländische Hof aus Verräthern bestand, welche dem
Englischen Hofe verkauft waren, oder wenn er

*) Melvil, S. 138, f f. Gilbert Stuart, S.
157. Keith, S. 341.

1566 dies argwohnen konnte, so wollte er seiner Monarchin ein heilsames Mißtrauen einflößen.

Maria ließ seine Vorstellungen nicht außer Acht, und schickte ihm wohlüberlegte Verhaltungsbefehle, deren Befolgung den Engländern nicht anders als angenehm seyn konnte. Von Randolphs schlechtem Betragen hinlänglich unterrichtet, welcher, um den Nutzen seiner Monarchin zu befördern, alle Gesetze übertrat, die er als Gesandter zu beobachten hatte, verlangte sie noch vor ihrer Niederkunft die Rückberufung dieses Ministers,*) und es scheint nicht, daß sie Ursache hatte, mit Killegrew besser zufrieden zu seyn. Uebrigens hatte der Graf von Bedford schon an Cecill geschrieben, Randolphs Verlust könnte nicht anders als durch Lord Grange ersetzt werden. **)

Sobald die Königin ihre Kräfte wieder erhalten hatte, begab sie sich nach dem Schlosse Alloa, dessen sanfte und gesunde Luft ihr eine baldige völlige Wiederherstellung versprach. Sie ging dahin in Begleitung ihres Gemahls, ihres Bruders und des Grafen von Marr. Hier empfing sie Castelnau von Mauvisiere, der ihr in Karls IX. Namen

*) Keith, S. 344.

**) Keith, eb. das.

men deſſen Freude über ihre glückliche Entbindung 1566
bezeugte. Er wurde ihr von dem Biſchofe von Roß
vorgeſtellt, und hatte den Auftrag, einige Mittel zur
Ausſöhnung der Königin mit ihrem Gemahl zu
verſuchen. Maria zeigte immer viel Kaltſinn und
eine innere Betrübniß, welcher ſie beſtändig nach-
hing. Wenn gleich ihr äußeres Betragen öffentlich
von Gemüthsruhe zu zeugen ſchien, ſo vergoß ſie
doch im Innern ihres Pallaſtes Thränen, und ein
geheimer Kummer verhinderte ſie oft an der Tafel
das geringſte zu ſich zu nehmen, ſo ſehr auch die
Grafen von Marr und Murray ſie darum baten.
Der König, welcher ihr allenthalben folgte, brachte
zwei Nächte mit ihr auf dem Schloſſe Alloa zu; *)
man hoffte, er würde ſich des huldvollen Bezei-
gens ſeiner Gemahlin würdig machen. Von da
begaben ſie ſich nach Magatland in der Grafſchaft
Tweeddale, um ſich mit der Jagd zu beluſtigen,
und gingen dann durch Edinburg nach Stirling. **)

*) Keith, S. 345. Robertſ. S. 373. Gilbert
Stuart, S. 163. Zuſätze zu Caſtelnaus Memoires, B. 3. K. 1, S. 506.

**) Buchanans Erzählung von dem Betragen der
Königin nach ihren Wochen, von ihrer Reiſe zu
Waſſer nach Alloa ohne ihren Gemahl, und von

Geſch. Eliſab. 3. Th.   O

1566 Wäre Darnley irgend fähig gewesen, den Regeln der Vernunft und der Klugheit zu folgen, so konnte er keinen günstigern Augenblick finden sich mit der Königin auszusöhnen. Aber seine stolze Gemüths=art und seine ausschweifenden Begierden erlaubten ihm keine Ueberlegung, keine Achtung für sich selbst. Dem Wein, dem Spiel und den Weibern ergeben, von dem Adel verachtet, und allen Redlichen ein Gegenstand des Abscheus, suchte er nur deswegen sich mit seiner Gemahlin auszusöhnen, um sich der höchsten Gewalt anzumaßen, und er schmeichelte sich, alles was er wünschte, von ihr zu erhalten, wenn er ihre Gunst wieder erhielte. Aber Maria würde gegen alle Regeln der Klugheit gehandelt haben, ihm eine Gewalt anzuvertrauen, die er so grausam gemißbraucht hatte. Ohne Verstand und Einsicht, eben so unfähig sich Freunde zu machen, als seine Lage, die Umstände und die Menschen zu kennen, überließ er sich völlig seinen heftigen Leiden=schaften, ward verdrüßlich und störrig, *) wollte

Seeräubern begleitet, widerspricht allen öffent=lichen und Privatnachrichten der damaligen Zeit, und ist nicht allein unwahrscheinlich, son=dern selbst der gesunden Vernunft zuwider. Vergl. Goodall, K. 10, S. 286 bis 295.

*) Gilbert Stuart, S. 164.

zu Stirling bleiben, als die Königin ihm vorschlug 1566 mit ihr nach Edinburg zu gehen, verschmähte alle Beweise ihrer Freundschaft, und nahm sich vor außer Landes zu gehen.

Im Monat September versammlete sich das Parlament von England, als die Königin von ihrer Sommerreise zurück kam, und öffnete seine Sitzungen den zweiten Oktober. Vierzehn Tage ohngefähr nach Eröffnung des Parlaments wurde in dem Oberhause eine Motion zu einer Adresse an die Königin gemacht, um sie zu bitten, daß sie sich einen Gemahl, von welchem Range es ihr gefiele, wählen, und endlich die Erbfolge bestimmen möchte. Dieser Entschluß wurde wider die Meinung Cecills und des geheimen Raths genommen; sie stellten vor, die Königin habe schon geäußert, sie wäre zum Besten ihrer Unterthanen entschlossen sich zu verheirathen. Das Unterhaus wurde von dem Oberhause eingeladen sich mit ihm zu vereinigen, wozu desto mehr Grund vorhanden war, da in der letzten Sitzung das Haus der Gemeinen dasselbige verlangt hatte. Man glaubte daß die Grafen von Pembrock und Leicester und der Herzog von Norfolk, deren Meinung in Absicht auf die Rechte der Königin von Schottland bekannt war, diese Sache betrieben. Sie wurden eine Zeitlang von

1566 der Königin mit Kälte behandelt, selbst Leicester nicht ausgenommen. Nach den Debatten im Unterhause zu urtheilen, waren doch nicht alle Mitglieder desselben über die Wahl eines Nachfolgers auf den Englischen Thron einig. Einige behaupteten die Rechte der Gräfin von Hartford Katharina Gray, andere waren für ihre jüngste Schwester Eleonore, Herzogin von Cumberland. Aber die meisten und wichtigsten Stimmen waren für Maria Stuart; und die Königin selbst war von der Gültigkeit ihrer Rechte überzeugt. Das Publikum nahm sich für eine Zeit, da die Gränzen der höchsten Gewalt und die Rechte des Volks noch nicht bestimmt waren, sehr große Freiheiten heraus. Von allen Seiten wurden Schmähschriften verbreitet, *)

*) Es war damals keine Preßfreiheit in England. Gegenwärtig genießen die Engländer derselben, aber diese Freiheit erlaubt keine Ungebundenheit im Schreiben. Der Verfasser einer Schmähschrift, ein Religionslästerer, ein Schriftsteller, der die guten Sitten angreift oder zum Verrath auffodert, hat härtere oder gelindere Strafen zu gewarten; und durch diese, wegen der öffentlichen Ordnung, nothwendige Einrichtung wird die Preßfreiheit weder verletzt noch geschmälert. Siehe Blackstones Gedanken über die Preßfreiheit in

worin Cecill beschuldigt wurde, von seinem Ansehn 1566
einen verderblichen Gebrauch zu machen, indem er
sich der Motion widersetzte. Der Arzt der Königin
Dr. Huic, wurde darin mit Verwünschungen überhäuft, weil er, wie man sagte, die Königin unter
dem Vorwande eines Fehlers in ihrem körperlichen
Bau vom Ehestande abschreckte. Parlamentsglieder
hielten heftige Reden, worin sie die Königin an-
klagten, daß sie die schuldige Sorgfalt für ihr
Land und ihre Nachkommenschaft aus den Augen
setzte. Das Parlament erinnerte sie in der ihr über-
reichten Adresse an die Unruhe, die ihre letzte Krankheit unter alle Stände des Reichs verbreitet hatte,

seinem Kommentar, B. 4, K. 11, S. 151—152
—158. Die Censur wurde in England, wie in
andern Ländern, fast gleich nach Erfindung der
Buchdruckerkunst eingeführt, und hing von der
Sternkammer ab, unter deren Gerichtsbarkeit sie
bis zur Aufhebung dieser verhaßten Gerichtsstelle
1641 blieb. Damals eignete sich das lange Parlament, unter andern Zweigen der der Sternkammer zuständigen Gerichtsbarkeit, auch die Censur
der Bücher zu. Die Verordnungen desselben
hierüber von 1643, 1647, 1649 und 1655 gründeten sich besonders auf das Dekret der Sternkammer vom Jahre 1537. Das 13te und das 14te

1566an das Beispiel anderer Nationen, und die Exempel aus der Geschichte des Königreichs Schottland
selbst, an die Gefahren und die öffentlichen Unglücksfälle, das Blutvergießen, die Verheerungen und den
unvermeidlichen Untergang des Staats, die aus einer
ungewissen Erbfolge entstehen würden. Die beiden
Häuser sahen kein andres Mittel gegen diese Uebel
als die Festsetzung der Erbfolge. Dies war ihr
einziges Augenmerk; und sie schlugen die Heirath bloß
in der Absicht vor, um die Königin zu einer Erklärung über die Thronfolge zu bringen. Elisabeth
hatte bei Lesung der Geschichte beobachtet, daß es in
Frankreich nie Gebrauch gewesen war, die Nachfolger der Könige zu bestimmen, deren Staaten in

Statut Karls II. waren fast wörtliche Abschriften
der Parlamentsverordnungen. Diese Akten wurden im Jahr 1679 aufgehoben, sogleich durch das
erste Statut Jakobs II. wieder erneuert, (K. 17)
blieben bis 1692 gültig, und wurden durch Wil-
helms und Mariens viertes Statut (K. 24) noch
zwei Jahre in Kraft erhalten. Allein der öftern
Bemühungen der Regierung ohngeachtet, that
das Parlament so starken Widerstand, daß dieses Statut endlich aufgehoben wurde, so daß seit
1694 die Preßfreiheit immer unverletzt geblieben ist.
(Blackstone, B. 4, S. 152, Note a)

gerader Linie, oder wenn in dieser die Erben fehlen, 1566
in den nächsten Seitenlinien erblich sind, und daß
diese Erbfolge niemals Unruhen und Blutvergießen
veranlaßt hatte; daß hingegen in England, zur Zeit
Arthurs, Herzogs von Bretagne, Roger Mortimers
und Johann Polus, durch diese Bestimmung große
Uebel waren verursacht worden. Sie machte sich
wenig Unruhe über die Unglücksfälle, die daraus
entstehen könnten, wenn sie noch so bald dem Staate
keine Erben gäbe, oder noch anstände einen Thronfolger zu ernennen. Da sie schon längst entschlossen
war, allein und ohne Nebenbuhlerin zu regieren, so
wurde sie durch die Bitten und Vorstellungen ihrer
Unterthanen aufgebracht. Sie antwortete den
fünften November, sie wäre nicht gesonnen unver-
heiratet zu bleiben, sie dächte vielmehr ernstlich
darauf sich zu vermählen. Was die Ernennung eines
Thronfolgers beträfe, so wären die gegenwärtigen
Umstände derselben entgegen, und sie könnte diesen
Schritt ohne Gefahr für ihre Person nicht wagen;
sie wüste zu gut, wie leicht Menschen ihre Pflichten
und ihre gegenwärtigen Vortheile der Hoffnung
eines künftigen Nutzens aufopferten, sie selbst hätte
dies unter der Regierung ihrer Schwester Maria erfahren, und wollte daher die Entscheidung dieser Sache bis auf einen glücklichern Augenblick aufschieben.

1566 Das Haus der Gemeinen, mit dieser Antwort
wenig zufrieden, verdoppelte seine Bitten, und
brachte eine stolze Fürstin nur noch mehr auf, die
keines Widerspruchs gewohnt war: Sie schickte den
Mitgliedern des Unterhauses erst einen Befehl sich
mit dieser Motion nicht weiter zu beschäftigen; durch
eine zweite Botschaft erlaubte sie bloß einigen
einzelnen Mitgliedern mit den Räthen des geheimen
Conseils darüber zu konferiren. *) Diese Verletzung
der Gesetze und der Vorrechte des Parlaments brachte alle Gemüther in eine außerordentliche Säh-
rung. **) Paul Wentworth, ein Parlamentsmit-

*) Cambden, S. 400. Carte, S. 443. Robertſ.
S. 380 f. Haynes Papiere, S. 446 und 449.

**) Das Parlament hat das unstreitige, ihm allein
zukommende Recht, kirchliche und weltliche Gesetze, welche Gegenstände sie immer betreffen mögen, zu machen, zu bestätigen, zu erweitern,
umzustoßen, einzuschränken, abzuschaffen, zu vernichten, und wiederherzustellen. Das Parlament
ist der Sitz der höchsten Gewalt, welche sich in
jedem Staate irgendwo auf eine bestimmte Art
befinden muß. Jede Art von Verbrechen,
jede Unternehmung und jedes Mittel gegen gewisse Eräugnisse gehört, sofern alles dieses
von dem ordentlichen Laufe der Gesetze abhängt, vor dieses Tribunal. Es kann die Erb-

glied und ein Mann, der immer mit der grösten Frei-1566
müthigkeit redete, unterstand sich zu sagen, dies
hieße die Freiheiten des Staats verletzen; andre
waren so aufgebracht, daß sie die der Königin
schuldige Ehrerbietung aus den Augen setzten. Sie
machten die Bemerkung, daß ein großer König nicht
weniger für die Ruhe seines Volks in der Zukunft,
als für dessen gegenwärtiges Glück zu sorgen hätte,
und daß nur schwache Männer, Tirannen oder furcht-
same Weiber ihre Thronfolger fürchten könnten, an-

folge im Reiche nach einem neuen Plan ein-
richten oder dirigiren, wie es unter Heinrich
VIII. gethan hatte, und wie es unter Wilhelm III. that. (Blackstone, B. 1. K. 2, S.
161.) Die Untersuchungen des Parlaments über
Mariens Rechte auf den Thron von England über-
schritt also, selbst zu Elisabeths Zeiten, die
Rechte nicht, deren es genoß; und eines seiner
kostbarsten Vorrechte ist das Recht zu berathschlagen. Freilich war ihm damals dieses Recht noch
nicht, wie es nachher durch das erste Statut von
Wilhelm und Maria geschah, als eine der Freiheiten des Volks ausdrücklich beigelegt, welche durch
keine Gewalt, von welcher Art sie auch seyn möge, eingeschränkt werden könne. Aber man wuste
schon zu Heinrichs VI. Zeit, daß das vornehmste

1566 ſtatt ihre eigne Sicherheit der Liebe ihres Volks anzuvertrauen, worauf ſie ſich gewiſſer verlaſſen könnten
als auf ihre Wachen und auf die Geſetze. Als Eliſabeth dieſe Widerſetzung gegen ihre zu gewagten
Befehle erfuhr, glaubte ſie, um ihr Anſehn nicht
in Gefahr zu ſetzen, dieſelben zurücknehmen und den
beiden Parlamentshäuſern die Freiheit der Berath-
ſchlagungen wiedergeben zu müſſen. Sie erließ ihnen
zugleich den dritten Theil der Subſidie, welche ihr
nebſt den zwei Funfzehntheilen in der Abſicht bewilligt

Vorrecht des Parlaments dieſes wäre, ſeine Vorrechte ohne Einſchränkung zu beſitzen. Da einige
Peers den Richtern des Reichs eine Frage über
die Vorrechte des Parlaments vorlegten, that
der Oberrichter den Ausſpruch, es wäre auf eine
ſolche Frage gar keine Antwort zu geben; es wäre
nicht Gebrauch, daß je die Richter die Vorrechte
des Parlaments als des höchſten Gerichtshofes beſtimmten; es wäre durch ſeine Beſchaffenheit ſo
hoch und ſo mächtig, daß es Geſetze geben und
abſchaffen könnte. (Blackſt. eb. daſ. S. 164.)
Eliſabeth vergriff ſich gewiß an den Rechten des
Parlaments; und es iſt kein Wunder, wenn
darüber ſich die Köpfe ſo ſehr erhitzten, daß ſie
aus Klugheit einen tyranniſchen Befehl zurücknehmen mußte.

waren, um ſie zur Beſtimmeng der Thronfolge zu 1566 bewegen. Die Gemeinen waren mit dieſem geſchickten Betragen der Königin ſo zufrieden, daß ſie ihr nicht allein für die zugeſtandene Erlaubniß, ſondern auch für ihre erſte Antwort dankten, welche ſie vorher gemißbilligt hatten. Dieſe Beweiſe von Dankbarkeit hinderte indeſſen Eliſabeth nicht, in der erſten Rede, die ſie an die verſammleten Parlamentshäuſer hielt, ihre Unzufriedenheit zu bezeugen. „Wenn die Worte der Monarchen, ſagte ſie, gemeiniglich einen tiefen Eindruck auf die Gemüther ihrer Unterthanen hervorbringen, ſo wirken die Reden der Unterthanen nicht weniger auf die Herzen der Fürſten. Ich habe immer die Wahrheit geliebt, und die freimüthigen Aeußerungen eurer Gedanken mit Vergnügen gehört. Aber es ſcheint, ich bin in meiner Erwartung betrogen. Ich habe Gelegenheit gehabt zu bemerken, daß die Heuchelei bei der Angelegenheit der Thronfolge ſich hinter der Maske der Freiheit verſteckt hat. Es fehlt unter euch nicht an Leuten, welche ſich eifrigſt bemüht haben, die Erlaubniß zu erhalten über dieſen Punkt zu rathſchlagen, oder mich zu einer ausdrücklichen Weigerung zu zwingen. Ich habe die verlangte Erlaubniß zugeſtanden, und diejenigen, die ſie wünſchten, haben ſich ſo weit als jemals von ihrem Triumphe entfernt geſehen. Hätte

1566ich) sie verweigert, so würden sie einen Vorwand ge=
habt haben, uns bei unserm Volke verhaßt zu machen,
welches unsern größten Feinden nicht gelungen ist.
Aber ihre Politik war übel zusammenhängend, ihre
Anschläge waren übereilt, ihre Entwürfe zu schlecht an=
gelegt, daß ihr Vorhaben hätte gelingen können. In=
dessen haben ihre Ränke uns den Vortheil verschafft,
daß wir unsre Freunde von unsern Feinden zu unter=
scheiden wissen. Es ist leicht zu sehen, daß diese Ver=
sammlung aus vier verschiednen Arten von Personen
bestehet. Einige sind die Anstifter und Beförderer
dieser Sache gewesen; andere waren Rathgeber und
handelnde Personen; eine dritte Parthei ließ sich durch
scheinbare Reden hinreißen, indeß die übrigen schwie=
gen und sich von diesen verwegnen Unternehmun=
gen entfernt hielten. Könnt ihr glauben, Geutlemen,
daß in der Sache wegen der Thronfolge euer Bestes
und eure künftige Ruhe nicht in Betracht gezogen
werde? Glaubt ihr, daß wir eure Rechte zu schmälern
denken? Möge dieser Gedanke immer so ferne von
uns seyn, als er es gegenwärtig ist! Wir können indeß
nicht leugnen, daß wir euch haben warnen müssen,
da ihr am Rande des Verderbens standet. Alles hat
seine Zeit. Es ist möglich, ihr könnt einen Regenten
bekommen, der mich an Weisheit übertrift; aber
nie wird mich einer an Eifer für die Beförderung

eurer Wohlfahrt übertreffen. Endlich, ich mag 1566
noch ein Parlament wie das gegenwärtige antreffen
oder nicht, so rathe ich euch, die Geduld eures
Regenten nie auf eine zu harte Probe zu stellen.
Wir lassen euch indeß die Versicherung, daß wir
von den meisten unter euch eine gute Meinung haben,
und daß jeder denselbigen Platz in unserer Zuneigung
und in unserm Andenken behalten soll. *)

Elisabeth hatte Blicke voll Unwillen auf Bonnern
geworfen, als sie ihn bei ihrer Ankunft unter ihren
neuen Höflingen erblickte. Er ward nachher in ein
Gefängniß unter der Gerichtsbarkeit des Bischofs
von Winchester gesetzt, und erregte noch von da aus
dem Englischen Parlament einen Streit. Er war
in der Zwischenzeit der beiden Parlamentsversamm-
lungen zweimal aufgefodert worden, den Eid wegen
Anerkennung der geistlichen Obergewalt zu leisten,
und beidemal hatte er sich geweigert. Er wurde,
wie er es verdiente, vor das Gericht der königlichen
Bank gefodert. Christoph Wray, nachheriger Oberrichter bei den common plays, und der berühmte Advokat Edmund Plowden wurden zu seinen Beistän-
den ernannt. Diese berühmten Rechtsgelehrten führten unter andern Gründen zu seiner Vertheidigung

*) Cambden, S. 491,

1566 an, daß, als ihm das erstemal der Eid abgefodert
wurde, der Bischof Horn den Stuhl von Winchester ungesetzmäßiger Weise bekleidete; daß er
durch die Statuten nicht berechtigt war, den Eid
weder selber noch durch den Kanzler von ihm zu
verlangen. Sein Beweis für diesen Artikel seiner
Vertheidigung war der, daß die Königin Maria
das unter Eduard VI. durch eine Parlamentsakte
eingeführte Ordinale abgeschaft hätte, und der Bischof nach der vormals angenommenen Form geweihet wäre. Diese unter Eduard VI. gemachte
Akte wurde, wie er hinzufügte, dem allgemeinen
Gebetbuche einverleibt, um die neue Kirchenagende
vollständig zu machen. Die Mitglieder des ersten
unter Elisabeth gehaltenen Parlaments, nahmen
von dem Bande, den sie vor sich hatten, den Titel, und machten es allen Engländern zur Pflicht,
sich desselben unter der Benennung: Buch der
allgemeinen Gebete und der Verwaltung der
Sakramente zu bedienen. Die Absicht des Parlaments ging dahin, alles was dasselbe enthielt,
ohne Ausnahme wieder einzuführen. Da aber dieses Gebetbuch unter Eduard VI. zu verschiednen
Zeiten und durch verschiedne Parlamentsakten nach
und nach eingeführt war, so muste unter Elisabeth
in der Akte, wodurch es wieder in Gebrauch ge-

ſetzt werden ſollte, jede der letztern beſonders aufge-1566
führt werden; und ob gleich dieſe Uebergehung keinen Zweifel gegen die Gültigkeit der Agende hervorbringen konnte, ſo war doch ihre Geſetzmäßig-
keit nicht außer allen Streit geſetzt. „Dies war
ein wichtiger Punkt für die beiden Häuſer des Parlaments. Als die Sache demſelben vorgetragen
wurde, ſo bemerkten die Mitglieder der Verſammlung, daß nach dem Statute des in dem fünfund-
zwanzigſten Jahre Heinrichs VIII. verſammleten
Parlaments die Gebräuche, die wirkliche Einſetzung
der Biſchöfe durch ihre Einweihung geſchähe, und
daß das Ordinale Eduards VI. bei der Einweihung
der gegenwärtigen Biſchöfe wäre beobachtet worden. Sie erklärten, es wäre bloß Auslaſſung,
daß ſie das Ordinale nicht mit ausdrücklichen Worten wiederhergeſtellt hätten; durch die Statute des
fünften und ſechſten Jahrs Eduards VI. hätten ſie
es zu dem kirchlichen Gebetbuche als einen weſentlichen Theil, oder wenigſtens als eine nothwendige
Fortſetzung deſſelben hinzugefügt; da dieſes Buch
durch das erſte Statut der Königin Eliſabeth wieder in Gebrauch geſetzt worden, ſo wäre hieraus
die Abſicht klar, daß auch das Ordinale gelten
ſollte, wenn dies gleich nicht mit ausdrücklichen
Worten geſagt wäre; doch, ſollte das Statut ſich

1566 nicht deutlich genug über daſſelbe ausgedruckt haben, um alle Zweifel zu heben, ſo erneuerten ſie es gegenwärtig, und erklärten, daß alle diejenigen, die nach Anweiſung des benannten Buches zu Biſchöfen, Prieſtern oder Diakonen eingeſetzt und geweihet wären, für rechtmäßig eingeſetzt ſollten angeſehen werden, ohne daß dieſer Anerkennung irgend ein Geſetz, ein Statut oder Kanon im Wege ſtehen könnte. Das Statut des Parlaments endigte ſich mit einer proviſoriſchen Akte zu Gunſten Bonners und der übrigen Bürger, die wie er angeklagt waren den Eid verweigert zu haben. So wurde ein Mann, der nie jemandes geſchont hatte, nach den Geſetzen freigeſprochen. Dieſer grauſame Mann ſtarb im Jahr 1569, und wurde in der Nacht zum H. Georg begraben, weil der Magiſtrat beſorgte, das Volk möchte noch ſeinen Leichnam beſchimpfen.*)

Die Staatspapiere der damaligen Zeit ſind ein unwiderſprechlicher Beweis von den Intriguen, die Eliſabeth in Schottland und Maria in England ſpielte. Alle katholiſche Engländer hingen der Perſon und den Rechten Mariens an; Eliſabeths Hof hatte ſich für ſie erklärt, und die meiſten Großen ſchienen von der Nothwendigkeit überzeugt, dieſe

Fürſtin

*) Carte, S. 440, f.

Fürstin zur Thronerbin zu ernennen. Unter den 1566 Protestanten neigten sich diejenigen, die die Liebe zu der neuen Religion bis zum Fanatismus trieben, auf die Seite der Gräfin von Hartfort. Da aber ihre Heirath für ungültig erklärt war, so fürchteten die Protestanten selbst die neuen Streitigkeiten, die über die Erbfolge ihrer Kinder entstehen könnten; und bis dahin hatte Mariens gemäßigtes Betragen den Feinden der katholischen Religion keine Ursache gegeben, ihre Gewalt als furchtbar anzusehn. Elisabeth war den Bitten der Nation ausgewichen; aber sie konnte sich selbst es nicht verbergen, daß diese Nation einen Thronfolger verlangte, und daß im nächsten Parlamente das Ansuchen lebhafter, und wenn sie auf ihrer Weigerung bestände, das Mißvergnügen größer werden würde. Der Antheil, den sie an den folgenden Vorfällen nahm, ist in eine solche Dunkelheit gehüllt, daß ihr Betragen dabei ein schwer zu durchdringendes Geheimniß ist. Der Verdacht, der Marien traf, war ohne Zweifel für Elisabeths Ehrgeiz erwünscht; sie nützte diesen Umstand, um ihre Ruhe zu sichern. Bei einer unpartheiischen Beurtheilung der Königin von Schottland nach wirklichen Thatsachen wird dieser Verdacht großentheils verschwinden;

1566 und ihr Verfahren in einem günstigern Lichte erscheinen, als worin es Hume vorgestellt hat, welcher sie abscheulicher Verbrechen beschuldigt, wodurch sie ihr eignes Unglück befördert und ihren
Namen gebrandmarkt habe. *)

Maria hatte, aus Unwillen über die Hindernisse, die ihr Bruder ihrer Vermählung mit Darnley entgegensetzte, den Grafen von Bothwell, welcher mit dem Kanzler Gordon gegen Murray und
dessen Freunde konspirirt hatte, zurückberufen. Es
ist das Eigne schwacher Charaktere, daß sie gemeiniglich Boshaften ihr Vertrauen schenken. Diese
allein streben nach demselben, bloß um es zu miß-
brauchen. Tugendhafte Männer kümmern sich wenig um eine vorübergehende Freundschaft, die nicht
aus Einsicht wahrer Vorzüge entsprungen ist, und
nicht der Standhaftigkeit einer edlen Seele eine
sichere Fortdauer verdankt. Maria war immer
ungewiß unter ihrem Bruder, Rizzio, Darnley,
Bothwell und Lethington, lauter Vertraute, von
denen sie sich wegen ihrer schlechten Denkungsart
weit hätte entfernt halten sollen.

Nach ihrem Bruder war Bothwell der gefährlichste Mann, den sie zu ihrem Vertrauten wählen
konnte. Ausnehmend höfliche Manieren machten

*) Hume, Th. 2, K. 2.

ihn fähig zu gefallen, und er verband mit seinen Laſtern die feinſte Hinterliſt. Er war unempfindlich für den Ruhm, patriotiſcher Geſinnungen unfähig, und untüchtig zu ernſthaften Beſchäftigungen, verſchwenderiſch, verwegen, von ſchlechtem Herzen und ohne Sitten, in ſeinem öffentlichen und Privatleben zügellos, und ſeine verderbten Neigungen waren durch eine lange Gewohnheit beſtärkt. Ehre, Redlichkeit und Religion waren ihm unbekannte Dinge geworden. Er war ſtolz im Glück und kriechend im Unglück, aber unfähig die Folgen ſeiner Handlungen vorherzuſehen und auf die Zukunft zu denken. Mit kaltem Blut bereitete er Stahl und Gift, oder ſtellte Netze, um ein Verbrechen zu begehen, wuſte ſich aber der Frucht deſſelben nicht zu verſichern. Er glaubte ſich Murrays als einer Stufe zu bedienen, um zu der gewünſchten Höhe hinaufzuſteigen: dieſer aber durchſchaute ihn, und brauchte ihn ſelbſt als ein Werkzeug zu ſeinen Abſichten. So ließ er ſich von einem Manne überliſten, der einen eben ſo ausſchweifenden Ehrgeiz, aber mehr Geſchicklichkeit als er, und die Verſtellungskunſt und ſeine Bosheit in höherm Grade beſaß. *)

*) Murrays Charakter findet ſich bei Gilbert Stuart, S. 162, bei Robert Bruce, S. 320 f. Er war

1566 Der König, von neuem gegen Murray erbit=
tert, machte der Königin wegen der Uneinigkeiten,
die er zwischen ihnen unterhielte, Vorwürfe; er
wäre, sagte er zu ihr, äußerst gegen ihn aufge=
bracht, und hätte seinen Tod beschlossen. *) Ma=
ria wuste gar zu wohl, wie fähig Darnley war,
meuchelmörderische Unternehmungen anzustiften,
um nicht durch diese Drohung in Schrecken zu ge=
rathen. Sie sprach mit dem Grafen davon, und
dieser, feiner als Heinrich, sah, daß der Augen=
blick da wäre, ihm zuvorzukommen. Er verband

ein Mann ohne Gefühl, undankbar und grausam.
Ehrgeiz war seine herrschende Leidenschaft, zu de=
ren Befriedigung er kein Mittel für unerlaubt
hielt. Er opferte Ehre und Tugend seinem Ei=
gennutz auf, und gab einen brennenden Eifer für
die Religion vor, um blutdürstige Entwürfe aus=
zuführen. Er wuste sich seine größten Feinde zu
Freunden zu machen, und behandelte seine Freun=
de mit der kältesten Gleichgültigkeit. Er war
immer bereit Zwistigkeiten und Unruhen zu erre=
gen, und Verrätherеien zu begehen, um zu seinen
politischen Zwecken zu gelangen.

*) Martyrthum der Maria Stuart. (Jebb, Th. 2,
    S. 211. Unschuld der Maria Stuart, (eb.
    daf. S. 59.)

fich genauer als jemals mit Lethington, und ließ 1566 sich mit Bothwelln ein. Um mit einem so verach= tungswürdigen Manne in Verbindung zu treten, muste Murray sehr niedrige Absichten haben, und die mit dem heldenmüthigen Charakter, den er überall zeigen wollte, gar nicht bestehen konnten. So geheim und wichtig immer seine politischen Gründe scheinen mochten, so schien doch eine Verei= nigung mit dem Grafen von Bothwell äußerst un= schicklich und des Grafen von Murray völlig un= würdig.

Der König sah sich gezwungen, sein Vorhaben gegen Murray aufzugeben, vielleicht, weil ihn die Vorstellungen der Königin davon abhielten, viel= leicht, weil er nicht mehr im Stande war, nach= dem er Rizzios Mörder desavouirt hatte, andern Bösewichtern Zutrauen einzuflößen. Er entfernte sich daher vom Hofe und von seiner Gemahlin, und nahm sich vor Schottland zu verlassen. Er theil= te dem französischen Gesandten Du Croc, welcher Maria nach Stirling begleitet hatte, sein Vorha= ben mit. Dieser Mann, dem sein Alter, seine Erfahrung, und die in seinem Posten bewiesene Rechtschaffenheit, das Recht gaben, mit einer ed= len Freimüthigkeit zu reden, tadelte diesen gewalt= samen Entschluß, ja er könnte sich nicht einbilden,

1566 daß es dem Könige wirklich Ernst wäre. Der Graf von Lenox, welcher ihn unmittelbar nach Mariens Abreise nach Edinburg besuchte, schrieb sogleich an die Königin, um ihr dieses unsinnige Vorhaben zu melden. Der Graf hoffte, wenn gleich das väterliche Ansehen den König nicht davon hatte abbringen können, daß doch die Vorstellungen und Bitten eines Weibes mehr Gewalt über ihn haben würden. Dieser Brief kam am Michaelistage an, und Abends gegen zehn Uhr war der König zu Edinburg. Maria sprach noch in der Nacht mit ihm von diesem Briefe, und bat ihn, ihr die Gründe zu sagen, weswegen er sich zu einer solchen Reise entschlossen hätte. Allein er schlug ihr hartnäckig die Befriedigung ihrer Bitte ab. Den folgenden Tag ließ sie den französischen Gesandten, die Glieder ihres Conseils und den Bischof von Roß berufen, und befahl dem letztern, dem Rath bekannt zu machen, daß der König die Insel verlassen wollte, und das zu seiner Ueberfahrt bestimmte Schiff schon auf der Rhede läge. Sie ließ das Schreiben des Grafen von Lenox vorlesen, und bat die Räthe sich zu erkundigen, was für Ursachen er zu dieser Abreise haben könnte. Der König erschien im Rathe; Maria begab sich in die Versammlung, nahm ihren Gemahl bei der

Hand, und bat ihn um Gotteswillen, ihr zu sa-1566
gen, was ihn zu einem so sonderbaren Entschluß
gebracht hätte; er dürfte, fügte sie hinzu, seine
Beschwerden nur frei vorbringen, ohne sie selber
zu schonen. Alle Räthe vereinigten ihre Bitten
mit der ihrigen, und versicherten ihm, sie wären
bereit, wenn sie ihm Ursache zu Beschwerden gegeben hätten, ihren Fehler wieder gut zu machen.
Du Croc redete hierauf mit aller der Würde, die
ihm sein Alter gab, und zugleich mit der dem
Range des Königs gebührenden Ehrfurcht. Er
stellte ihm vor, wie sehr durch diese Entfernung
seine und der Königin Ehre leiden würde. Nach
dieser und verschiednen andern Vorstellungen, die
ihm gemacht wurden, antwortete Darnley, er
hätte zu einer solchen Berathschlagung keinen Anlaß gegeben; er erklärte, er hätte sich gar nicht
über die Königin zu beklagen, und sagte zu
ihr, indem er aufstand, um sich aus dem Conseil
zu entfernen: Leben Sie wohl, Madam, Sie
werden mich in langer Zeit nicht wieder-
sehen. *)

*) Goodall, S. 299. Keith, Vorr. S. 8. Brief
des französischen Gesandten du Croc an den
Erzbischof von Glasgow, Jedburg, den 15.

P 4

1566 Die Königin ließ alle seine Schritte beobachten, und dem Könige von Frankreich, in einem von allen Mitgliedern ihres geheimen Conseils unterzeichneten Schreiben, von seinem Betragen Nachricht

Oktober 1566. Es sei schwer, sagt er, zu errathen, woher diese neue Zwistigkeit kommen möge; nie sei die Königin von der Nation so sehr geschätzt und geliebt worden, und nie habe unter den schottischen Unterthanen mehr Eintracht geherrscht, als Maria durch ihr kluges Betragen hervorgebracht habe. Er setzt in einer Nachschrift hinzu: Die Königin habe sich entschlossen, die nach Frankreich bestimmten Depeschen bis auf ihre Ankunft zu Jedburg aufzuschieben, und ihm aufgetragen, ihr nach einigen Tagen dahin zu folgen; in dieser Zwischenzeit habe er den König, auf dessen Verlangen, zu Glasgow gesprochen; er scheine nicht mehr gesonnen, das Reich zu verlassen, sei aber immer sehr verdrießlich. (Gilbert Stuart, S. 167. Cambden, S. 346.) S. Goodall, S. 296. Ganz anders erzählen Hume (Th. 2, S. 504 f. f.) und Robertson (S. 355.) diese Begebenheit. Buchanan sagt, ohne Beweise beizubringen, (B. 18. S. 186 f.) Maria habe ihrem Gemahl Gift gegeben, und sein starkes Temperament habe der Wirkung desselben widerstanden. — Das wäre nun aller-

geben. Nach diesem Berichte, welcher in allen 1566 von dem französischen Gesandten bemerkten Umständen mit demselben übereinstimmt; wollte Heinrich nicht in den Pallast der Königin gehen, wenn ihm

dings eine Ursache zur Flucht gewesen. Aber würde er in diesem Falle sein Vorhaben so bekannt gemacht haben, da er sich vorstellen muste, Maria würde seine Abreise schon zu verhindern wissen, um nicht durch ihn in fremden Ländern ihre Schande bekannt werden zu laßen? Und im Conseil aufgefordert, sich über seine Gemahlin zu beklagen, würde er zu einer solchen Frechheit geschwiegen haben? Würde er, bei dem Vorsatz Schottland zu verlaßen, um nicht eines gewaltsamen Todes zu sterben, sich selbst der Königin überliefert haben, und eine Nacht bei ihr in Edinburg geblieben seyn? Buchanan geht in seiner Tragischen Geschichte von Maria Stuart noch weiter. Aber seine Beschuldigungen, welche sich auf die schrecklichsten Verläumdungen gründen, und welche nie ein Geschichtschreiber Marien gemacht hat, enthalten eine Menge Widersprüche. Sie soll ihm selbst die Gegenstände zur Befriedigung seiner Begierden verschaft, und ihm unter andern eine Neigung für die Gemahlin des Grafen von Murray eingeflößt haben, und dies um einen Vorwand zur Ehescheidung zu er-

P 5

1566 nicht die zwei oder drei vornehmsten Großen des
Reichs, die um sie waren, entgegen kämen. Eine
unvernünftige Foderung, da selbst die Könige, die
nach dem Rechte der Geburt auf dem schottischen

halten. Sich zum Gebrauche so schändlicher Mittel
zu erniedrigen, hatte sie bei einem Manne nicht nöthig, mit dem sie kaum vermählt war, als er
ihr schon die verworfensten Weiber vorzog. Die
Ehescheidung wurde ihr vorgeschlagen, und sie
wollte nicht darin einwilligen. Ich setze noch hinzu: hätte Maria, ganz von Bothwells Rathschlägen geleitet, alles, was sie sich selbst schuldig
war, aus den Augen gesetzt, so wäre ihr nichts er-
wünschter gewesen als Heinrichs Flucht, welche
sie doch zu verhindern suchte. Der Verdacht, sie
habe ein Schlachtopfer, das unter ihren Händen
sterben sollte, und schon den ersten Streich empfangen hatte, bei sich zurückbehalten wollen,
findet keine Statt. Maria war bisher zu menschlich, zu sanft und zu gefühlvoll gewesen, als daß
sich der Vorsatz, ein so ungeheures Verbrechen zu
begehen, von ihr denken ließe. Schont doch der
verruchteste Straßenräuber des Unglücklichen, der
ihm in die Hände fällt, wenn er glaubt, ihn ohne
Furcht ausplündern zu dürfen. Setzen wir mit
Buchanan voraus, daß sie jede Art von Umgang
mit ihrem Gemahl vermied, ja daß sie ihn nicht

Throne faßen, niemáls dergleichen von dem hohen 1566
Adel ihres Reichs verlangt hatten. Maria handelte bei dieser Gelegenheit mit derjenigen Klugheit,
die sie gewöhnlich gegen ihren Gemahl beobachtete;

einmal sehen wollte, so ist es widersprechend, ihre
Unterredungen mit ihm wegen des Grafen von
Murray und ihre gefälligen Bemühungen in Absicht auf seine Vergnügungen anzunehmen. Hätte
sie dann nicht genau mit ihm umgehen, sich vertrau-
lich mit ihm unterhalten müssen? Wenn Robertson behauptet, Maria habe dem Grafen von Lenox
den Entschluß ihres Gemahls gemeldet, und der
Graf habe bloß auf die Bitten der Königin in Be-
ziehung auf diesen Umstand geantwortet, so wird
er durch den Brief des französischen Gesandten,
durch die Erzählung der gleichzeitigen Schriftsteller und ein Schreiben des geheimen Conseils
an den Erzbischof von Glasgow widerlegt. Er
spricht von diesem letzten Schreiben mit Verachtung. Indessen ist es schwer zu glauben, daß alle
Rathsglieder an Mariens geheimen Räuken sollten Theil genommen, und ihren Absichten gemäß
Erdichtungen behauptet haben. Wenn man so
alle Schriften, die zu Beweisen dienen, aus keiner andern Ursache verwerfen wollte, als weil
man bei den Menschen dieses oder jenes Interesse
voraussetzt: so würde der Grund, worauf die

1566 sie ging ihm aus dem Schloße entgegen, und führte ihn selbst in die für ihn bestimmten Zimmer. Nach seiner Abreise von Stirling schrieb er ihr einen Brief in verstellten Schriftzügen, worin er sich be-

Geschichte ruht, zerstört, und die Geschichte selbst vernichtet werden. Robertson spricht von der Vergiftung, nicht als von einer bewiesenen Sache, sondern als von einem Vorhaben, das geargwöhnt wurde. Buchanan, welcher sich gewöhnlich an keine Zeitordnung bindet, setzt hier die Krankheit des Königs in eine frühere Zeit, nämlich vor seinen Entschluß aus Schottland zu gehen. Diese Krankheit, behauptet er, war allen Aerzten unbekannt. Sein ganzer Leib war mit schwarzen, unerträglich riechenden Blattern bedeckt, wobei er Schmerzen in allen Gliedern fühlte. Im sechszehnten Jahrhundert wären also die Zeichen des Giftes unbekannt gewesen. Er soll damals die Kinderpocken gehabt haben, welches auch nach den angegebnen Merkmalen sehr glaublich ist. Gilbert Stuart (S. 198.) nennt diese Krankheit anders, und schreibt die Ursache davon Heinrichs schändlichen Ausschweifungen zu. (S. Keith, S. 384 und 446.) Hätte er wirklich Gift bekommen, so hätte der Verdacht dieses Verbrechens auf jemand anders als auf Marien fallen können.

klagte, daß sie alle Gewalt für sich behielte, daß 1566
sie ihm keine Mittel vergönnte, sich den Adel durch
ehrenvolle Auszeichnungen und Beweise von Frei-
gebigkeit verbindlich zu machen, daß er ohne Gefolge und sein Hof von allen verlassen wäre. Die
Königin antwortete ihm, er beschwerte sich mit
Unrecht über Unannehmlichkeiten, die er bloß seinem
eignen Betragen zuzuschreiben hätte. Sie erinnerte ihn an die erhabnen Vorzüge, die sie ihm in
den ersten Tagen ihrer Verbindung zugestand, und
an den Mißbrauch, den er davon machte, um diejenigen zu unterstützen, die die Majestät des Throns
in ihrer Person so vorsetzlich beschimpften. Und
doch, setzte sie hinzu, hätte sie ihn nie angeklagt,
sondern ihn im Gegentheil immer gerechtfertigt.
Sie lud ihn ein an den Hof zu kommen, und den
Posten, auf den ihn das Schicksal gestellt hatte,
würdig zu bekleiden, wenn ihm derselbe die ihm
eidlich versprochenen Pflichten leisten sollte, wovon
sie selbst das Beispiel geben würde. Er hätte, bemerkte sie, den Herren vom Adel, denen sie befohlen hatte, um seine Person zu seyn, den Zutritt versagt, und es wäre daher kein Wunder,
wenn dieses Verbot, wenn sein übriges Betragen
und die Rathschläge derer, die um ihn wären, die
Männer vom ersten Range von ihm entfernt hät-

1566ten, so leicht es ihm sonst hätte werden müssen sich ihre Liebe zu erwerben, und von dem hohen Adel die Einwilligung zu erhalten, daß er einen Theil der königlichen Gewalt mit ihr hätte theilen dürfen. *)

Er blieb indessen in Schottland, und fuhr fort, die Königin und den Adel durch sein unbesonnenes Betragen gegen sich aufzureizen. Bald darauf erhielten die Grafen von Murray, Bothwell und Lethington von der schwachen Maria die Zurückberufung der Verbannten. Die Gegenwart dieser Verbündeten war nothwendig; die Gräfinnen von Murray, von Marr und von Argyle drangen deswegen in sie. Castelnau selbst ließ sich durch Lethingtons hinterlistige Beredsamkeit verführen, sich mit ihm zu vereinigen und zum Besten der Schuldigen zu reden. Er vermochte vieles bei ihr; doch war Mortons Begnadigung am schwersten von ihr zu erhalten. Sie fühlte sich als Gattin, als Mutter und als Königin zu sehr von einem

*) Keith, S. 349, f. Gilbert Stuart, S. 167. Robertson, S. 376. Dieser letztere Schriftsteller hat den Inhalt von dem Briefe des Königs angeführt, ohne Mariens Antwort auf denselben zu erwähnen. Hume beobachtet über diese Begebenheiten ein tiefes Stillschweigen.

Manne beleidigt, der durch sein Amt *) zum 1566
Schutz und zur Handhabung der Gesetze verbunden
war. Eine geheime Ahndung sagte es ihr, daß
diese Milde, zu der sie sich endlich bewegen ließ,
für sie selbst von gefährlichen Folgen seyn würde.

Der Graf von Morton, erregte eben damals,
als seine Freunde seine Zurückberufung auszuwirken suchten, von seinem Aufenthalt in England aus
Unruhen an den Gränzen von Schottland. Der
Graf von Bothwell, Generallieutenant bei den
Truppen der dortigen Gegenden, rückte mit einem
beträchtlichen Corps gegen die Rebellen an, und
die Königin ging nach Jedburg, um daselbst Ge-
richtssitzungen zu halten. Bothwell stieß auf die
Truppen der Familie Elliot, welche mächtig und
dem Englischen Hofe ergeben war. Er schlug dieselben, wurde aber stark verwundet, und nach dem
Schlosse Hermitage gebracht. Die Königin bekam
die Nachricht, er wäre an seinen Wunden gestorben. Voll Schrecken, und in der Voraussetzung,
daß nun die Gränzen den Angriffen der Verräther

*) Nicht Maria Stuart, wie Robertson sagt, son-
dern die verstorbene Königin Regentin hatte ihn
zum Kanzler des Reichs gemacht. (Histor. und
kritische Unters. S. 216.)

1566und Straßenräuber völlig offen ständen, eilte sie
nach Hermitage. Die Ruhe war daselbst herge:
stellt. Sie fand den Grafen von Bothwell ver:
wundet, aber außer Gefahr, und kam noch den:
selbigen Tag nach Jedburg zurück. Diese eilfertige
Reise haben die Geschichtschreiber von der Parthei,
die Marien entgegen war, als einen Beweis von
ihrer Liebe für den Grafen angesehen. Was in ih:
rem Herzen vorging, wird wohl niemand entschei:
den; aber sie hatte starke politische Gründe für
die Sicherheit ihrer Staaten von der Seite von
England zu wachen. Diesen Theil hatten die Re:
genten von Schottland immer für äußerst wichtig
gehalten. Ihr Vater Jakob hatte mehrmals die:
sen Zug in Person gemacht. Mariens Feinde ha:
ben sich gehütet zu sagen, daß sie Bothwelln todt
geglaubt habe; *) sie stellen sie vor, als ob sie von
seinem wirklichen Zustande unterrichtet gewesen
wäre.

*) Robertson, S 377. Buchanan, B. 17, S. 185.
Hume redet gar nicht von der Reise nach Jed:
burg; und Melvil macht bei diesem Zeitpunkte
solche Fehler, daß seine Erzählung fast einer
Volkssage ähnlich scheint. Dies ist Keiths Mei:
nung, die wir annehmen können, ohne einen Irr:
thum befürchten zu dürfen. (S. Carte, S. 444)

wäre. Indeſſen ſcheint es, würde die Leidenſchaft 1566 ihr ein ganz anderes Betragen eingegeben haben. Sie glaubt Bothwelln todt, und die Rebellen im Anmarſch begriffen; die Gefahr iſt dringend; ſie geht von tauſend Reutern begleitet ab, macht in einem Tage achtzehn Meilen, und kömmt zu Hermitage an. Dort erfährt ſie die tapfere Gegenwehr des Grafen, erfährt, daß die Feinde in die Flucht geſchlagen ſind, und einer Verabredung mit den Engliſchen Grenzbewohnern zufolge ihren Rückzug nach England genommen haben. Sie ſieht, daß Bothwell am Leben, und nicht gefährlich verwundet iſt; und ſogleich reiſt ſie in der Nacht, bei ſtarkem Froſt und ſchlechten Wegen, nach Jedburg zurück. Die Mühſeligkeiten der Hinreiſe hätten ihr einen hinlänglichen Vorwand gegeben, die Nacht mit Bothwelln an demſelbigen Orte zuzubringen, wenn die Liebe ſie dahin geführt hätte. Sie kam äußerſt ermüdet und mit einem heftigen Fieber nach Jedburg zurück. Eine Mattigkeit, die bis zu öftern Ohnmachten ging, kündigte eine heftige Krankheit an. Die Gefahr nahm ſieben Tage lang zu, und erregte Beſorgniß wegen ihres Lebens. Der Adel verſammlete ſich, und ließ, um Unordnungen vorzubeugen, dergleichen in unruhigen Zeiten bei dem Tode der Fürſten gewöhnlich ſind, unter dem Na-

1566 men der Königin eine Proklamation zur Aufrechthaltung der guten Ordnung in Jedburg ergehen. Es
wurde darin allen denen, die Privatstreitigkeiten
gehabt hätten, oder noch haben möchten, verboten, den Zustand der Königin zur Störung der
öffentlichen Ruhe zu nützen, und diejenigen, die es
versuchen würden, durch außerordentliche Unternehmungen ihr Glück zu machen, wurden für persönliche Feinde der Königin und für Feinde des
Staats erklärt. Der Adel muste sehr getheilt und
die Partheien sehr gegen einander erbittert seyn,
daß eine solche Erklärung nothwendig schien, oder
vielleicht gab die Angst des Grafen von Murray
wegen seiner persönlichen Sicherheit die Veranlas-
sung dazu. Maria litt indessen die grausamsten
Schmerzen, und glaubte die Annäherung des Todes zu fühlen. Sie ließ den Bischof von Roß kommen, und rief ihn zum Zeugen an, daß sie in dem
Glauben stürbe, den sie in ihrem Leben beständig
bekannt hätte. Darauf ließ sie sich von den Großen ihres Hofes das eidliche Versprechen geben,
daß sie ihr Testament öffnen und die letzten Wünsche ihres Herzens mit der den Willensmeinungen
eines Sterbenden gebührenden Ehrfurcht erfüllen
wollten. Sie empfahl ihnen die Rechte ihres Sohns,
und bat sie ihn zu lehren, wie er einst den Zepter

feiner Vorfahren würdig führen könnte. Sie er- 1566
mahnte sie, keine Gewaltthätigkeiten zu begehen,
und ihre catholischen Unterthanen nicht zu verfolgen. Sie trug auch dem französischen Gesandten
Du Croc mündlich auf, Karl IX, der Königin
Mutter und dem Lothringischen Hause in ihrem
Namen das letzte Lebewohl zu sagen. Zuletzt em-
pfal sie ihren Sohn den Gesandten der Königin
von England. *) Obgleich Geschichtschreiber den
König bei dieser Gelegenheit als einen zärtlichen
und sorgsamen Gemal vorgestellt; ob sie gleich behauptet haben, er wäre auf die erste Nachricht
von der Gefahr der Königin herbeigeeilt, aber
kaltsinnig von ihr aufgenommen worden, und Maria habe sogar den simpeln Bedienten verboten ihm
aufzuwarten: so ist es doch gewiß, daß er ihre
Krankheit erfahr und sie nicht besuchte. Du Croc
schrieb es nach Frankreich, und schien über ein solches Verfahren erstaunt. **) Diese Vernachläßi-

*) Brief der Königin Maria Stuart an den gehei-
   men Rath von England, von Dumbar, den 18.
   November 1566. (Keith, S. 354.) Brief des
   Bischofs von Roß an den Erzbischof von Glas-
   gow. (Anh. S. 134, f. Gilbert Stuart, S. 171.)
**) S. die bei den Schotten (au collèges des
   Ecossois) in Paris niedergelegten Briefe; du

1566gung stürzte Maria in eine tiefe Betrübniß. Sie grämte sich über die Undankbarkeit und die Härte ihres Gemals: sie war nicht ohne Unruhe wegen seiner Aufführung und der Fehler, die er in Regierungsangelegenheiten begehen würde. Kein Geschichtschreiber berichtet, daß sie während ihrer ganzen Krankheit Bothwell oder Murray ins besondere habe rufen lassen: hingegen alle unpartheiische Schriftsteller haben gesagt und bewiesen, daß sie ihren Gemal rufen ließ, und daß sie über die Gleichgültigkeit, mit der er ihr begegnete, Thränen vergoß. Jugendstärke und ein glückliches Temperament brachten sie vom Rande des Grabes zurück. Damals erst ließ sich Heinrich vor ihr sehen. Sie empfing ihn mit Zeichen von Kälte und Unzufriedenheit: er hatte, seiner spät beobachteten Schuldigkeit ohngeachtet, auf eine ganz andre Aufnahme gerechnet, und begab sich voller Mißvergnügen nach Glasgow. Die Königin war noch

Crocs Schreiben nach Frankreich; Schreiben des geheimen Conseils an den Erzbischof über die Krankheit der Königin; Schreiben von Jedburg, den 23. Oktober 1566, und das letzte von dem Bischofe von Roß. S. die vorhergehende Anm. und die Belege, No. XII.

kaum ein wenig wieder zu Kräften gekommen, als 1566
sie den grösten Theil ihrer Gränzplätze in Augenschein nahm, und sich durch ihre Gegenwart von
der Wiederherstellung der Ruhe überzeugte. Da
die Verbrecher keinen Beistand von Seiten der
Engländer gefunden, so hatten sie sich zurückgezo-
gen. Maria ging hierauf nach dem Schlosse Craigmillar, mit dem Vorsatz, bis zur Taufe des Prinzen daselbst zu bleiben.

Sie suchte an diesem Orte die ihr so nothwendige Ruhe; aber sie konnte den Kummer, der sie
niederdrückte, nicht zerstreuen, und fiel in eine tiefe
Melancholie. Der letzte Beweis von der Verachtung ihres Gemals gegen sie hatte ihre Seele desto
empfindlicher verwundet, da sie gar keine Hoffnung
sah ihn wieder zu gewinnen. Bothwell verdoppelte indeß seine Bemühungen ihr zu gefallen,
und versäumte nichts, was ihr einiges Vergnügen
machen und ihren Schmerz nur etwas lindern
konnte. Er schien keinen andern Gegenstand als
sie zu sehen und zu kennen. Mariens geringster
Wunsch war ihm höchstes Gesetz. Er suchte sie zu
trösten, und durch anscheinende Beweise von Ergebenheit und Uneigennützigkeit ihr Vertrauen zu
erhalten. Er erbitterte sie noch mehr gegen ihren
Gemal, welcher nach seinem Ausdruck in ihr seine

1566 ganze Glückſeligkeit hätte finden ſollen, und verſuchte alle Mittel ihr eine neue Leidenſchaft einzuflößen, um ſie das Andenken an ihren Verluſt vergeſſen zu machen. Ob er wirklich ſo glücklich war ihre Liebe zu erhalten, laſſen wir unentſchieden; aber es gelang ihm nicht ihren Gram zu lindern, und die tiefen Eindrücke der Traurigkeit aus ihrer Seele zu verlöſchen, noch weniger ihre Einwilligung in die Eheſcheidung zu erhalten, welche ihr in eben dieſem Schloſſe vorgeſchlagen wurde, wo ſo oft ihre Thränen floſſen. *)

*) Schreiben des H. du Croc an den Erzbiſch. von Glasgow, Edinb. den 2. December 1566. (Bibliothek des Collège écoſſois zu Paris Mem. scot. fol 320.) Anderſ. Sammlung, Bd. 1, S. 54. 2te Ed. London 1729. Buchanans Erzählung iſt hier voller Widerſprüche. Entfernung der Oerter, Zeitbeſtimmung, Anweſenheit oder Abweſenheit derſelbigen Perſonen bei dem nämlichen Umſtande, alles iſt verändert, verfälſcht, erdichtet, ohne Zuſammenhang und ohne Ordnung. Er behauptet, die Königin, welche am Fieber danieder lag, und ſich zum Tode bereitete, habe Bothwelln auf dem Schloſſe Hermitage beſucht. Sie ſoll des Königs Beſuch nicht haben annehmen wollen, obgleich Bothwell Tag und Nacht bei ihr

Es war zu Craigmillar, daß der Graf von 1566 Murray die unsinnige Hoffnung des ehrgeizigen Bothwells noch mehr aufmunterte und ihm seine Absichten mittheilte. Die Auflösung des Bandes zwischen Maria Stuart und ihrem Gemal hätte ihr völlige Freiheit gelassen, ein andres zu knüpfen, und Murray gab Bothwelln zu verstehen, daß ihre Wahl auf keinen andern als ihn fallen könnte. So hinterging er denjenigen, den er als Werkzeug brauchte; denn es war damals seine Meinung nicht, daß sich seine Schwester wieder verheirathen solle. Wenn er nachher anderer Meinung ward, so kam dies daher, weil es schwer ist, alle Um-

gewesen sey. (B. 18, S. 186.) Nachher stellt er die Reise der Königin als eine Lustreise vor, die sie bloß in der Absicht gethan habe, um Bothwells Umgang freier zu genießen. Eben so sprach Murray davon in einem falschen Auszuge aus den Parlamentsakten, welcher der Königin von England i. J. 1568 bei den Konferenzen zu Hamptoncourt vorgelegt wurde. (S. Goodall, Anhang XCIV. Tagebuch von dem Verfahren des geheimen Conseils von England bei den Konferenzen zu Hamptoncourt, von Cecills Hand verbessert und interliniirt XCIII. S. 247. Tagebuch von dem Verhalten der Maria Stuart

1566 stånde, welche ein Verbrechen begleiten und auf dasselbe folgen, vorauszusehen und zu berechnen.
Es scheint, dieses Verbrechen wurde schleuniger
ausgeführt, als man es sich vorgesetzt hatte. Diese
Beschleunigung, zu der man sich gezwungen glaubte, machte in dem entworfenen Plan verschiedne
Veränderungen nothwendig. Bothwell und Lethington suchten den Grafen von Argyle, welcher
ihnen im Parlamente nützlich seyn konnte, in ihre
Parthei zu ziehen; sie wollten ihn durch die Hoffnung blenden, sein Vermögen und seine Größe
vermehrt zu sehen. Argyle, ohne ein Projekt,

mit ihren Briefen an Bothwell zusammengehalten, von Murray.) Wenn diese berüchtigten
Briefe, wie es allen Anschein hat, untergeschoben
sind, so möchte Murrays Tagebuch eben nicht von
großem Gewichte seyn. Es konnte ihm nicht schwer
werden, Begebenheiten, die er nur nach seinen
Absichten deuten durfte, mit Schriften von seiner
eignen Erfindung zu vereinigen. (S. Belege
No. XIII.) Sie machte indeß diese Reise, auf
der sie unerlaubten Vergnügungen nachhängen
wollte, in Begleitung ihres ganzen Hofes und
ihres Conseils, ihrer Justizbeamten und einer
großen Anzahl von Truppen. Welch ein Widerspruch!

das dem Beſten des Staats beförderlich war, zu 1566
verwerfen, verſprach nicht anders als unter der
Bedingung, daß die Königin einwilligte, dazu be-
hülflich zu ſeyn. Auch den Grafen von Huntley
zogen ſie in ihr Bündniß, indem ſie ihm die völlige
Wiederherſtellung ſeiner Güter und ſeiner Titel und
die Rehabilitation ſeiner Familie verſprachen. Aber
Huntley, nicht weniger klug als der Graf von Argyle, wollte auf keine Vorſchläge hören, wenn die
Königin nicht davon unterrichtet wär: und ihre
Einwilligung gäbe. Die Abſicht der drei Verbündeten ging dahin, Marien zur Einwilligung in ihren Vorſchlag wegen der Eheſcheidung zu bewegen,
welches ſie für leicht hielten, und als eine Belohnung für ihre Mühe die Begnadigung und Zurückberufung des Grafen von Morton auszuwirken.
Lethington führte bei der Königin das Wort. Aber
weder ſeine Beredſamkeit, noch das Gemählde,
das er von dem Betragen des Königs machte,
war vermögend ihr einen Plan annehmlich zu machen, deſſen Ausführung ſie und ihren Sohn mit
Schande bedeckt hätte. Lethington verſicherte ihr,
ſie hätte bei dieſer Sache nichts zu beſorgen, und
ſie würden ſie ſchon von ihrem Gemahl befreien,
ohne daß ihr oder des Prinzen Intereſſe darunter
leiden ſollte. Maria blieb feſt bei ihrem Entſchluſſe.

1566 Nein, ſagte ſie, ich will nichts thun, was meinen guten Namen und mein Gewiſſen verletzen könnte. Laßt die Sachen, wie ſie ſind, bis es Gott gefallen wird, dem Uebel abzuhelfen. Was ihr für mein Beſtes thun wollt, würde mir vielleicht neuen Kummer verurſachen. *) Einer von Mariens Fein: den **) verſichert, ſie habe die Vorſchläge dieſer Treuloſen nur ausgeſchlagen, weil ſie die Unmög: lichkeit geſehen habe, ſie ins Werk zu richten. Andre haben ihr Beſorgniſſe wegen der Engliſchen Erbfolge angedichtet, wenn ſie durch die Auflöſung ihrer Ehe den Stand des Prinzen von Schottland zweifelhaft machte. Dieſe bloß politiſche Ueberle: gung konnte ſie machen, ohne ſtrafbar zu ſeyn. Aber ſie ſprach davon nicht, und ſchien keinen an: dern Bewegungsgründen zu folgen, als denen, die ihr die Ehre, der Wohlſtand und die Majeſtät

---

*) Keith, S. 355. Anh. S. 139. Proteſtation der Grafen von Huntley und Argyle. Anderſons Sammlung, Bd. 4, Th. 2, S. 188. Belege, No. XIV. Robertſ. S. 387. Spotswood, S. 197. Hollingſhed, S. 384. Melvil, S. 77. Cambden, S. 403. Mariens Martyrthum, S. 552. Carte, S. 445.

**) Buchanan, B. 18, S. 185.

ihres Ranges vorschrieben. Und wie hätte sie so 1566
viele Hindernisse finden sollen? Sie konnte sich
nach den Gesetzen ihres Landes scheiden lassen; und
Darnley, der dazu dem schottländischen Adel zum
Trotz und wider den anscheinenden Willen der Königin von England auf den Thron erhoben war,
hatte sich zu verhaßt und zu verächtlich gemacht,
als daß sich jemand seiner hätte annehmen sollen.
War Maria im Stande auf ein schwarzes Verbrechen zu denken, so konnte sie bei einer bloßen Ehescheidung kein Bedenken finden; und wollte sie sich
nicht von einem Manne trennen, mit dem sie nicht
anders als unglücklich seyn konnte, so ist es nicht
wahr, daß sie eine so schreckliche Rache zu üben
im Sinne hatte, ein Gedanke, der ihrem bekannten sanften und zärtlichen Charakter so ganz entgegen war. Nach einiger Behauptung befürchtete
sie wieder in Murrays Hände zu fallen. Aber war
Darnley, der sich selbst nicht einmal vertheidigen
konnte, wohl im Stande seine Gemalin zu vertheidigen? und hatte Maria nicht damals ein blindes
Zutrauen zu ihrem Bruder? *)

*) Vertheidigung Mariens. Anderson, S. 54.
Histor. und kritis. Unters. S. 321. Murray hingegen hatte unstreitig den Vorsatz gefaßt, Darn-

1566 Endlich erhielt die Königin im Monat December ein Schreiben von dem Grafen von Bedford, welcher im Namen der Königin von England bei der Taufe des Prinzen gegenwärtig seyn sollte. Maria begab sich nach Stirling; aber die Zubereitungen zu dieser Zeremonie, welche ihr angenehm seyn muste, und die Anordnung der Feierlichkeiten waren

ley zu entfernen, und mit der Königin darüber gesprochen. Da diese sich dagegen gesetzt hatte, und auch der Vorschlag wegen der Ehescheidung verunglückt war, so blieb ihm kein anderes Mittel als Darnleys Ermordung übrig, um sich den Weg zur Regentenschaft, und selbst zum Throne zu bahnen, wenn er seiner Schwester die Schande eines solchen Verbrechens aufladen, und sie der öffentlichen Ahndung überliefern konnte. Rapin Thoyras giebt die Protestation der Grafen von Argyle und Huntley für Betrug aus. „Und in einer langen Stelle voll Beredsamkeit, wobei aber Unwissenheit zum Grunde liegt, und mit einer Beimischung von Thorheit, sucht er sie für untergeschoben zu erklären.“ (Goodall, S. 316.) Aber Murrays eigenhändige Antwort existirt, und läßt, wenn wir nur auf die ganz besondere Art ihrer Abfassung sehen, fast keinen Zweifel zurück. (Belege, No. XV.)

nicht vermögend, ihre Traurigkeit zu besiegen. Zu 1566 gleicher Zeit kam der Graf von Brienne im Namen des Königs von Frankreich an; und da der Gesandte des Herzogs von Savoyen, der Marquis von Chambery, vermuthlich wegen der rauhen Jahrszeit, noch zurückgeblieben war, so vertrat Du Croc seine Stelle. Da aber bei der Taufe die Gebräuche der römischen Kirche beobachtet wurden, so blieb der Graf von Bedford mit seinen Engländern außen an der Thür der Kapelle. Keine Englische Dame hatte wegen der heftigen Kälte die Reise nach Schottland machen können, die Gräfin von Argyle, welche Elisabeth daher gewählt hatte ihre Person vorzustellen, hielt also den Prinzen im Namen dieser Königin zur Taufe. Er wurde Karl Jakob und Jakob Karl, Prinz und Großmeister von Schottland, Herzog von Rothsay, Graf von Carrick, Herr der Inseln und Baron von Remsrew genannt. *)

Elisabeth hatte dem Grafen von Bedford verboten, Darnleyn den Königstitel zu geben, und

*) Gilbert Stuart, S. 178, f. Spotswood, S. 198. Crawfords Memoirs, S. 10. Goodall, Gesch. Mariens, Bd. 1, S. 320. Keith, S. 360, f.

1566 ihm irgend eine Ehre zu erweisen, die mit demselben verbunden wäre. *) Dies war die einzige Ursache, weswegen er nicht bei der Taufe seines Sohns erschien. Er war Mariens Güte zu unwürdig, als daß sie seinetwegen mit der Königin von England hätte brechen, und die zur Taufhandlung gekommenen Gesandten derselben zurückschicken sollen. Sie erhielt von ihm das Versprechen, um einer öffentlichen Beschimpfung auszuweichen, welche sie ihrer eignen Ehre wegen nicht leiden konnte, daß er sich gar nicht zeigen wollte. Allein anstatt sich unter irgend einem Vorwande zu entfernen, kam er nach Stirling, und schloß sich daselbst ein, um der Königin Verdruß zu machen, und alle Fremde zu Zeugen seiner häuslichen Uneinigkeit mit ihr zu machen. **) Du Croc, welcher ihm sonst

*) Cambden, S. 401. Gilbert Stuart sieht das, was Cambden hierüber sagt, als ausgemacht an, und bemerkt bei dieser Gelegenheit, daß Elisabeth Heinrich in keiner Urkunde, in keinem Briefe oder in irgend einem Verhaltungsbefehl, weder vor noch nach seinem Tode, noch während dem Prozesse, diesen Titel gab. (S. 185 in der Note. Carte, S. 147.)

**) Schreiben von Du Croc an den Erzbischof von Glasgow. Stirling, den 23. December. Bibliothek des Collège écossois. Mem. Scot. F. fol. 336.

ergeben gewesen, war mit seiner Aufführung so 1566
unzufrieden, daß er seine Zusammenkunft vermied,
und mehr als einmal durch eine Hinterthür aus sei:
nem Zimmer ging, indem der König von der an:
dern Seite hineintrat. Maria empfing ihre Gäste
mit der ihr eignen Höflichkeit, Anmuth und Wür=
de; doch ging sie bisweilen, von ihrer erzwungnen
Munterkeit ermüdet, hinaus, um ihren Thränen
unter den Frauenzimmern von ihrem Hofe freien
Lauf zu lassen. Heinrich unter verschiednen Ent=
würfen hin und her getrieben, hatte die Idee in
fremde Länder zu gehen noch nicht fahren lassen.
Doch waren seine Gedanken jetzt besonders auf den
Plan gerichtet, Marien ihrer Gewalt zu berau:
ben, um ihren Sohn damit zu bekleiden, und
als Vormund und Regent das Heft der Re=
gierung zu ergreifen. Der Königin ging sei=
ne Undankbarkeit sehr zu Herzen; aber von seinen
Intriguen besorgte sie wenig, da sie wuste, daß
er niemanden finden würde, der ihm behülf=
lich seyn möchte. Sie schmeichelte sich noch
immer, wider alle Wahrscheinlichkeit, ihn durch
Sanftmuth und Mäßigung zu gewinnen, und
hoffte unterdessen, durch eine kluge und weise
Statsverwaltung das wahre Glück der Könige

1566die Ehrfurcht und Liebe der Unterthanen zu er=
halten. *)

Des Grafen von Bedford Instruktionen bezo=
gen sich nicht bloß auf die Taufe des Prinzen. Die
Debatten, die in dem letzten Parlamente von
England vorgefallen waren, hatten Elisabeth nicht
wenig in Schrecken gesetzt. Sie sah es ein, daß
Maria durch die in Schottland gespielten Intri=
guen gelernt hatte, wie sie die Ruhe ihrer Nach=
barn stören könnte, und schien daher entschlossen,
der Unruhe, die ihr die Foderungen dieser Fürstin
verursachte, ein Ende zu machen. Aber als Prä=
liminarien zur Errichtung einer gegenseitigen
Freundschaft verlangte sie die Ratifikation des Trak=
tats von Edinburg. Sie foderte von Maria die
Erklärung, daß sie ihr in ihrer Regierung und in
der

*) Keith, Vorr. S. VII. Maria Stuarts Schrei=
ben, worin sie sagt, sie habe dieses geheime Vor=
haben des Königs von zwei Vassallen des Erzbi=
schofes erfahren, wovon aber der eine seine Auf=
sage nicht weiter habe behaupten wollen. (Bele=
ge, No. VI.) Mariens Schreiben trägt solche
Kennzeichen von Sanftmuth und Wahrheit an
sich, dergleichen niemand affektiren kann, der im
Begriff ist ein Verbrechen zu begehen.

der Behauptung ihres Ansehens nichts in den Weg 1566
legen würde, und versprach hingegen, die Rechte
dieser Fürstin auf die etwanige künftige Thronfolge
in England aufs eheste sicher zu stellen. *) Sie
sagte ihr zu gleicher Zeit, sie würde die Gültigkeit
des Testaments Heinrichs VIII. von verschiednen
Personen untersuchen lassen, da dasselbe nach einiger Meinung die Schottische Linie auszuschließen
schiene; eine Schwierigkeit, die Elisabeth als erdichtet ansah. **) Maria nahm diese Vorschläge
an, und der Graf von Bedford war bevollmäch-

*) Verhaltungsbefehle der Königin Elisabeth für
den Grafen von Bedford.

**) So redet Gilbert Stuart von dem Testamente
Heinrichs VIII, welches sich in Rymers Staats-
akten befindet. (Bd. 14, S. 110—117.) Heinrich, sagt er, hatte seine Willensmeinung ohne
gesetzliche Bestätigung des Parlaments vollzogen;
er hatte die Nachkommenschaft seiner ältesten
Schwester übergangen, von der die königliche
Familie von Schottland abstammte, und berief
die jüngere Linie von seiner zweiten Schwester,
das Haus von Suffolk, auf den Thron. Elisabeth hatte ihre Ursachen, das Testament ihres
Vaters nicht zu billigen. Sie wollte nicht zugeben, daß eine Parlamentsakte ein Mittel zur Bestimmung der Thronfolge seyn könnte; sie suchte

1567tigt ihr, wenn ſie einwilligte, zu verſprechen, daß zwiſchen ihr und ſeiner Monarchin eine feſte und beſtändige Freundſchaft ſollte errichtet werden.

Die Königin hatte dem Grafen von Bedford erlaubt, um Mortons und ſeiner Mitſchuldigen Begnadigung anzuſuchen, und Eliſabeth hatte ihm dazu den Auftrag gegeben. *) Maria wollte eine

dieſe nur immer zweifelhaft zu erhalten. Wäre indeß dieſes Teſtament förmlich unterſucht worden, ſo hätte es für die Königin von Schottland verdrießliche Folgen haben können; und daß Eliſabeth nicht mehr darauf drang, kann als ein Beweis angeſehen werden, daß ſie von den Rechten des Stuartſchen Hauſes günſtig dachte. Wer die wider die Aechtheit dieſes Teſtaments angeführten Gründe ſehen will, der findet ſie in Burnets Sammlung, Bd. 1, Anh. S. 267. Maitland von Lethingtons Schreiben an Cecill. Murdins Staatsſchriften, S. 266. Zuſätze zu Caſtelnaus Memoires. Jebb. Bd. 2, S. 525. Carte, S. 446. Belege, No. XVII.

*) S. ein Schreiben dieſer Monarchin an Throgmorton, vom 27. Jul. 1567. (Keith, S. 428.) Die Verhaltungsbefehle ſagen kein Wort davon. (S. Carte, S. 446.) Er ſagt ausdrücklich, die mündlichen Verhaltungsbefehle des Grafen von Bedford hätten dieſen Auftrag enthalten.

Monarchin, von der sie glaubte, vieles hoffen zu 1566
dürfen, nicht wider sich aufbringen, und gab also
den Bitten des Grafen von Bedford und den dringenden Vorstellungen der Grafen von Bothwell
und Huntley nach. Zwei Tage nach der Taufe ihres Sohns gestand sie Morton und fünfundsiebenzig
seiner Mitschuldigen eine unbedingte Vergebung
zu. So erhielt Murray den so lange gewünschten
Beistand eines Verbündeten, welcher desto furchtbarer war, da er durch keine feine Empfindungen,
durch keine Grundsätze geleitet oder zurückgehalten wurde.

Maria hatte der reformirten Geistlichkeit die
Erlaubniß versagt, den Prinzen nach den Gebräuchen ihrer Kirche zu taufen; sie suchte sie bald, durch
die Sorge für den Unterhalt der dürftigen Mitglieder, für diese Weigerung zu entschuldigen. Sie verordnete, daß alle von Laien besessene Benefizien,
deren Einkünfte bis zu dem Werth von dreihundert
Mark Silber stiegen, mit der Krone verbunden,
und unmittelbar den Superintendenten bewilligt
werden sollten, um sie nach ihrem Gutbefinden zu
vertheilen. Ihre Prachtliebe und ihre Neigung
zu glänzendem Aufwande hatte in ihrer Kasse eine
Lücke hervorgebracht, welche sie mit einem Theil
der den Geistlichen angewiesenen Einkünfte ausfül-

1566ten muſte. Sie bot ihnen mit Zuziehung ihres geheimen Conſeils für dieſen Ausfall einen Erſatz auf
die Zukunft an, gab ihnen eine Summe von zehntauſend Pfund Sterling und bewilligte ihnen vier-
hundert Chalder *) Lebensmittel zu ihrem Ver-
brauch. Sie dankten der Königin, erklärten aber
zugleich gemeinſchaftlich, daß ſie dieſe Gnade mit
Vorbehalt ihrer Rechte auf das ganze Eigenthum
der Kirche annähmen. Durch eine andre Verordnung ihres Conſeils bewilligte ſie der Geiſtlichkeit in
den Städten und Flecken die einſtweilige Erlaubniß
aus ihren Räthen einen Kommiſſar zu ernennen,
der mit den Einwohnern dieſer Oerter ſich über die
Erhebung einer nach ihren Einkünften beſtimmten
Taxe vergleichen ſollte. Um den Städten dieſe
Abgabe zu erleichtern, wies ſie ihnen die vormals
den Prieſtern zugeſtandenen Gaben, Annuitäten,
Stiftungen für jährliche Seelmeſſen an, und befahl, das was nach Erhebung der den Geiſtlichen
bewilligten Gelder übrig bleiben würde, unter die
Armen auszutheilen. **) Dieſe Einrichtungen

*) Chalder, ein Schottländiſches Maaß, zweitau-
   ſend Pfund am Gewichte.

**) Gilbert Stuart, S. 191. Keith, S. 561 f f.
    Spotswood, S. 214. Robertſon ſtellt, nach

waren an sich selbst gut, und der protestantischen 1566
Geistlichkeit günstig. Allein die Königin gab zu
gleicher Zeit dem Erzbischofe von St. Andrews
kommissarische Gewalt. Sie verlieh ihm mit dem
Ansehen eines römisch-katholischen Bischofes alle
Vorrechte, die mit einem Bisthum dieser Kirche
verbunden sind, das Recht die Testamente zu veri-
ficiren, die geistlichen Aemter zu besetzen, und
alles, was sonst zur Gerichtsbarkeit der katholischen
Bischöfe gehört. Sie gab ihm das Recht über
Anklagen wegen Ketzerei zu erkennen, und nahm
den reformirten Kommissarien alle Gewalt, womit
sie dieselben bis dahin bekleidet hatte. Die Geistlichkeit gerieth hierüber nicht ohne Ursache in das
äußerste Schrecken. Dieser Schritt, der allen
vorhergehenden öffentlichen Erklärungen, allen Versprechungen der Königin so ganz entgegen war, zeigte,
daß sie große Veränderungen in der Religion vorzunehmen dachte, und ihr Vorhaben hätte ihr ge-
gegenwärtig, da das Volk mit ihrer Regierung

Knox und andern Reformatoren, diese Thatsachen anders vor, ist aber durch Spotswood und
Keith, welcher letztere seine Beweise aus den Akten des geheimen Conseils selbst hernimmt, hinlänglich widerlegt.

R 3

1566 mehr zufrieden und ihrer Person mehr zugethan
war, gelingen können. Diese Neuerung verbreitete unter den Reformirten ein düsteres Schrecken:
sie riefen den Adel wider ihre Monarchin zu
Hülfe. *)

Die Englischen Gesandten gingen sehr zufrieden
mit der Königin und den von ihr erhaltenen prächtigen Geschenken ab, zugleich aber durch das Betragen der Königin sehr überzeugt, daß das gute
Vernehmen zwischen ihm und seiner Gemahlin
nicht wiederherzustellen war. Unmittelbar darauf
machte Maria eine Reise nach des Lord Drummonds, und von da nach des Lord Tullibardines
Schloß in der Nähe von Stirling. Von dem letztern Schlosse ging sie nach dieser Stadt, und dann in
den ersten Tagen des Januars nach Edinburg zurück. Sie ging hierauf wieder nach Stirling, und
erfuhr, daß der König zu Glasglow gefährlich
krank läge. **)

*) Knox erzählt alle diese Begebenheiten mit seiner
gewöhnlichen Heftigkeit; (S. 440 ff.) aber dem
Könige treu, stimmt er mit Spotswood, (S.
199) Keith (S. 563.) und Robertson (S. 393.)
überein.

**) Es ist zu bemerken, daß die Königin auf diesen
Reisen beständig von ihrem ganzen Hofe beglei-

Heinrich war von Stirling, ohne von der Kö-1567
nigin Abschied zu nehmen, gerade nach Glasgow
gegangen, wo er sich eine Zeitlang aufhielt, und
sich bei guter Gesundheit befand. Die Erzählung
von dem Gifte, das Maria zu Stirling selbst unter
seine Speisen gemischt haben soll, ist eine bloße Fa-
bel. *) Langsam wirkende Gifte, die sich durch
keine äußere Kennzeichen verrathen, wuste man
damals noch nicht zuzubereiten. Und gesetzt, er
hätte Gift bekommen, so zeigte sie auf ihren Reisen zu viel Ruhe des Geistes, als daß wegen eines
solchen Verbrechens der geringste Verdacht auf sie
hätte fallen können, da es nach dem ordentlichen
Lauf der Dinge schwerlich geheim geblieben wäre,
wenn sie es befolen oder selber begangen hätte.
Privatpersonen können leichter als Regenten Uebelthaten begehen, ohne die Entdeckung derselben
zu befürchten. Die Krankheit des Königs kündigte
sich durch keine schreckliche Symptomen an. Die
Königin setzte ihre Reise fort, brachte den jungen

tet war, wenn gleich Buchanan behauptet, sie
sei fast immer mit Bothwelln allein gewesen.
Bruce und Robertson sind ihm hier bloß wörtlich
gefolgt.

*) S. die Anmerk. S. 232, f.

1567Prinzen mit nach Edinburg zurück, und hielt sich
eine Woche lang daselbst auf. Als sie aber erfuhr,
daß die Gefahr dringend ward, daß er ihre Gegenwart wünschte, und Reue über seine Fehler
bezeugte, da erwachten in ihrem Herzen Gefühle
des Mitleids; sie hoffte, die Religion und der Eindruck, den die traurige Vorstellung eines nahen Endes
auf ihn machen muste, würden ihr zu Hülfe kommen, um ihn zu besseren, menschlichern und edlern
Gesinnungen zu bringen. Die Politik, die Zärtlichkeit einer Mutter für ihren Sohn, der Wunsch
ihre Ruhe und die Ruhe ihrer Staaten gesichert zu
sehen, dies waren die vornehmsten Bewegungsgründe, denen sie folgte; und wer wird sie deswegen tadeln? Liebe konnte sie gegen einen Mann
nicht empfinden, der ihr zu viele Ursache gegeben
hatte ihn zu hassen und zu fürchten. Heinrich sah
jetzt seine Gemahlin mit unbeschreiblicher Freude.
Sie war beständig um ihn, und trug durch ihre
zärtliche Sorgfalt das meiste zu seiner baldigen
Wiederherstelluug bey. Gegen das Ende des Januars hatte er schon Kräfte genug gesammlet,
um Marien zu folgen, welche nicht lange von ihrer
Hauptstadt weit entfernt seyn konnte. Da der
Pallast von Holyroodhouse in einer niedrigen und
feuchten Gegend lag, so ließ sie ihn in ein Haus

bringen, welches dem Pfarrer an der Marienkirche 1567 zu Kirk of Field gehörte. Dieses wurde für den gesündesten und angenehmsten Ort der Stadt gehalten. Sie berief Aerzte dahin, blieb einige Tage bei ihm, und fuhr fort, ihm alle Dienste der zärtlichsten Freundschaft zu leisten. *) Vielleicht wirkte damals die Erkenntlichkeit auf die Seele dieses jungen Fürsten, welcher anfing einzusehen, wie sehr er sich durch seine schlechte Aufführung erniedrigt hatte. Er war einundzwanzig Jahr alt; er sah die Gemalin, die er so oft und so empfindlich beleidigt hatte, wegen seines Lebens in Sorgen, und unaufhörlich beschäftigt ihn zu retten; gewiß empfand er Reue, und die Zukunft versprach Marien glücklichere Tage. Aber diese Aussöhnung brachte ihre Feinde in Wut. Die Konferenz zu Craigmillar war ihrem Geiste gegenwärtig. Lethington, Bothwell und Murray hatten die Ehescheidung vorgeschlagen; Bothwell hatte alles angewandt sie dazu zu überreden, und sie hatte nicht eingewilligt. Schon die Hoffnung einer glücklichern Zukunft machte Mariens Glück. Sie konnte ihrem Gemahl die verrätherischen Absichten ihrer gemeinschaftlichen Feinde entdecken, und ihm ihre Besorgnisse wegen der Vergiftung mittheilen, wo-

*) Gilbert Stuart, S. 197 f f.

R 5

1567 von in ihrem Pallaste selbst gesprochen wurde, und wovon der Verdacht auf niemanden als die Verbündeten fallen konnte, wenn diese Gerüchte gegründet waren. Wenn das gute Vernehmen zwischen Maria und ihrem Gemahl wirklich hergestellt wurde, so musten sie alle ihre Hoffnungen fahren lassen, und die Rache des Königs fürchten, gegen welche die Königin sich ihrer nicht weiter annehmen würde. Ihre kritische Lage konnte sich nicht anders als durch die eilige Ausführung eines gewaltsamen Entwurfes verändern; und sie glaubten um desto weniger damit zögern zu dürfen, da ihre Absicht war, den Verdacht wegen des Verbrechens ganz oder wenigstens zum Theil auf sie zu werfen.

Den Tag vor der schrecklichen That, die Heinrichs Leben endigte, bat der Graf die Königin um Erlaubniß, seine Gemalin, welche in der Grafschaft Fife gefährlich krank lag, zu besuchen, *) um durch diese Entfernung dem Verdacht einer Theilnahme an dem Verbrechen zu entgehen. Die

---

*) Cambden, S. 403. Gilbert Stuart, B. 3, S. 209. Histor. und krit. Untersuch. S. 220. Caussin, Martyrthum der Königin von Schottland. (Jebb. S. 215.) Historia de Herrera. (Jebb. S. 384, f f.) Le Laboureur, Zusätze zu Castelnaus Memoires. (Jebb. S. 506.) Alle

Königin würde wohl schwerlich in diese Reise gewil-1567
ligt haben, wenn sie selbst Mitschuldige einer so
schwarzen Verrätherei gewesen wäre; und vor einem Manne, der ihren Gemahl haßte, der ihr
bei Gelegenheit der Conferenz zu Craigmillar gezeigt hatte, daß er fähig war das Aeußerste zu unternehmen, vor diesem hatte sie nicht nöthig ihr
Vorhaben geheim zu halten. Ein Weib, eine Königin kann ein solches Unternehmen nicht allein
ausführen; und auch Bothwell konnte es nicht ohne
Murrays Zustimmung. Beide hatten bei dem
Vorschlage der Ehescheidung Marien ausdrücklich
gesagt, sie möchte nur einwilligen, und versichert
seyn, daß sie sie von ihrem Gemahl befreien würden, ohne daß ihr Ruf darunter leiden sollte.
*) Beide hatten mit Lethington die Ehescheidung
zwischen Bothwell und Huntleys Schwester vorbereitet. Wozu diese vorläufigen Anstalten zu dem

    diese Schriftsteller setzen hinzu, Murray sei bei
    seiner Abreise zu seiner Gemahlin so voll von sei-
    nem Vorhaben gewesen, daß er zu dem Lord Her-
    reis gesagt habe; „Diese Nacht vor Tages An-
    bruch wird Lord Darnley nicht mehr am Leben
    seyn.‟

  *) Protestation der Grafen von Huntley und von
    Argyle.

1567 Morde des Königs, wenn Maria allein schuldig
gewesen wäre, und wenn besonders Murray, weit
entfernt, der Urheber oder Mitschuldige des Verbrechens zu seyn, nicht einmal darum gewußt hätte?
Seine Abreise, die zu seiner Vertheidigung dienen
sollte, giebt eine sehr gegründete Vermuthung wider ihn, wenn man bedenkt, welchen Platz er bei
der Königin bekleidete, was er für ein wichtiger
Mann im Reiche war, was er vorher für Intriguen gespielt hatte, und wie unmöglich es ist, daß
er nicht der Urheber oder der Vertraute des Verbrechens gewesen seyn sollte. *) Maria Stuart

---

*) Der Verfasser der Schrift, Unschuld der Kö-
nigin Maria Stuart, bemerkt, daß Murray,
obgleich abwesend, nicht weniger bei dem Morde
des unglücklichen Rizzio die Hauptrolle gespielt
habe. (Jebb. S. 472.) Blackwood wirft ihm besonders vor, daß er den König und die Königin
nicht von der Verschwörung benachrichtigt habe,
da er doch zu dem Bedienten des Lord Herreis
davon sprach, und dasselbige bei seiner Ueberfahrt
über das Wasser zwischen Edinburg und Dum-
fermling wiederholte, „welches dieser Herr nachher mehr als einmal ihm ins Gesicht behauptet
habe, selbst in der Stadt York vor den Abgeordneten der Königin Elisabeth, der Beschützerin

hatte denselbigen Tag einen von ihrer Kapelle, mit 1567 einer ihrer Kammerfrauen verheirathet. Die Trauung war in ihrem Pallaste geschehen; sie hatte versprochen, den Ball mit ihrer Gegenwart zu beehren, und die Neuverheirathete in die Braut= kammer zu führen. Sie blieb indeß länger als ge= wöhnlich bei ihrem Gemahl, und unterhielt sich ganz ruhig mit ihm, als einer von Bothwells Leu=

ihrer Parthei, rc. " (Jebb. Bd. 2., S. 215. Caussin, Mariens Geschichte, S. 60. Herrera, Hist. del reyno d' Escocia, S. 385.) Dieser be= richtet, die Königin habe, indem sie sich auf Bothwelln lehnte, zu Paris, welcher hinter ihr ging, gesagt: „Woher kömmt denn der starke Pulvergeruch?" Er erzählt gleichfalls Murrays Abreise, dessen Gemahlin, selbst nach Bucha= nans Geständniß sehr glücklich niedergekommen war, und für welche er nichts weiter zu besorgen hatte. (Tragische Geschichte der Königin Maria Stuart. Jebb. Bd. 1, S. 299.) „Die Königin, fährt Buchanan fort, stellte ihm vor, seine Reise wäre unnütz, und bei dem ganz natürlichen Zu= stand, worin sich die Gräfin befände, würde sie sei= ner Hülfe nicht mehr bedürfen." Dennoch wollte Murray abgehen. Buchanan setzt hinzu, Both= well habe sich, nachdem er bei zwei Stunden,

1567ten, Namens Paris ihr meldete, daß es schon
spät in der Nacht wäre. Sie stand auf, machte
sich Vorwürfe, daß sie den Ball verzögert hätte,
und ging nach dem Pallast Holyroodhouse zurück.
Sie unterhielt sich noch beinahe eine Stunde mit
dem Grafen von Bothwell, welcher sie begleitet
hatte. Nach der Zeremonie ging sie in ihr
Schlafgemach, legte sich zur Ruhe und schlief ein.
Gegen zwei Uhr Morgens flog das Haus, worin

welches wirklich wahr zu seyn scheint, mit der
Königin geredet hatte, nach seiner Wohnung
verfügt, sei, sie in einem Kleide, wie es die
deutsche Garde zu Pferde trug, nach dem Hause,
worin der König war, zurückgekommen, und
durch die Wachen gegangen, ohne erkannt zu
werden. Es ist schlimm, daß den Erzählungen
dieses Schriftstellers so wenig zu trauen ist. In
seiner Geschichte von Schottland erzählt er ein
andres Faktum, wovon außer ihm niemand
Kenntniß gehabt hat. Die Königin, sagt er, im
Begriff, ihn dem Tode zu überliefern, rief, indem sie aufstand, aus: „Rizzio wurde vor einem
Jahre an demselbigen Tage ermordet.‟ Er hat
nicht acht darauf gegeben, daß der König den
10. Februar, und Rizzio den 9. März 1566 getödtet wurde.

sich der König befand, mit einem entsetzlichen Knall 1567 in die Luft. Die Erschütterung, welche die Explosion verursachte, setzte alle Einwohner der Stadt in Schrecken. Die tiefe Stille, die darauf folgte, machte ihnen wieder Muth; sie eilten nach dem Orte hin, woher der Knall gekommen war. Der König und einer seiner Bedienten, der mit ihm in seinem Zimmer schlief, wurden in einem anliegenden Garten, ohne alle Merkmale von Brand oder von Gewaltthätigkeit, und nur eine Serviette im Munde, todt gefunden. *) Man sagt, Bothwell begab sich nach der Wohnung des Königs, welcher sich noch nicht niedergelegt hatte, und ließ ihm mel-

---

*) Robertson, S. 400. Keith, S. 364. Melvil, S. 155. Gilbert Stuart, S. 198. Spotswood, S. 200. Buchanan, Geschichte von Schottland, B. 18, S. 351. Märtyrth. der Königin Maria. Jebb., S. 564. Cambden, S. 403. Murray, sagt der letztere Schriftsteller, hatte sich ohngefähr funfzehn Stunden vorher entfernt, doch nicht weit, und bloß um über die Ausführung des Verbrechens ein wachsames Auge zu haben, allen Verdacht zu vermeiden, und die Königin allein dem Haß und dem Unwillen auszusetzen, die daraus entstehen mußten. Dieses Zeugniß eines Englischen Schriftstellers, eines Ge-

1567den, daß verſchiedne von den Vornehmſten vom
Adel ihn in ſeinem Garten erwarteten, um ihm
Sachen von der gröſten Wichtigkeit anzuvertrauen.
Darnley ging unangekleidet in Begleitung eines
Kammerdieners, welcher bei ihm ſchlief, hinaus,
und fragte Bothwelln, dem er auf der Treppe begegnete, ob er allein wäre. Bothwell, ohne zu
antworten, warf ſich auf ihn, erſtickte ihn, indem
er ihm den Mund mit einer Serviette zuſtopfte,
und trug ihn unter einen Baum, ſo wie den Kam-
merdiener, welcher ohne Zweifel von Bothwells
Mitſchuldigen auf gleiche Art erwürgt wurde.
Nach

ſchichtſchreibers der Eliſabeth, iſt Marien ſehr
günſtig. Cambden glaubte ſie keineswegs ſchuldig. Rapin Thoiras, der ſich oft durch ſeine
Meinungen und durch Partheigeiſt irre führen
läßt, erklärt Buchanan und Melvil für ſeine Ge-
währsmänner. Das iſt genug um Mißtrauen gegen ſein Zeugniß zu erregen. Die Schriften widerlegen, woraus er geſchöpft hat, heißt ihn
ſelbſt widerlegen. Robert Bruce, (S. 325.)
iſt in demſelbigen Fall. Aber wenigſtens beſchuldigt er Murray ſo gut als die übrigen, und hat
es ſich nicht eigentlich vorgenommen, ihn allein
wider alle Wahrſcheinlichkeit zu vertheidigen.

Nach begangenem Verbrechen, kam Bothwell 1567 nach seiner Wohnung zurück, und legte sich nieder, ehe die Lunte angelegt war. *) Die Königin erwachte von dem Knall, sie ließ durch eine ihrer Kammerfrauen nach der Ursache desselben fragen, und nachdem sich der Adel um den Pallast und ihre Wohnzimmer versammlet hatte, den Grafen von Bothwell aufwecken, damit er sich erkundigen möchte, was vorgefallen wäre. **) Sie schau-

*) In den Noten über Elisabeths Regierung von Burleigh findet sich folgende: 10. Feb. hora secunda poſt mediam noctem, Hen, rex Scotiae, interfectus fuit per Jac. Co. Bothwell, Jac. Ormeſton, Hob Ormeſton, patrem dicti Jac. Ormeſton. Thom Hepburn. Murdin, Staatsſchriften, S. 763.

**) Ein Brief von Marien in der Bibliothek des College écoſſois zu Paris (Bd. 3, fol. 4.) ſagt nicht, ob dies vor oder nach dem Balle geſchah. Alle Schriftſteller ſtimmen darin überein, die Königin habe ſich ſchon zur Ruhe gelegt gehabt, als das Haus in die Luft ſprang. Buchanan allein, in ſeiner Tragiſchen Geſchichte und in ſeiner Geſchichte von Schottland. (B. 18, S. 100.) behauptet, ſie habe nichts davon gehört, und nachdem ſie die Urſache davon erfahren, ſei ſie nicht aufgeſtanden, und habe bis um zwölf Uhr Mittags geſchlafen.

1567derte, als sie es erfuhr, sie gerieth auf einen schrecklichen Verdacht, und alle Personen, die im Pallaste waren, theilten ihre Empfindungen. Sie
ließ die vom Adel zu sich hinein kommen, und sagte
zu ihnen mit lauten Ausdrücken des Schmerzes,
sie wollte lieber ihr Reich und ihr Leben verlieren,
als den Tod ihres Gemals nicht rächen. Sie befahl ihnen, alles anzuwenden, um die Urheber
einer so schwarzen That zu entdecken, und gelobte
es der Gerechtigkeit, daß die Bestrafung der Schuldigen noch der Nachwelt ein abschreckendes Beispiel
seyn sollte. *) Nun war auf einmal die Hoffnung
eines ruhigern Lebens für sie verschwunden, alle
ihre Entwürfe ihr eignes und Heinrichs Glück zu
machen, waren vereitelt, und sie versank in den
Zustand der quälendsten Ungewißheit, wo sie nichts
als schreckliche Gegenstände um sich her sah, und
grausenvolle Vorstellungen ihre Seele marter-
ten. **)

Der Leichnam des Königs wurde auf ihren
Befehl einbalsamirt; die Zubereitungen zu der
Beerdigung waren einfach, wie es eine so traurige

*) Dies sind ihre Ausdrücke in ihrem Schreiben an
den Erzbischof von Glasgow.

**) Gilbert Stuart, S. 204.

Begebenheit erfoderte. Das Leichenbegängniß war 1567 ohne Gepränge und ohne Glanz, aber es herrschte dabei Todtenstille und Anstand. Der Leichnam wurde in der Kapelle von Holyroodhouse, neben dem Begräbnisse Jakobs V. und Maria von Lothringen, zwischen ihren beiden jungen Prinzen Jakob und Arthur beigesetzt. *) Er wurde nicht mit allen den Ehrenzeichen begraben, welche einem Könige zukommen, der seine Würde durch Erbrecht besitzt, aber doch mit allen denen, die die Gesetze ihm zugestanden; und Maria setzte noch diejenigen hinzu, welche das eheliche Band verlangte, als wenn Darnley vor ihr König von Schottland gewesen wäre, und nicht erst durch sie den von ihm behaupteten Rang erhalten hätte. Sie begab sich von Holyroodhouse nach dem Schlosse von Edinburg, wo sie die Trauer anlegte und ein schwarz ausgeschlagenes verfinstertes Zimmer bezog. Es war bloß von dem blassen und traurigen Schein der Lichter erleuchtet. Dort beweinte diese Fürstin, welche der verruchtesten That beschuldigt wurde, in tiefen Gram versenkt, von Abscheu und Furcht durchdrungen, ihr unglückliches Schicksal. Eine

*) Anderson, Bd. 1, S. 23. Vertheidigung Mariens.

S 2

1566 geheime Vorempfindung von dem, was ihr noch bevorstand, ließ sie Zepter und Krone mit Gleichgültigkeit ansehen; in ihrer Verzweiflung beneidete sie den geringsten ihrer Unterthanen um seinen niedrigen und ruhigen Stand.

Den Tag nach Heinrichs Ermordung erhielt sie von dem Erzbischofe von Glasgow aus Marseille, wohin er dem französischen Hofe gefolgt war, ein Schreiben, worin er ihr von einer Verschwörung in Schottland wider den König, wider sie und den größten Theil des Adels Nachricht gab. *) Dieser Brief schlug Maria völlig zu Boden. Die Unglückliche, deren Verdacht alle Personen ihres Ho-

---

*) Mariens Feinde haben von dieser sehr authentischen Nachricht gänzlich geschwiegen, und selbst ihre Freunde haben nicht alle Gebrauch davon gemacht. Der eigenhändig geschriebene Brief des Erzbischofs existirt noch. Bd. 3 der Schottländischen Memoires, Fol. 9 und 10, in dem Hause der Schotten zu Paris. Keith (Vorr. S. VIII.) giebt einen Auszug davon. S. Belege, No. XVI, mit Mariens Antwort. S. auch Gilbert Stuart, S. 206. Er führt diesen Brief an, um die damalige Unbefangenheit einer Seele zu erklären, die man sich so heftig bemüht hat als strafbar vorzustellen.

fes nach einander traf, ohne daß sie wuste bei wem 1567
sie stehen bleiben sollte, der vielleicht die entsetzliche
Wahrheit weniger unbekannt als schrecklich war,
sah itzt das Schwerdt über ihrem eignen Haupte
hangen. Man hat niemals mit Sicherheit erfahren können, ob Murray seine Schwester mit Heinrich zugleich in den Untergang ziehen wollte; Bothwells Absicht war es gewiß nicht; er hatte ein ganz
anderes Interesse als jener. Murray konnte Mariens Tod wünschen, Bothwell muste ihn zu verhindern suchen. Auch war es Bothwells treuer
Diener Paris, der sie an das den Neuverheira-
theten gegebne Versprechen erinnerte.

Die öffentliche Stimme klagte indessen Murray, Bothwell, Morton und ihre Freunde an.
Die Reformatoren beeiferten sich das Verbrechen
auf die Königin zu wälzen, oder wenigstens einen
Theil der Schande und des Abscheus, die die Folgen davon seyn musten, auf sie zu bringen. Dies
war nicht der Augenblick ihre Beschützer zu verlassen. Obgleich die Mitschuldigen des Lord James
ihr verabredetes Verbrechen wirklich ausgeführt
hatten, so fanden sich doch noch Hindernisse aus
dem Wege zu räumen. Der Graf von Huntley, Kanzler von Schottland, war seines Schwa-
gers, des Grafen von Bothwell, Freund,

1567 der Graf von Argyle Freund von Murray, und Bothwell Staatsminister. Diese vier Männer beherrschten, so zu reden, den geheimen Rath. Ihr Einfluß allein konnte in einem Augenblick alle Stände des Reichs erschüttern. Die Königin fürchtete sich, die Gerüchte, die sich verbreiteten, zu glauben, oder sie glaubte sie wirklich nicht: vielleicht auch war sie von der Wahrheit derselben überzeugt, aber eine ihrem Geschlechte so eigne, als ihrem Range unanständige Furcht hinderte sie, ihre schwache Gewalt wider so angesehene und kühne Verbrecher zu gebrauchen, welche, wie sie wuste, von einer mächtigen Königin unterstützt wurden. *)

*) Robertson fragt, was Murray für Interesse gehabt haben könne, den König aus dem Wege zu räumen. Wir haben es schon nach den glaubwürdigsten Nachrichten angegeben. Die Begierde sich zu rächen war sein erster Bewegungsgrund. Darnley hatte gesagt, er würde Lord James, sobald er ihn allein fände, ermorden. Maria hatte es ihrem Bruder gesagt. (S. Robertf. Anh. S. 361. Nachrichten von dem Grafen von Bedford aus Schottland.) Murray und seine Parthei hatten Darnleyn Anleitung zum Meuchelmorde gegeben; er fürchtete, ihn selbst würde die Reihe treffen zum Schlachtopfer zu dienen,

Wir wollen ihr unvorsichtiges Betragen nach 1567 dieser Begebenheit keineswegs zu entschuldigen suchen, wodurch sie sich selbst als von freien Stücken dem verhaßten Verdachte bloßstellte, an dem Verbrechen Theil genommen zu haben. Aber es kann doch nicht geläugnet werden, daß ihre Lage schrecklich war. Ohne Gewalt, ohne Unterstützung von Frankreich verlassen, welches unter den Streichen des Fanatismus blutete, durch traurige Erfahrungen von Elisabeths Haß und Bemühung ihr

das war genug um ihm zuvorzukommen. Dazu war seine Absicht, die Königin durch den Verdacht, als ob sie selbst die Mörderin ihres Gemahls wäre, ihren Unterthanen verhaßt zu machen, und so sich selbst den Weg zum Throne zu bahnen. Mehr als einmal hatte er sich Mariens Person bemächtigen wollen; Elisabeth war davon unterrichtet gewesen, und er konnte auf ihren Beistand rechnen. Wurde das gute Vernehmen zwischen Marien und Darnley wirklich wiederhergestellt, so war die gewisse Folge davon für Murray Verlust der Gnade der Königin, oder gar sein Tod. Robertson fragt, wie er seinen Feind Bothwell zu seinem Vertrauten hätte wählen sollen? Und wo hätte Murray jemanden finden können, der im Stande gewesen wäre, auf

1567 zu schaden überzeugt, von äußerst verwegnen und schamlosen Bösewichtern umringt, fürchtete sie vielleicht für sich selbst ein ähnliches Schicksal als das, wodurch ihr Gemahl ihr entrissen wurde, und glaubte dadurch ihr Leben zu erhalten, daß sie sich stellte, als ob sie das nicht wüßte, was sie weder zu bemerken noch zu bestrafen wagte. Sie war vielleicht immer noch zu sehr für ihren Bruder eingenommen, um ihn nicht für unschuldig zu halten, und hatte keinen Verdacht auf Bothwell,

seinen Befehl ein Verbrechen zu begehen, wovor die kühnsten Bösewichter zittern? Er fragt ferner, wie Murray sich habe vornehmen können, einen neuen Nebenbuhler auf den Thron zu setzen? Aber die Hoffnung, die er Bothwelln dazu machte, war nichts als eine ihm gelegte Schlinge. Er wußte wohl, daß die Schottländer einen so verachteten Menschen nicht für ihren König anerkennen würden. Und wäre Maria weniger schwach gewesen, so war es Murrayn leicht seine Rolle zu spielen. Er hätte das niedrige Werkzeug seiner Schandthat zerbrochen, hätte Bothwelln verurtheilen lassen, sich selbst von der Furcht befreiet von dem Könige ermordet zu werden, und die erste Stelle nach der Königin im Staate ruhig behauptet.

welchen dieſer treuloſe Bruder mit ſeinem Anſehen 1567 und ſeiner Freundſchaft zu unterſtützen ſchien. Bothwell glaubte nach des Königs Tode zur Erreichung ſeiner Abſichten alles gethan zu haben. Murray ſetzte ſeine Ränke fort; und indem er Bothwelln am Hofe liebkoſte und ihn ſeiner Schweſter als die Stütze des Staats vorſtellte, ſo deckte er ingeheim ſein Verbrechen auf, erregte den Geiſt des Aufruhrs in Schottland, und reizte ſelbſt fremde Nazionen ihren Unwillen und Abſcheu zu äußern.

Wenig Tage nach des Königs Ermordung ließ Maria eine Proklamation ergehen, worinn ſie dem Volke verſicherte, ſie würde nichts verſäumen, un die Urheber einer ſo abſcheulichen That zu entdecken; ſie bot demjenigen, der die Schuldigen, die Rathgeber und die Mitſchuldigen des Verbrechens bekannt machen würde, eine Summe von zweitauſend Pfund Sterling und einen lebenswierigen Gnadengehalt an. Sie verſprach demjenigen von den Verſchwornen, der die Verrätherei frei geſtehen und alle Verſchworne nennen würde, eine Belohnung und öffentlich zugeſicherte Begnadigung. *) Es war leicht einzuſehen, daß ein einziger, ohne Helfer und ohne Vertraute, ein ſolches Verbrechen nicht hätte begehen können. Es war

*) Keith, S. 368. Anderſon, Th. 1, S. 36.

S 5

1567 also beinahe unmöglich, daß die Wahrheit immer
geheim bleiben sollte. Diese Erklärung erregte allgemeine Aufmerksamkeit; vier Tage nachher war
an die Thür des Gefängnisses eine Schrift angeschlagen, worin der Graf von Bothwell, James
Balfour, David Chalmers und ein Schwarzer
Namens John Spencer als Königsmörder be-
nannt waren. *) Dieser Zettel war ohne Na-
mensunterschrift, und die versprochene Belohnung
wurde darin nicht gefodert. Man weiß nicht, ob
das Volk Bothwell und seine Kreaturen in Verdacht hatte, oder sie mit Gewißheit für die Mörder hielt, oder ob diese erste Angabe von Murray
herrührte. Fast sollte man dies letztere glauben,
da weder er noch irgend einer von seinen Vertrauten darin genannt war. Indeß die Großen von
Schottland und die Ausländer ihn für schuldig an-
sahn, **) wäre es zu verwundern gewesen, wenn
er nicht genannt worden wäre. Er erschien den folgenden Tag wieder in Edinburg, und setzte seine
geheimen Ränke fort. Seit langer Zeit schon hielt
er es vor Elisabeth nicht geheim, daß er zwischen

*) Anderson, Bd. 1, S. 36. Bd. 2, S. 156 —
159.

**) Goodall, Bd. 1, S. 328.

dem Könige und seiner Gemahlin Zwistigkeiten 1567
erregte. England und Frankreich wurden bald mit
Briefen überschwemmt, welche den Höfen und den
Privatpersonen diese schreckliche Begebenheit bekannt machten, und alle Arten von listigen Wen-
dungen enthielten, um die Königin wenigstens als
Mitschuldige verdächtig zu machen. Die Minister
und Anhänger der Königin Elisabeth konnten dieser
Monarchin keinen angenehmern Dienst erweisen,
als wenn sie Mariens Ehre angriffen. In Schottland hörten die Reformirten nicht auf das Volk
aufzureizen, indem sie ihm ihr sanftes Betragen
gegen ihren Gemahl als eine demselben gelegte
Schlinge vorstellte, um ihn ins Verderben zu stürzen. Alle Priester, alle Religionsdiener waren
Anhänger und Freunde von Murray. Die Ehrfurcht des großen Haufens für Dinge, die er als
geheiligt ansieht, gab den Dienern des neuen Reli-
gionssystems eine große Gewalt über die Gemüther,
und sie machten auf dieselben einen desto tiefern Eindruck, da die Thatsachen für ihre Behauptungen
zu sprechen schienen. Von den Kanzeln erschollen
ihre Deklamationen, ihre Beschuldigungen gegen
die Königin; verschiedne Blätter enthielten Anklage
wider die Königin und Bothwell; es wurden alle Mittel angewandt, den Unwillen des Publikums zu er-

1567 regen. Die Bildnisse derer, die des Königsmordes schuldig seyn sollten, wurden in dem ganzen Reiche verbreitet. Sogar sollen bei stiller Nacht Stimmen sich haben hören lassen, welche in traurigen Tönen laut den Namen Bothwell nannten. *) Maria wußte wohl, daß die fanatischen Geistlichen sie unaufhörlich verläumdeten. Das Bewußtsein ihrer Unschuld bei allem Verdachte, der gegen sie und Bothwell erregt wurde, war vielleicht Ursache, daß sie diesen Mann gleichfals von einem ungerechten Hasse verfolgt, und so unschuldig glaubte, wie sie selbst war. **) Einige Vermuthungen wider Murray, Lethington und Morton verbreiteten sich in Schottland und England; aber die Verkettung der Begebenheiten, wovon nur eine bekannt geworden war, blieb in tiefer Dunkelheit begraben. Die Widersprüche in jenen Vermuthungen, der Schrecken, die Erwartung dessen, was die Königin thun würde, ließen Anfangs kein sicheres Urtheil über den Grund dieser entsetzlichen Verschwörung fällen. Der Graf von Lenox, welcher vom Hofe abwesend war, schrieb an Maria, und verlangte von ihr Gerechtigkeit gegen die Mör-

*) Spotswood, S. 200. Keith, S. 368.

**) Gilbert Stuart, S. 211.

der seines Sohns. *) Er beschwerte sich damals 1567
bloß, daß Maria nicht mit dem gehörigen Nachdruck verführe; nichts begünstigt den Gedanken,
daß er ihr wegen der Ermordung seines Sohns
die Schuld beigemessen habe. Er scheint sogar ihr
den Mangel an Nachdruck nicht eher vorgeworfen
zu haben, als nachdem er verlangt hatte, daß sie
die in den angeschlagenen Papieren benannten Personen einziehen und in sichere Verwahrung bringen
ließe. Maria antwortete auf dieses Ansuchen, die
angeführten Papiere widersprächen einander, und
gäben keinen hinlänglichen Grund zu einer Anklage
gegen irgend einen ihrer Unterthanen: das Parlament, welches sich die folgende Woche versammlen
würde, sollte das Verbrechen untersuchen und zur
Entdeckung der Schuldigen nach den Gesetzen des
Reichs das nöthige verfügen, und sollten dann die
genannten Personen schuldig befunden werden, so
würde sie dieselben der Strenge der Gesetze überliefern. Wir mögen Maria Stuart für schuldig oder

*) Der erste Brief, den Anderson vom Grafen Le-
nox unter dem 20. Februar eingerückt hat, be-
zieht sich auf ein vorhergehendes Schreiben von
Maria. Es sind wenigstens zwei Briefe von dieser Korrespondenz verloren gegangen.

1567 unschuldig halten, so scheint es doch, daß sie auf eine Anklage, deren Urheber sich nicht zu nennen wagte, keine andre Antwort geben konnte. Eine Königin durfte ja keine widerrechtliche Angriffe auf die Freiheit, die Ehre und das Leben ihrer Unterthanen wagen. Der Graf von Lenox setzte hinzu, es würde leicht seyn, wenn die Anklage falsch befunden würde, die Beklagten wieder in Freiheit zu setzen, und ihnen Genugthung zu geben. Der Schmerz über seinen Verlust blendete ihn hier. Welche Entschädigung sieht wohl in der Gewalt der Menschen, wenn sie einmal die Unschuld mit Schande gebrandmarkt haben? Maria, welche keine widergesetzliche Anklage gegen ihre Unterthanen annehmen konnte, drückte dies auf die einzige ihrer Würde gemäße Art in ihrem Schreiben aus; Lenox schien dies so zu verstehen, als ob sie behauptete, die Namen der Angeklagten nicht zu wissen. Lenox redete freilich als Vater, aber er war ein Mann ohne Charakter und ohne Geist; er war dazu ehrgeizig und mißgünstig. Er war nach dem Tode des Grafen von Murray Regent des Reichs. Untersuchen wir sein Betragen unter diesem Gesichtspunkte, so werden wir vielleicht weniger edle Bewegungsgründe desselben finden als die väterliche Zärtlichkeit.

Wegen der Unvorsichtigkeit, womit sich Maria 1567 den Eingebungen Bothwells und ihres Bruders überließ, ist es nicht eben so leicht sie zu entschuldigen. Indeß verließen die Grafen von Murray, Morton und Lethington weder Bothwell noch die Königin. Wenn es wahr ist, wovon ihr ganzes Betragen zeugt, daß sie gegen ihren Bruder keinen Verdacht hatte, so beargwöhnte sie eben so wenig denjenigen, den sie für ihren Freund hielt. Wenn sie ihm den Prozeß machen ließ, so war es, weil sie dies nicht verhindern konnte. Der Graf von Lenox verlangte es, und war gewissermaßen Kläger in der Sache. Da sie ihn aber nicht für schuldig hielt, und sah, daß er den Vater ihres Gemahls und alle Reformirte, deren Geschrei ihr so oft furchtbar gewesen war, zu Feinden hatte; so ist es kein Wunder, daß sie ihn zu retten, und die Schärfe eines Prozesses zu mildern suchte, wovon sie den Ausgang nicht vorhersehen konnte. Durch eine Akte vom 28. März setzte sie den zwölften des Monats April an, um den Prozeß dieses Mannes und aller übrigen Angeklagten zu eröffnen. Sie ließ zugleich den Grafen von Lenox und alle Ankläger des Grafen von Bothwell vorladen zu erscheinen, und ihre Beweise beizubringen. Sie

1567mochte ſchuldig oder unſchuldig ſeyn, *) ſo konnte
ſie nicht mehr thun.   Was ſie aber immer für Abſichten gehabt haben mag, da ſie den Grafen von
Bothwell vor dem verſammleten Parlamente richten ließ, ſo ſetzte ſie ſich ſelbſt einer großen Gefahr
aus, wenn ſie ſchuldig war. Von Bothwells
Verbrechen · konnten ſolche - Beweiſe vorgebracht
werden, bei deren Unterſuchung ſie ſelbſt in die
gröſte Verlegenheit gerathen wäre. Wollte man
auch glauben, daß ſie das Parlament gewonnen
oder in Furcht geſetzt hätte, ſo konnte ſie doch
nicht das Stillſchweigen aller Staatsbürger er-
kauft haben; und der geringſte von ihnen könnte
eine Klage gegen ſie einbringen, und ſeine Beweiſe
oder Anzeigen angeben.

Wäh-

*) Robertſon, S. 405. Keith, S. 374. Hiſtor.
   und krit. Unterſ. S. 226. Anderſ. S. 50. Die
   Akte iſt im Namen der Grafen von Huntley,
   Argyle, Bothwell, Caithnes, des Erzbiſchofs
   von Roſſ ꝛc. gemacht. Auffallend iſt es ohne
   Zweifel, daß Bothwell in dem Conſeil gegenwärtig war und Simme hatte, aus dem eine Akte
   zur Eröffnung eines Prozeſſes erging, worin er
   als Königsmörder verwickelt war.

Während ihrem Briefwechsel mit dem Grafen 1567 von Lenox hatte sie wechselsweise zu Edinburg und in Lord Seatons Hause, einige Meilen von dem Schloße von Edinburg, gewohnt. Knox und Buchanan machen ihr aus diesen Veränderungen ihres Aufenthalts, welche sie Lustreisen nennen, ein Verbrechen. Sie verließ indeß ihre einsame und ungesunde Wohnung auf dem Schloße von Edinburg nicht anders, als auf den Rath der Aerzte und die dringenden Bitten ihres geheimen Rathes. *) Sie ging nach dem Wohnsitze des Lords Seaton, wo sie nur wenig Tage hinter einander zubrachte. Sie befahl strenge Nachforschungen nach den Urhebern der Schriften, die beständig in Tolbuith angeschlagen gefunden wurden. Aus diesem Befehl ist ihr ein Vorwurf gemacht worden; sie soll mehr Sorgfalt angewandt haben, Bothwells Ankläger als die Mörder des Königs zu entdecken. Aber das Parlament war schon berufen, der Tag zum Verhör bestimmt, und alle dazu erforderliche Befehle waren gegeben. Das Anschlagen der Schandschriften, worin sie nicht weniger als Both-

*) Keith, S. 373. Anderson, Vertheidigung der Ehre Mariens, S. 25. Buchanan in Jebbs Sammlung, S. 316.

1587 weil beschimpft wurde, war unstreitig eine öffent=
liche Unordnung, der sie steuern muste. *) Es
wurde einer entdeckt, der dergleichen Schriften ge=
macht und angeschlagen hatte; es war James
Murray, William Murrays von Tullibardine
Bruder. Da er sich auf die Vorladung vor den
geheimen Rath nicht stellte, so wurde jedem
Schiffskapitain durch eine Akte dieses Conseils ver=
boten, ihn aus dem Reiche zu führen. **) Diese
Verordnung war der Klugheit gemäß, und schien
ihren Zweck nicht verfehlen zu können: James ent=
kam dennoch. Eine verborgene aber überwiegen=
de Macht begünstigte ohne Zweifel seine Flucht.
In allen Provinzen des Reichs wurden immerfort
Schmähschriften bekannt gemacht, welche daselbst,
nach Verhältniß der Anzahl oder des Standes der

*) Carte, S. 452.

**) Keith, S. 374. Gilbert Stuart, S. 215.
Anderf. Bd. 1, S. 38. Es war den Verschwor=
nen viel daran gelegen, einen überwiesenen Ver=
brecher aus Schottland zu entfernen, welcher
vielleicht versucht hätte, durch eine Aussage,
die verschiedne von ihnen fürchten musten, seine
Begnadigung zu erkaufen. Ohne einen mächtigen
Schutz konnte er, nach den genommenen Maßre=
geln, weder aus Schottland gehen, noch daselbst

Bewohner und der Größe der Oerter schleunigere[567] und heftigere Wirkungen hervorbringen konnten. *)

Indeß näherte sich der Tag, an dem Bothwells Prozeß vorgenommen werden sollte. Maria schien von seiner Unschuld desto mehr überzeugt, da ihres Bruders Vertrauen ihr ein gleiches Vertrauen einflößen mußte. Sie ließ ihn zu ihren Berathschlagungen über die geheimsten Angelegenheiten

verborgen bleiben. Von Bothwelln hatte er gewiß diesen Schutz nicht zu erwarten. Von niemanden läßt sich die Verwegenheit denken, sich den Beschlüssen seiner Monarchin zu widersetzen, als von dem Grafen von Murray; und ohne ein wichtiges persönliches Interesse würde er dieses für keinen Elenden gethan haben, der niederträchtig genug gewesen war, anzugeben, ohne sich zu nennen, und ohne seine Anklagen zu beweisen.

*) Carte, S. 452. Keith, S. 380. Akte wider diejenigen, die Schandschriften schreiben und anschlagen. Diejenigen, die dergleichen gegen die Königin schreiben, sollen nach dieser Akte am Leben, die übrigen, die nur die Ehre der Großen des Reichs und derer vom Adel angegriffen haben, sollen mit Gefängniß nach Willkühr der Königin bestraft werden.

T 2

1567zu; er hatte nicht nöthig wegen des Ausganges
seiner Sache in Sorgen zu seyn. Sie machte ihn
zu einer Zeit, da alle südliche Theile Schottlands
wegen der verschiednen Stellen, die er bekleidete,
unter ihm standen, zum Gouverneur von Edinburg; *) und um den Grafen von Marr zur Ab-
tretung dieses wichtigen Postens zu bewegen, vertraute sie demselben die Person des jungen Prinzen
an. Maria hätte allerdings in Absicht auf einen
Mann, der als Mörder ihres Gemahls angeklagt
war, mehr Zurückhaltung brauchen sollen. Das
Gefühl von Wohlstand und Schamhaftigkeit,
welche kein Frauenzimmer verletzen kann, ohne ihre
Rechte auf die Achtung des Publikums zu verlieren, hätte sie erinnern sollen, ihr Urtheil noch
aufzuschleben, und die Beweise ihres Wohlwollens
noch zurückzubehalten. So sehr sie auch von Bothwells Unschuld überzeugt seyn mochte, so war es
die Nation doch nicht, da Ankläger gegen ihn da
waren; und Mariens Rang machte es ihr noth-

*) Robertson, S. 604. Keith, S. 379. Bucha-
nan, B. 18. S. 194. Nach Spotswood, (S.
301.) Carte, (S. 453.) und Hume, war es
James Balfour, dem die Königin das Schloß
von Edinburg anvertraute.

wendig, einen Mann, deſſen Umgang ihrer Ehre 1567 ſchaden konnte, auf einige Zeit von ſich zu entfernen. Sie glaubte, ihren Hof und und ihre Unterthanen zu überreden, daß ein Mann, den ſie mit Beweiſen ihres Wohlwollens überhäuft hatte, kein Mörder wäre, noch ſeyn könnte: ſie wuſte nicht, daß die Meinung des Publikums von der Gunſt oder der Ahndung der Könige unabhängig iſt. Maria Stuart, Weib, Mutter und Monarchin ſtand allein vor der Majeſtät der Nationen, und konnte ſich ihrem Urtheil nicht entziehen. Die Geſetze und die Landesgewohnheiten von Schottland ſchrieben bei einem Rechtshandel wegen Hochverraths vierzig Tage nach der erſten Vorladung vor. Die Akte, worin der Tag des Verhörs angeſetzt wurde, iſt vom 28. März: *) Der Graf hatte

*) Anderſ. Bd. 1, S. 50. Der Warrant der Königin, wodurch Lenor als Zeuge vorgeladen wird, iſt vom 29. (Bd. 2, S. 97.) Er wurde denſelbigen Tag durch eine öffentliche Proklamation bei dem Kreuze in Edinburg, und den 1. und 2. April in ſeinen Häuſern zu Glasgow und Dumbarton zitirt. (eb. daſ. S. 100, f.) Robertſon bemerkt, dieſer nicht nothwendige Aufſchub gebe zum Verdachte Anlaß. Er hätte eher können vorgeladen werden, ob er ſich gleich vierzig Meilen von Edin-

T 3

1567 also elf Tage, um sich zu einem Prozesse vorzuberei-
ten, dessen Betreibung ihm so sehr am Herzen lag.
Die Kürze der Zeit fiel ihm zu Anfang gar nicht
auf, und er dachte nicht daran die Königin deswegen zu tadeln. Die gerechte Rache eines Vaters
kann nicht zu früh befriedigt werden. Lenox machte
sich ohne Furcht und ohne Argwohn auf den Weg.
Aber falsche oder gegründete Nachrichten schlugen

burg aufhielt. Aber Maria hatte ihn, wie Robertson selbst hinzufügt, schon in einem Schreiben
vom 24sten eingeladen, die nächste Woche nach
Edinburg zu kommen. Die Akte vom 28sten
wurde ihm sogleich bekannt gemacht. Es ist
schwer zu begreifen, wie er in kürzerer Zeit hätte
vorgeladen werden sollen. Die Gesetze hatten
hier freilich von der Vorladung bis zum Anfange
des Prozesses eine Zeit von vierzig Tagen unwi-
derruflich vorgeschrieben. Allein die dringenden
Briefe des Grafen von Lenox und die Erbitterung
der geheimen Feinde Bothwells bewogen Maria diese Zeit abzukürzen. Sie that ohne Zweifel Unrecht daran, und die arglistigen Ränke ihrer Gegner mächten ihr diese Eilfertigkeit mehr
schädlich als nützlich. Aber wenn sie das Gesetz
befolgt hätte, so würde ihr vorsetzliche Zögerung
zur Last gelegt seyn.

seinen Muth nieder. Er war schon nahe bei Edinburg 1567 als er wieder umkehrte, und zu Stirling anhielt. Von da schrieb er den Tag vor Eröffnung des Prozesses an die Königin, die Mühseligkeiten der Reise hätten seine Gesundheit geschwächt; die Zeit wäre für eine Sache von solcher Wichtigkeit zu kurz, und es wäre ihm nicht möglich in so wenig Tagen seine Freunde zusammenzubringen; er wünschte, daß der Prozeß noch aufgeschoben werden, und daß die Königin ihm die Vollmacht geben möchte, alle diejenigen als Zeugen aufzurufen, die von dem Morde seines Sohns irgend einige Kenntniß hätten. *) Diese außerordentliche Bitte, welche so wenig mit

*) Robert Bruce, S. 331. Robertſ. S. 406. Keith, S. 374. Buchanan, B. 18, S. 195. Anderſon, Bd. 1, S. 52. Carte, S. 452. Gilbert Stuart, S. 216. Robertſon behauptet, der Graf Lenox, dessen Vaſallen seit langer Zeit an Unabhängigkeit gewöhnt waren, sei nicht mächtig genug geweſen, um einen Mann, der bei der Königin in so großen Gnaden ſtand, öffentlich anzuklagen. Er hatte aber bei seiner Abreiſe nach Edinburg ſo kluge Betrachtungen noch nicht gemacht. Er hatte den Grafen von Bothwell ſchriftlich geradezu und ohne Schonung angeklagt. Der Schmerz eines Vaters und der Wunſch eine

1567 dem Betragen des Grafen übereinstimmte, hätte ohne Bedenken zugestanden werden können: allein Murrays Freunde hatten Lenox nicht entfernt, um ihm Zeit zur Begründung seiner Anklage zu geben. Murray hatte den Schauplatz verlassen, wo verhaßte Auftritte vorbereitet wurden. In diesen unruhigen Augenblicken, wo die Königin mehr als jemals weiser Rathschläge bedurfte, hatte er sie um Erlaubniß gebeten, zum Vergnügen in fremde Länder zu reisen, und zuerst nach Frankreich zu gehen. *) Er verließ Schottland, ehe

gerechte Rache zu befriedigen, lassen keinen so tiefen politischen Ueberlegungen Raum. Lenox konnte nur durch falsche Nachrichten von der Fortsetzung seiner Reise abgehalten werden. Und diese Nachrichten, die ihm Maria verdächtig machte, konnten nur von solchen herrühren, denen daran gelegen war, Bothwelln gerechtfertigt zu sehen. Vielleicht waren es Bothwell, Morton und Murray, welche aus verschiednen Gründen wünschten, diese Sache schleunig zu ersticken, die den ohnehin schon furchtsamen Lenox in Schrecken setzten. Historische und kritische Untersuchungen, S. 227.

*) Gilbert Stuart, S. 227. Keith, S. 374. Er ließ seine getreuen Kreaturen Morton und Le-

noch der Prozeß begann, den 9. April, und em 1567
pfahl bei seiner Abreise die Königin und den Staat
dem Grafen von Bothwell, welchen er die Schutz=
wehr und die Stütze des Reichs nannte. Maria
setzte immer noch ein blindes Vertrauen auf diesen
gefährlichen Mann, und ließ ihn abreisen. Erst
nach seiner Entfernung erhielt sie den Brief des
Grafen von Lenox. Es muste ihr sonderbar vor=
kommen, daß zwölf Tage ihm nicht hinreichend ge=
wesen waren, seine gerichtlichen Beweise beizubrin=
gen; noch sonderbarer, daß er bei seiner ersten
Vorladung sich nicht über diese kurze Frist beklagt,

thington am Hofe zurück, in die er ein solches
Zutrauen setzte, daß er selbst sich gemeiniglich
entfernte, wenn er ein Verbrechen vorhatte. Er
bestätigte der Königin Elisabeth mündlich alle die
ungünstigen Nachrichten von Marien, die er ihr
vorher hatte zukommen lassen. Um ihr bei den
Engländern, die sich für ihre Rechte auf den Eng=
lischen Thron erklärten, zu schaden, verbreitete
er unter ihnen die boshaftesten Anmerkungen über
ihr Vorhaben sich mit Bothwelln zu verbinden.
Robertson erwähnt seiner Reise gar nicht. Hume
redet nachher von seiner Ankunft in Frankreich,
ohne dem Leser vorher gesagt zu haben, daß er
dahin gegangen sey. Buchanan läßt ihn erst nach

1567und bis den letzten Tag vor der Parlamentsversammlung angestanden hatte sich zurückzuziehen,
vorzüglich aber, daß er Beistand nöthig zu haben
glaubte, um sich an ihren Hof zu begeben. Dies
hieß, die Regierung, die Majestät des Throns
und die Rechte des Bluts verletzen, welche sie an
ihn knüpften. *) Mariens geheimer Rath machte
sie listiger Weise auf diese Beobachtungen aufmerksam, um sie zu hintergehen, und sie glauben zu
machen, es foderte ihre Würde, die Bitte des

ihrer Vermählung mit Bothwell abgehen, und
ihn bei der Gelegenheit die Rolle eines Tugend-
helden spielen. (S. B. 18. S. 204. f.) Robert
Bruce und Carte geben den Zeitpunkt seiner Abreise nicht an, aber beide sind dem Grafen von
Murray nicht gewogen. Carte ist indeß aufrich-
tiger; sein Urtheil fällt für Murray allein ungün-
stig aus. Bruce, welcher zugleich Marien beschuldigt, bringt schwankende und verworrene
Vermuthungen an, und erzählt Thatsachen in
einer ganz andern Ordnung, als worin sie stehen
sollten, so daß man glauben muß, er habe die
Wahrheit nicht sagen können oder nicht sagen
wollen.

*) Keith, S. 374. Gilbert Stuart, S. 223.
Cambden, S. 404.

Grafen von Lenox abzuweisen, da sie ihm doch den 1567 verlangten Aufschub, in Betracht der wichtigen Umstände, und der Rechte, die er über das Herz seiner Schwiegertochter hatte, der Aufrechthaltung der Landesgesetze und Gebräuche in der Zukunft unbeschadet, hätte zugestehen sollen.

Der Graf von Lenox scheint, kurz nach erhaltenem Befehl als Gegenparthei von Bothwell vor Gericht zu erscheinen, an Elisabeth geschrieben, und sich über die kurze Zeit beschwert zu haben, die ihm zur Einrichtung seiner Klage zugestanden war. Hätte er nicht eine solche Beschwerde bei seiner Monarchin anbringen sollen? Elisabeth schrieb an Maria um Aufschub; ihr Schreiben scheint aber erst nach dem Anfange des Prozesses angekommen zu seyn. *) Das Zutrauen des Grafen

*) Dieses Schreiben ist vom 8. April, und bei Robertsf. im Anhange, No. XIX. befindlich. Es ist aus demselben zu schließen, Lenox habe der Königin von Ränken gesprochen, welche er in dem Prozeß gegen Bothwelln entdeckt haben wollte, und die gegen Marien verbreiteten Gerüchte scheinen nicht wenig Glauben gefunden zu haben, da die Königin von England ihr unverholen und ohne Schonung darüber zu schreiben wagt. „Um Gotteswillen, Madame, schreibt

1567von Lenoy zu der Königin, nach den Ungerechtigkeiten dieser Fürstin gegen seinen Sohn und der
Gefangenschaft, worin sie die Gräfin gehalten
hatte, ist sehr auffallend, und kann leicht auf die
Vermuthung bringen, daß Murray hier Kunstgriffe gebraucht habe, welche wir bei Ermangelung
geschriebener Beweise nicht durchzuschauen im
Stande sind.

Bothwells Prozeß wurde wirklich den zwölften
April eröffnet. Das Gericht bestand aus dem Grafen von Argyle, als Oberhaupt der Justiz, und
vier Beisitzern, dem Abt von Dumfermeling
Robert Pitcarn, dem Lord Lindsay, M. James

sie unter andern, nachdem sie von dem schrecklichen Verdacht gesprochen hat, den sie sich durch
ihre Weigerung zuziehen würde, verfahrt in dieser Sache, die euch so nahe angeht, mit solcher
Aufrichtigkeit und Klugheit, daß jeder Ursache
habe, euch wegen eines so greulichen Verbrechens
unschuldig zu erklären. Ihr würdet sonst mit
Recht euren Rang unter den Fürsten verlieren,
und als ein Auswurf der Menschheit angesehen
werden. Ehe dies euch widerführe, möchte ich
euch lieber ein ehrliches Begräbniß als ein mit
Schande beflecktes Leben wünschen. ꝛc."

Macgill und Heinrich Balneaves, welche beiden 1567 letztern Sessionsmitglieder waren. *)

Nach den gewöhnlichen Formalitäten wurde die Anklage verlesen, worin Bothwell als Anstifter und Ausführer des den 9ten April in der Nacht begangenen Mordes des Königs angeklagt war, und die Briefe des Grafen von Lenox an die Königin wurden beigebracht. Die Richter luden James, Grafen von Bothwell als Beklagten an einer Seite, und an der andern Mathlew Grafen von Lenox und alle Diener der Königin vor, die in dieser Sache Beweise beibringen könnten, oder dergleichen beibringen zu können glaubten.

Der Graf von Bothwell erschien in Person, und wählte sich zwei Gerichtsbeistände, welche zugelassen wurden. Zu gleicher Zeit legte Heinrich Kinros Prokurator von Andrews den Richtern eine Schrift und eine Protestation vor, des Inhalts: der Konstabel des Reichs hätte bisher allein über alle diejenigen zu erkennen und zu urtheilen

*) Eben diese vier Personen, lauter Kreaturen von Murray, kamen nachher nach London, nach York, nach Hamptoncourt, um ihre Monarchin zu verklagen.

1567 gehabt , die wegen vorſetzlichen Todtſchlages, Meuchelmordes oder Blutvergleßens in der Nähe des königlichen Pallaſtes und auf vier Meilen in die Runde, angeklagt wären, er reklamirte alſo wider das dem Grafen von Argyle als Oberhaupt der Juſtiz übertragene gerichtliche Urtheil, welches der richterlichen Gewalt des Konſtabels und ſeinen Rechten keinen Eintrag thun ſollte.

Hierauf trat Robert Cuningham im Namen des Grafen von Lenox auf, und zog eine Schrift hervor, welche folgende Puukte enthielt. Er gab die Urſachen der Abweſenheit des Grafen an, weil nämlich die verſtattete Zeit zu kurz wäre, und er ſeine Freunde und Diener nicht um ſich hätte, deren Begleitung ſeine Ehre und ſein Leben gegen ſeine mächtige Gegenparthei ſichern könnte. Er gab, wenn das Gericht dennoch anfangen ſollte, ſeinen Widerſpruch zur Ueberlegung, und proteſtirte, wenn diejenigen, die des an dem Könige verübten Mordes beſchuldigt wären, ſollten freigeſprochen werden, gegen den Urtheilsſpruch; denn, ſetzte er hinzu, er wird nicht aus Unwiſſenheit ſo gefällt werden, ſondern aus willkührlicher Hartnäckigkeit, da die Beſchuldigten wirklich die Mörder des verſtorbenen Königs ſind.

Die Richter verwarfen die Proteſtation, und 1567
ſchritten, wie ſie ſagten, den Geſetzen des Reichs
gemäß, noch denſelbigen Tag zur weitern Inſtruk‐
tion. *)

Es wurden nachher die gewöhnlichen Formali‐
täten beobachtet, die nicht zum Weſentlichen der
Sache gehören. Die lächerliche Unterſuchung eines
Faktums, das die Richter und der Beklagte beſſer
wuſten als der Kläger, wurde in aller Form Rech‐
tens angeſtellt; und nach einer langen und ernſthaft
ſcheinenden Erörterung wurde Bothwell von dem
Morde freigeſprochen, und der Anklage entladen. **)

*) Anderſ. Bd. 1, S. 103 — 108. Keith, S.
375 — 378. Spotswood, S. 201. Morton,
welcher Bothwell ſelbſt vor die Gerichtsſchränken
begleitete, war, ſo wie Argyle und Rothes,
einer der grauſamſten Feinde Mariens; der Graf
von Arrol hingegen war nachher einer ihrer ge‐
treuſten Vertheidiger. Aber gerade deswegen,
weil man ihm die geheimen Greuel dieſes betrü‐
geriſchen Verfahrens nicht anvertrauen konnte,
bedachte man ſich nicht die eingeführte Ordnung
zu verletzen, um ihm die Unterſuchung zu ent‐
reiſſen.

**) Folgende Perſonen machten die Great Jury aus:
der Graf von Argyle, der Graf von Rothes, der

1567 Der Graf von Caithneß, als Kanzler dieses Ge=
richts, erklärte in der Richter und in seinem Na=
men, es könnte ihnen, ihrem Spruch zufolge, kein
vorsetzlicher Irrthum schuld gegeben werden, da
weder Beweis, noch Zeugen, noch Augenschein
da wären, um die Klagpunkte, die ihnen zur Un=
tersuchung vorgelegt waren, zu begründen und zu
bestärken. Zu gleicher Zeit erbot er sich, in seinem
eignen Namen zu erklären, daß die Anklage einen
Fehler enthielte, da der Mord des Königs nach
derselben am 9. Februar geschehen seyn sollte, da
er doch am 10ten begangen wäre. *) Dieser
Fehler

Graf von Caithneß, der Graf von Cassilis, Lord
Hamilton, Abt von Arbroith, Sohn des Her=
zogs von Chatelleraud, Lord Röß, Lord Simple,
Lord Herreis, Lord Oliphant, John Forbes,
John Gordon von Lokinwar, Lord Boyd, James
Kokburne von Lantoun, John Somerwell von
Cambusnethan, Mowbray von Barnebowgall,
Ogilby von Boyn. Die Namen dieser Männer
werden in der Folge mehrentheils noch wieder
vorkommen. Lord Herreis war der einzige von
ihnen, der seiner unglücklichen und betrogenen
Monarchin treu blieb.

*) Anders. Bd. 2. S. 103. Keith, S. 377. Gil=
bert Stuart, S. 219. Spotswood, S. 202.

Fehler war vielleicht mit Fleiß gemacht worden; 1567.
wenigstens ist das eine ziemlich allgemein ange-
nommene Meinung, ob es gleich schwer zu erklären ist, wie dieser Irrthum der einen oder der andern Parthei nützlich seyn konnte, und was die
Königin, von der er, wie man behauptete, herkam,
für einen Vortheil daraus hätte ziehen sollen. *)

*) Wenn Bothwell den 9ten Februar abwesend ge-
   wesen wäre, so hätten wir Ursache zu glauben,
   dieser Irrthum wäre mit Fleiß begangen, um die
   Unmöglichkeit zu beweisen, daß er ein Verbrechen
   an einem Orte begangen habe, wo er damals nicht
   war. Doch selbst in diesem Falle wäre die Entschuldigung nur schwach gewesen; der Graf von
   Murray, obgleich den 10ten Februar abwesend,
   hatte nichtsdestoweniger Theil an dem Morde des
   Königs. Allein es war gar kein solcher Grund
   da; also war der 9te oder der 10te für den Schuldigen gleich. Einige haben geglaubt, durch diesen Irrthum hätte ein Rechtsmittel vorbereitet
   werden sollen, um das Urtheil für nichtig zu erklären, weil nach den Rechten ein Irrthum in der
   Zeitbestimmung eine Nichtgeltenserklärung be-
   gründet. Dies ist nicht ohne Wahrscheinlichkeit.
   Allein die Protestation des Kanzlers, welche den
   Irrthum unnütz macht, und die Sache in ihre

1567 Bothwell wurde also von einem Gerichte los-
gesprochen, deſſen Mitglieder zum Theil ſeine Mitſchuldigen und Kreaturen von Murray waren.
Er ließ ſich von bewaffneten Männern begleiten.
Die Königin konnte dieſe Verletzung der Geſetze
nicht unbekannt ſeyn, und ſie hatte dieſelbe nicht
zugeben ſollen. Morton ging ihm während dem

natürliche Ordnung wieder herſtellt, hebt dieſe
Vermuthung auf. Der Verfaſſer der hiſtoriſchen und
kritiſchen Unterſuchungen macht, um Marien zu
rechtfertigen, die Beobachtung, die Königin
wäre in den Subtilitäten der Schikane zu wenig
unterrichtet geweſen, um zu wiſſen, daß ein Irrthum in der Zeitbeſtimmung ein hinlängliches
Mittel ſey, einen Rechtsſpruch ungültig zu machen.
(Seite 229. Anm.) Ein anderer Beweis ſcheint
zu ihrer Vertheidigung ſtärker zu ſein; es iſt die
Sache ſelbſt. Maria, wir mögen ſie ſchuldig
oder unſchuldig glauben, konnte die Sentenz,
welche den Grafen von Bothwell losſprechen
ſollte, nicht annulliren. Sie wußte wohl, daß
es keine rechtliche Beweiſe gegen ihm gab; und
überdem konnte ſie ihn begnadigen, oder entkommen laſſen. Unſchuldig und überzeugt, daß Bothwell eben ſo wenig ſchuldig, als ſie ſelbſt wäre,
konnte ſie die Nichtigkeitserklärung des richter-

ganzen Verhör nicht von der Seite, ohne Zweifel 1567
um ihn bei festem Muthe zu erhalten. Die vier
Beisitzer des Grafen von Argyle waren Freunde
des Grafen von Murray, und wurden nachher
Mitglieder seines geheimen Raths, sobald er die
öffentliche Gewalt in die Hände bekam. John
Spence, Advokat und Anwald des Königs, und

lichen Ausspruchs weder wünschen, noch vorhersehen.

In der Folge wollten die Feinde der Königin
die Protestation des Grafen von Caithneß, diesen
Irrthum betreffend, für eine Protestation wider
das Urtheil selbst angesehen wissen (S. Anderson, Bd. 2. Seite 113—116). Allein diese Protestation hat schlechterdings keinen andern Gegenstand, als den angemerkten Irrthum; und der
Kanzler erklärt ausdrücklich, daß, da weder der
Prokurator, noch andere, irgend einen Beweis
vorgebracht haben, und kein Zeuge gegen die Angeklagten vor Gericht erschienen sei, weder er,
noch die übrigen Mitglieder des Gerichts, eines
vorsätzlichen Irrthums zu zeihen sei, wenn sie
glauben, die Beschuldigten lossprechen zu müssen.
Die Protestation ging vor Ablesung des Urtheils
her. (Robertson, S. 409. Gilbert Stuart,
S. 218.)

1567 der Gerichtsschreiber John Ballendine waren gleich=
falls an Murray verkauft. Der Graf von Argyle
bereuete in der Folge die Treulosigkeit, die er gegen
seine Monarchin bewiesen hatte.

Ein undurchdringliches Geheimniß hatte das Ver=
brechen vor allen Augen verborgen. Ohngeachtet
der in Edinburg und in andern großen Städten be=
kannt gemachten Proklamationen, wodurch alle die=
jenigen vorgefodert wurden, die von der Frevelthat,
nach deren Urhebern geforscht werden sollte, etwas
wüsten, stellte sich keiner als Zeuge. Verdacht fiel
auf den Grafen von Bothwell, aber kein Beweis
war gegen ihn da. Die Ehrfurcht für die könig=
liche Majestät konnte die Schottländer nicht, wie
einige vorgegeben haben, zurückhalten. Wie und
seit wann hätten sie denn ein Joch geduldig zu tra=
gen und zu verehren gelernt, welches ihr unruhi=
ger Geist, selbst unter gerechten Königen, nie an=
ders als mit Ungeduld getragen hatte? Wenn ein
einziger Schottländer den geringsten Beweis wie=
der die Beklagten vorzubringen gewußt hätte, so
würde er nicht gesäumt haben ihn den Richtern vor=
zulegen; und die Gunst, der Schutz, der Rang
und die Ehrenstellen, deren die Schuldigen genos=
sen, wären in seinen Augen nur ein Grund mehr
gewesen sie zu überweisen und zu Grunde zu richten.

Es ist aus der Geschichte dieser Regierung seit 1567 drei Jahren leicht zu urtheilen, daß, wenn die Königin und die kleine Anzahl ihrer treuen Diener allein Bothwell geschützt hätten, sein Untergang unvermeidlich gewesen wäre; in dem ganzen Reiche war niemand als Murray und seine Freunde, die ihm hätten beistehen können. Nehmen wir Murray als unschuldig, die Königin als schuldig, Bothwell als Mitverbrecher an, so hätte diese zahlreiche und mächtige Faktion ihn zu Grunde gerichtet. Es hätte nicht so vieler geheimen Unternehmungen, Kunstgriffe und Intriguen gebraucht, um Marien ihre Gewalt zu nehmen; Murray, unschuldig und ehrgeizig, hätte die Königin und Bothwell angeklagt. Ein schwaches, furchtsames Weib, ohne Gewalt und ohne Freunde, wäre bald überwiesen worden; die Beweise würden sich gegen sie gehäuft haben; Murray hätte ohne Umstände die Maske abgenommen und diese glückliche Gelegenheit benützt, um auf den ehrenvollen Anschein von Gerechtigkeit und Menschenliebe seine Größe zu gründen.

Elisabeth richtete nicht ihr einziges Augenmerk darauf, die Unruhen in Schottland zu unterhalten, und den Grafen in seinem Betragen zu lenken; Frankreich durch innere Zwistigkeiten beunruhigt,

1567 die Niederlande mit den größten Staatsveränderungen bedroht, Deutschland, wo die Königin von England den Franzosen und Niederländern Beistand zu verschaffen suchte, Irland, immer bereit ein Joch abzuwerfen, welches dasselbe niemals anders als mit geheimen Unwillen getragen hat, endlich die verschiedenen Partheien, welche Englands Ruhe störten, beschäftigten zu gleicher Zeit die Aufmerksamkeit dieser Fürstin. Sie wachte über vier große Staaten von Europa, und über die Schritte zwei furchtbarer Mächte, der Catharina von Medici und des Königs von Spanien. Die Unruhen wurden von allen Seiten in Europa immer größer; England allein wurde weder durch innerliche noch äußerliche Kriege zerrüttet. Wenn sich bisweilen Faktionen in diesem Reiche hervorthaten, so ließ Elisabeth sie niemals mächtig und furchtbar werden, so daß sie keine heftige Erschütterungen verursachen konnten.

Die vornehmsten Städte in den Niederlanden waren von den Protestanten von der Parthei der Prinzen von Oranien und Egmont verheert. In Antwerpen, Valenciennes, Ypern, Herzogenbusch, Maestricht, in verschiednen Städten Hollands und der siebenzehn Provinzen, waren die Kirchen entweiht und geplündert, die Altäre nie-

vergeriffen, die Religionsdiener beschimpft worden, 1567
lauter Beweise von der Ungerechtigkeit der spanischen Regierung und der Verzweiflung des Volks,
welche keine andre als schreckliche Aussichten in die
Zukunft zeigten. Der Schrecken, den die Reise
nach Bayonne unter den Franzosen verursacht hatte, war nichts im Stande zu zerstreuen. Katharina von Medici konnte durch ihre Kunstgriffe die
in Furcht gesetzten Gemüther nicht beruhigen: sie
hatte beide Theile so oft hintergangen, daß nichts
ihr das Vertrauen der Protestanten wiedergeben
konnte, und daß sie Frevel begehen muste, um den
Katholiken Vertrauen einzuflößen. Was den jungen König betrift, so zeigte dieser gar keine gütige
und milde Gesinnungen. Sein Religionseifer war
blutdürstig. Frömmigkeit und wahre Ergebenheit
für seinen Glauben kannte er nicht: Fanatismus
und der despotische Wille sich Gehorsam und Furcht
zu verschaffen hatten ihn irre geleitet. — Der Herzog von Alba hat Recht, sagte er einst zu seiner
Mutter, so erhabne Häupter sind in einem Staate
gefährlich. List ist da unnütz; man muß Gewalt
brauchen, und das, was im Wege steht, zu Boden schlagen. — So redet er nach den Conferenzen
zu Moulins, und nach einer sehr lebhaften Erörterung, die er mit dem Admiral gehabt hatte. Bald

1567 redet er noch härter mit den Abgeordneten der deutschen Fürsten, deren Unterstützung die Protestanten nachgesucht hatten, und welche für die Franzosen Gewissensfreiheit ohne Hinsicht auf Zeit Ort und Personen verlangten. Carl IX. zitterte vor Wuth, und war seiner kaum mächtig genug, um ein Wort vorzubringen. Katharina glaubte die Gesandten durch Ehrenbezeigungen und Geschenke zu besänftigen. Indeß hatte sie Ursache zu glauben, daß ihre Feinde ihre Entwürfe durchschaut hätten, und daß sie von ihnen verhaßt und verachtet würde. Es kamen Schriften gegen sie heraus; es wurden Maximen bekannt gemacht, welche dahin gingen, den Königsmord zu vertheidigen. Eines Tages da sie in die Messe ging, fand sie einen Brief, welcher die Warnung enthielt, sie würde, wenn sie nicht die Ausübung der Reformirten Religion frei gäbe, das Schicksal des Präsidenten Minard und des Herzogs von Guise erfahren. Sie wurde darin ermahnt, den Zorn Gottes und die Verzweiflung der Menschen zu fürchten. *) Der Prinz von Condé war über-

*) Geist der Ligue, Bd. I. B. 2 S. 238—241. Daniel, Bd. 10. S. 324 folg. Davila, S. 161 bis 163.

zeugt, daß dieses grausame Weib ihm und seiner 1567
Parthei den Untergang geschworen hatte. Er bemerkte ihr unabläßiges suchen des Katholischen
Gottesdienstes, und die Genauigkeit, mit der
sie alle äußerliche Pflichten dieser Religion erfüllte, ihre strenge Aufmerksamkeit ihre Kammerfrauen und Hofbedienten zur Erfüllung derselben anzuhalten, und die Ausschweifungen ihres Hofes so wie die ihrigen mit diesen geheiligten Schleier zu bedecken. Er sah, daß das Ansehen des Cardinals von Lothringen von Tage zu
Tage größer ward, daß die Catholiken bei verschiedenen Gelegenheiten die Hugenotten unbestraft beleidigten; und er, wie der Admiral von Colligni
schloß aus allen diesen Umständen, daß es klug gehandelt seyn würde, Maßregeln für die Zukunft zu
nehmen. Die Protestanten von Genf gaben
ihnen Nachricht von den Zurüstungen, die der
Herzog von Alba in Mayländischen machte. Sie
hielten es für gewiß, daß die Armee, die
er zusammenzog, um sie in den Niederlanden
zu kommandiren, bestimmt war, den Prinzen
von Oranien zu überfallen, und die Französischen Katoliken wider die Protestanten zu schützen,
indeß der König von Frankreich dem Könige von

U 5

1567 Spanien seinen Beistand leihen würde, wenn er
desselben bedürfte. Der Prinz von Condé wandte
sich an die deutschen Fürsten und die Königin von
England. Theodor von Beza hatte bei den protestantischen Kirchen in Genf die Stelle Calvins
ersetzt. Er gab dem Prinzen von Condé geheime
Nachrichten, und bat ihm um Hülfe, wenn der Herzog von Alba auf Anliegen des Herzogs von Savoyen, welcher diese Stadt schon seit langer Zeit
gern mit seinen Staaten vereinigt hätte, dieselbe belagern sollte. Der Prinz schickte verschiedene Edelleute aus Bourgogne, Lyonnois, den Delphinat
und den benachbarten Provinzen dahin. Er versah
sie mit Mund- und Kriegsvorrath, ließ die alten
Festungswerke wiederherstellen, und neue dazu anlegen, und setzte sie in Stand sich lange genug zu
vertheidigen, um die von Bern, Zürich und den
andern protestantischen Kantonen versprochene Hülfe
zu erwarten.

Der Prinz und der Admiral sprachen mit dem
Könige, um seine wahren Gesinnungen zu entdecken, von den Zurüstungen des Königs von Spanien, und stellten sich, als ob sie von denselben
etwas wider das Beste des Staats besorgten. Sie
stellten ihm vor, wie viel Mißtrauen der Charakter
der Spanier einflößen müsse, und setzten hinzu,

die Klugheit erfoderte es, daß ein Monarch eine 1567
Armee auf den Beinen hätte, wenn ein mächtiger
und ränkevoller Nachbar ein furchtbares Heer zu-
sammenzöge. Sie boten dem Könige ihre Dienste
und die Arme aller ihrer Religionsgenossen an,
und baten um die Erlaubniß, wenn es das Wohl des
Staats erfoderte, wider den Herzog von Alba zu
marschieren. Diese Anerbietungen wurden übel
aufgenommen, und dem Prinzen von Condé die
Stelle eines Connêtable mit einer verächtlichen Art
abgeschlagen. Er entschloß sich endlich, der Königin Mutter, welche gegen ihn gar keine Schonung
beobachtete, auch die ihr versprochne Treue nicht
weiter zu halten. Indeß glaubte diese in der Verstellungskunst so geübte Fürstin ihn bei den gegenwärtigen Umständen brauchen zu müssen. Sie that,
als folgte sie den Rathschlägen des Prinzen von
Condé, berief eine Rathsversammlung, wozu sie
die Vornehmsten von der protestantischen Parthei
einlud, schlug Mittel vor die Gränzen zu sichern,
und berathschlagte mit ihnen, ob Spanien der Krieg
anzukündigen wäre, im Fall, daß diese Macht bei
ihren Zurüstungen eine Unternehmung gegen Frankreich vorhaben sollte. Sie schickte den Staatsse-
kretär l'Aubespine nach Madrid, mit dem Auftrage, Philipp von dem Vorhaben nach Flandern

1567zu gehen abzubringen, und seine wahren Gesinnungen auf eine geschickte Weise auszuforschen. Die
geheimen Verhaltungsbefehle dieses Gesandten hingegen waren von ganz anderm Inhalt; er sollte
den König von Spanien in seinem Vorhaben bestärken, und seine Verbindungen mit Frankreich
noch enger und fester knüpfen. Der Franziskaner-
mönch Hugues ging nach Spanien voran: er unterrichtete Philipp von dieser politischen Posse, und
der König richtete sein Betragen nach den empfan-
genen Winken ein. Er empfing den Gesandten
schlecht, gab ihm erst nach einiger Zeit Gehör,
sprach von dem Mißvergnügen, wozu ihm der
König von Frankreich Gelegenheit gegeben hätte, und spielte diese schändliche Rolle so gut, daß
der Papst Pius V. einen Bruch zwischen diesen
beiden Mächten befürchtete, und eiligst einen Nun-
cius an den französischen Hof schickte, um den König von Spanien zu rechtfertigen, und der Königin
Mutter ihren gegen denselben gefaßten Argwohn
zu nehmen. *)

*) Daniel, S. 330. Mémoires de la Popslinière,
  B. 2. Kastelnau, B. 6. K. 2. Davila, B. 4.
  S. 167. Geist der Ligue, S. 245. Mezeray,
  Th. 3. S. 145—149.

Es fehlte wenig daran, daß nicht der Prinz 1567.
von Condé sich hinter das Licht führen ließ, und
diesen Kunstgriff für Wahrheit nahm. Der Admiral, dessen Blick durch Erfahrung geschärft war,
regte seinen Verdacht wieder auf, und brachte ihn
zu Schritten, die ihr nachher das Leben kosteten,
und die in seinem Andenken vielleicht einige Flecken
hinterlassen haben. Wenn er den Entwurf machte,
sich der Person eines volljährigen Königs zu bemächtigen, denselben durch Furcht zur Billigung
seiner Absichten zu zwingen, eine Parthei, die
durch die Verfolgungen und das Beispiel ihrer
Feinde zum Fanatismus entflammt war, empor-
zuheben, und Fremde zum Beistande eines Theils
der Franzosen gegen den andern Theil herbezuru-
fen: so war dies eine Verletzung des Eides, den
er dem Könige geschworen hatte, der Ehrfurcht,
die er der Majestät des Throns und den Gesetzen
des Staates schuldig war. Bei jener verzweifelten
Lage, worin sich Frankreich damals befand, hätte
Condé das Beispiel des Gehorsams geben, und
da er sein Vaterland nicht vertheidigen konnte,
sein und seiner Freunde Leben in Sicherheit setzen
sollen. England würde ihnen eine sichere Zuflucht
gegeben haben, und der Staat hätte bei einem
schwächern Widerstande der Hugonotten weniger

1567 Bürgerblut verloren. Aber stolzen, muthigen und
aufgebrachten Menschen ist es schwer den Regeln
der Klugheit zu folgen, und noch schwerer stehen
zu bleiben, wenn sie ihre Pflicht einmal aus den
Augen gesetzt haben.

Die Empörung brach den 28sten September
aus. Die in geheim zu Genf und in den protestantischen Städten von Frankreich gegebenen Befehle
wurden so gut ausgeführt, daß auf einmal 50 Städte
eingenommen wurden. Man erfuhr zu gleicher Zeit,
daß der Prinz von Condé, der Admiral, Dandelot, und der Graf von Rochefocault, sich zu Rozay,
einer kleinen Stadt vier Meilen von Meaux, an
der Spitze eines beträchtlichen Korps Reuterey von
lauter Edelleuten befanden. Es war schon ein
Versuch geschehen, Metz zu überrumpeln. Der
König war zu Monceaux ziemlich schlecht bewacht,
und wäre er nicht von Castelnau gewarnt worden,
so würde sich der Prinz von Condé ohnfehlbar seiner Person bemächtigt haben. Katharina von Medici hatte sich seines Vorhabens gar nicht versehen;
sie hatte sogar die Warnungen des Marschalls von
Montluc vernachlässiget, welcher ihr oft schrieb, sie
möchte ein wachsames Auge auf die Hugenotten
haben. Castelnau erfuhr auf der Rückreise von
Brüssel, wohin ihn der König geschickt hatte, dem

Herzog von Alba Glück zu wünschen, die Verschwö-1567
rung des Prinzen und des Admirals von einigen
Französischen Soldaten. Er wurde Anfangs nicht
gehört, aber bald war der Augenblick da, welcher
die Sache außer Zweifel setzte; und die Königin
Mutter, voller Schrecken, wie sie immer war, sobald sie sich überrascht sah, fragte alle diejenigen,
die um sie waren, um Rath. Das erste, was ihr
gerathen wurde, war, die Schweitzer zum Beistande des Königs zu rufen. Die Meinung des
Kanzlers de l'Hopital war allein gemäßigt und
großmüthig. Er rieth, die fremden Truppen ab-
zudanken, und die Calvinisten zu beruhigen, welche, aus Dankbarkeit für diese Herablassung, die
Waffen niederlegen würden. Herr Kanzler, sagte
die Königin, wollt ihr uns versprechen, daß sie
keinen andern Endzweck haben werden, als dem
Könige zu dienen? Ja, Madam, versetzte l'Hopital, wenn man mir versichert, daß man sie nicht
betrügen will. Das war mehr verlangt, als was
Catharina versprechen konnte. Der Vorschlag, den
König mit gewaffneten Leuten zu umringen, behielt die Oberhand. Die Schweitzer führten ihn
nach Paris zurück, den Herzog von Nemours an
ihrer Spitze. Dieser hatte Anna D'Est, Wittwe
des Herzogs von Guise, geheirathet, und wurde

1567 als das Haupt des Lothringschen Hauses angesehen.
Der Prinz von Condé zeigte sich, ohngefehr eine
Meile von Meaux, an der Spitze seiner Reuterei
mit gefällter Lanze. Die Schweitzer schienen bereit den Angriff zu bestehen; aber die Protestanten
zogen sich zurück. Carl der IX. that einige Schüsse
auf sie, und wollte das Gefecht anfangen. Die
Klugheit des Connetables verhinderte ihn daran;
aber diese Hitze bei einem jungen Fürsten von 16 Jahren konnte den Verbündeten nichts Gutes prophe-
zeihen. Der Cardinal von Lothringen, welcher
erfuhr, daß ein Artikel des Traktats zwischen den
verbündeten Protestanten dahin ging, ihn in Verhaft zu nehmen und vom Hofe zu entfernen, nahm
die Flucht: sein Haus wurde geplündert und seine
Möbeln zerschlagen. Der Prinz von Condé ließ
den König wieder in Paris einziehen; die Städte,
die er einnehmen wollte, leisteten ihm Widerstand;
und da die Königin Mutter Unterhandlungen anfing, so ließ die Lebhaftigkeit seiner ersten Ent-
schlüsse nach. Doch bald erhielten sie neue Stärke,
und die Schlacht bei St. Denis, worin der Connetable von Montmorency blieb, entflammte den
Zorn der Protestanten von neuem. Sie zogen sich
nach den Grenzen hin, wo sie den Prinzen Casimir
mit den versprochenen Hülfstruppen erwarteten.

Eine

Eine Armee ohne Bekleidung, ohne Sold, ohne 1567
Gepäcke; gezwungen, an entfernten Oertern Schutz
zu suchen, die großen Städte zu vermeiden, dem
Landmann Brodt und Lebensmittel zu entreissen,
Flecken und Dörfer zu brandschatzen, von Stra-
pazen abgemattet, und der rauhesten Witterung unter freien Himmel ausgesetzt, fand in nichts Unterstützung, als in dem Vertrauen, welches sie auf
ihre Heerführer und auf die von ihnen gerecht ge-
glaubte Sache setzte. Die Königliche Armee, gut
besoldet, gut bekleidet, in großen Städten in Quar-
tiere gelegt, aber von einem 16jährigen Kinde, dem
Herzoge von Anjou, angeführt, marschierte ohne
Ordnung und ohne sich zu übereilen, vielleicht unzufrieden immer gegen Bürger, Freunde und Brüder fechten zu müssen. Bald gab die Armee der
Protestanten ein interessanteres Beispiel. Nach
langem Warten erfuhr sie die Ankunft des Prinzen
Casimirs. Diese Nachricht verbreitete Freude unter die Soldaten; die Anführer allein wurden darüber unruhig. Diese fremden Truppen glaubten,
indem sie zur Französischen Armee stießen, hunderttausend Thaler ausgezahlt zu bekommen, und es
waren nicht zweitausend in der Kasse. Der Prinz
von Condé und die übrigen Heerführer stellten den
Offizieren ihre Bedürfnisse und ihre Verlegenheit
Gesch. Elisab. 3. Th.   X

1567 vor; diese reden die Soldaten an; jeder giebt das
Kostbarste, was er noch aufbehalten hatte, heraus; und diese unbesoldete Armee besoldet eine andere. Man brachte eine Summe von neunzigtau-
send Livres zusammen, womit sich die Fremden be-
gnügten, und der Prinz von Condé führte seine
Armee in den ersten Tagen des Januars 1568 nach
Frankreich zurück *).

Er belagerte hierauf Chartres. Aber Cathe-
rina spielte Intriguen; sie beförderte unter den
Deutschen Truppen das Ausreissen, indem sie Geld
austheilen ließ; sie brauchte die List, eine Abschrift
der dem Prinzen von Condé vorgeschlagenen und
von ihm verworfenen Artikel, unter den Belage-
rern verbreiten zu lassen. Dies war genug, einer
abgematteten und nicht besoldeten Armee allen
Muth zu nehmen; das hinzugefügte Versprechen,

*) Davila, B. 4. S. 168 — 189. Geist der Ligue,
S. 245 — 265. Daniel, Bd. 10. S. 356 — 358
Mémoires de la Vieilleville, Bd. 5. S. 174. f.
Mémoires de Tavannes, S. 305. f. D'Aubigné,
Bd. 1. B. 4. Mémoires de La Noue, K. 12.
Mém. de Condé, Bd. 1. Pasquiers Briefe,
B. 5. Bd. 2. Zweiter Brief an Herrn D'Ardi-
villiers ꝛc., S. 118 — 120. Mezeray, S. 170.

die Deutschen zu bezahlen, brachte dieselben zu einer 1567
völligen Widersetzlichkeit. Die Anführer der Protestanten sahen sich zum Frieden gezwungen, fanden sich nicht einmal in Stande, Bedingungen für
sich selbst auszumachen, und unterzeichneten, aus
Furcht, sich völlig verlassen zu sehen, einen Traktat, der so schlecht entworfen war, daß er nicht
lange dauern konnte *). Sie mußten die Plätze
Soissons, Auxerre, Orleans, Blois, la Charitee,
und einige andere, deren sie sich bemächtigt hatten,
wieder herausgeben, und sich in ihre Schlösser ein-
schließen, mit der Ueberzeugung, daß sie betrogen
würden, und bald aufs neue würden gezwungen
seyn, die Waffen zu ergreifen. In der That bra-
chen auch die Zwistigkeiten gegen das Ende des
Jahres von neuem aus, und die Königin von England entschloß sich, dem Prinzen und dem Admiral
zu Hülfe zu kommen. Der Triumph des Hofes
schien vollkommen zu seyn; die Calvinisten wurden

*) Le Laboureur, Zusätze zu Kastelnau's Mem.
B. 7. Kastelnau, B. 6. K. 9. 11 und 12. Davila, Buch 4. S. 191. Daniel, S. 362. Geist
der Ligue, S. 269. Meseray, S. 170. Pasquier, Buch 3. an den Herrn von Ardivilliers,
Brief 5. S. 121 — 126.

1567ohne Schonung behandelt, weil man sie völlig
überwunden glaubte. Der Kardinal von Lothringen hatte seine Gewalt wiederbekommen; in den
Kirchen wurde heftig gegen die Sektirer gepredigt
und der Grundsatz vorgetragen, daß den Ketzern
weder Treue noch Glauben zu halten wäre; der
Friede, hieß es, wäre ein Mittel, sie wieder zu
Kräften kommen zu lassen; er müßte daher gebrochen werden, und die Reformirten müßten nicht die
geringste Nachsicht erfahren; sie niederzumetzeln,
wäre eine nützliche, gerechte und verdienstliche Handlung. Diese Reden brachten Volksaufruhr und
Mord hervor. In Paris und in den Provinzen
war jeder unglücklich, von dem man wußte, daß er
mit den Häuptern dieser Parthei in Verbindung
geblieben, oder nur in Verbindung gewesen wäre:
sie wurden durch Gift und Dolch und Einsperrung
in Kerkern aus dem Wege geräumt, um sich der
Furcht vor Unruhen zu entledigen, welche sie anstiften konnten. „Nach der Behauptung der Calvinisten, sind in drei Monathen mehr als zehntausend Personen durch diese abscheulichen Mittel umgekommen; ohne Zweifel eine übertriebene Angabe,
die aber selbst mit der gehörigen Einschränkung genommen, schon hinlänglich ist, um uns die Uebel

beseufzen zu laſſen, welche die Religionskriege mit 1567
ſich führen " *).

Eliſabeth hatte geradezu an dem zweiten bür=
gerlichen Kriege in Frankreich gar keinen Antheil
genommen; ſie gab ſich eben ſo wenig mit den Frie=

*) Geiſt der Ligue, S. 273. Es iſt ſehr möglich,
daß dieſe Angabe nicht übertrieben iſt. Siehe
Mezeray, S. 182—184. Der Verfaſſer der Ge=
ſchichte der vereinigten Provinzen ſagt Theil 5.
B. 14. S. 178: Die Engländer wären Vermitt=
ler dieſes Friedens geweſen, welchen man zu Paris
den hinkenden Frieden nannte; aber man weiß
nicht, worauf er ſich gründet. Mezeray, Da=
niel, de Thou, Pasquier, thun der Königin
Eliſabeth bei dieſem Kriege gar keine Erwähnung;
Carte ſpricht nicht davon. Cambden ſagt, Nor=
ris habe den Auftrag gehabt, zum Beſten der
Proteſtanten zu unterhandeln (S. 400). Dies iſt
aber eine von denen Erzählungen, die er mit kei=
nen Beweiſen belegt hat; und übrigens zu ihrem
Beſten unterhandeln, heißt nicht, die Abſicht ge=
habt haben, daß ſie einen ſchimpflichen und un=
ſichern Frieden eingehen ſollten. Das einzige iſt
gewiß, daß der Prinz von Condé an die Königin
von England ſchrieb; aber die aufbewahrten Pa=
piere von der damaligen Zeit erwähnen ihrer bei
der Friedensunterhandlung gar nicht.

X 3

1767 den Unterhandlungen ab.   Aber sie hatte eine
Beleidigung erlitten, wofür Catharina von Me=
dici vorausfehen mufte, daß sie sich würde zu rä=
chen fuchen.   Der für die Wiederherausgabe von
Calais bestimmte Zeitpunkt war vorbei.   Elisa=
beth hatte, dem Inhalt des Traktats von Ca=
teau=Cambresis zufolge, verlangt, daß ihr die
Thore dieser Stadt geöffnet würden, und auf die
Verweigerung ihres Verlangens, schickte sie Tho=
mas Smith nach Paris.   Norris, damaliger Ge=
fandter in Frankreich, drang nicht weniger, als
Smith, auf eine Foderung, welche die Königin,
allem Anschein nach, billig glaubte.   Der Franzö=
fische Hof dachte hierüber anders. Durch den Trak=
tat war er verbunden, diese Stadt nach Verlauf
von acht Jahren herauszugeben, oder eine beträcht=
lichere Summe zu bezahlen, als er damals in
Stande war; aber in demselbigen Traktat war
auch ausgemacht, daß, wenn England in dieser
Zwischenzeit irgend eine Feindseligkeit gegen Frank=
reich ausübte, es seines Rechts auf Calais, oder
auf die versprochene Summe, verlustig seyn
sollte.   Die Wegnahme von Dieppe und Havre
de Grace war eine Feindseligkeit, die mehr als
hinreichend war, der Königin Elisabeth ihr Recht
auf eine Stadt zu nehmen, welche Frankreich das

gröſte Recht hatte, zu erhalten. Sie konnte dage-1567.
gen einwenden, daß Heinrich II. und Franz II. ſchon
vor der Einnahme von Dieppe die Abſicht, Calais
zu behalten, gezeigt hätten; ſie hatten die zu dem
Gebiete dieſer Stadt gehörigen Ländereien auf ſehr
lange Zeit verpachtet, und dieſelbe als ein Erbgut
der Krone angeſehn. Dies waren aber blos Vor-
ausſeßungen, und die begangenen Feindſeligkeiten
waren Thatſachen. Uebrigens konnte der König
antworten, ſein Vater und ſein Bruder hätten
vielleicht, indem ſie ſich im Beſiß von Calais zu
erhalten ſuchten, die Abſicht gehabt, die verabre-
dete Summe der Erhaltung eines für die Sicherheit des Staats ſo wichtigen Plaßes aufzuopfern,
und Eliſabeths Verfahren hätte ihn aller Verbind-
lichkeit gegen ſie entledigt.

Sehr wahrſcheinlich iſt es, daß die Franzöſiſche
Regierung niemals die Abſicht gehabt habe, Calais
wiederzugeben. Aber nicht zu gedenken, daß die
Traktaten zwiſchen großen Mächten nicht immer
heilig beobachtet werden, ſo hatte die Königin von
England hinreichende Urſachen gegeben, um dieſen
nicht zu erfüllen; und ſeit der dritten Race haben
die Könige von Frankreich ihre Traktaten mit Fremden öfter von dieſen gebrochen geſehen, als ſie ſelbſt
verleßt. Smith und Norris wollten die Erbrechte

X 4

1567 Frankreichs auf die Stadt Calais nicht eingestehen, und glaubten, ihre Monarchin wegen der Einnahme von Havre de Grace dadurch zu entschuldigen, daß sie dem Könige vorwarfen, Franz II. hätte Hülfstruppen nach Schottland geschickt. Man hätte ihnen antworten können, daß Franz II. damals Rechte auf dieses Reich, und daß er mehr Gründe hatte, rebellische Unterthanen zum Gehorsam zu bringen, als Elisabeth, denselben beizustehn: Dieser Streit währte nicht lange. Karl IX. weigerte sich geradezu, Calais wiederzugeben, und die Königin von England war nicht gesonnen, zu den Waffen zu greifen, und das Blut ihrer Unterthanen für den Besitz eines Platzes aufzuopfern, so wichtig er ihr auch seyn konnte *). So verlohr England den Schlüssel zu den Provinzen Frankreichs, und die Gelegenheit, Kriege, die schon zu sehr vervielfältigt waren, zu erneuern. Frankreich sah nun seine Grenzen sicher gestellt, und der Besitz dieser Stadt nahm den Franzosen auf immer die Furcht, ihre Feinde in der Nähe zu sehen, ohne sie verhindern zu können, daß sie nicht tief ins Land gedrungen wären, den Handel unterbrochen, Lan-

---

*) Carte, S. 460. Cambden, S. 408. Rapin Thoyras, Bd. 2. S. 81.

dungen und Wegnahme anderer Städte begünſti-1567
get, oder in dem Innern des Reichs geheime Ver-
ſtändniſſe angezettelt, und Unreinigkeiten unter den
Bürgern erregt hätten.

Der Herzog von Alba war an der Spitze ſeiner
Armee in den Niederlanden angekommen; er legte
in die vornehmſten Plätze von Flandern und von
Brabant Beſatzungen, und hielt den 16ten Auguſt
1567 ſeinen Einzug in Brüſſel. Die Grafen von
Hooren und von Egmont erwarteten ihn außer den
Thoren der Stadt. Der erſte übergab ihm zwei
ſehr koſtbare Pferde, welche er, dem Scheine nach,
mit Verachtung annahm *). Er überreichte der
Herzogin von Parma ſeine Briefe. Die Vollmacht,
die der König von Spanien ſeinem Geſandten gegeben hatte, ließ ihr faſt nichts übrig, als den
Willen des neuen Statthalters zu gehorchen. Sie
kannte zu gut die Würde ihres Ranges, um ſich
dem Eigenſinne eines Unterthanen zu unterwerfen,
und war zu gewiſſenhaft, um zu tyranniſchen Befehlen ihren Namen zu leihen. Sie fühlte einen
gerechten Unwillen, empfing den Herzog von Alba

*) Straba Dec I. Bb. 6. Metteren, B. 2. Ge-
ſchichte der Kriege in den Niederlanden, von dem
Kardinal Bentivoglio, B. 3. S. 52—68.

X 5

1567mit einer außerordentlich verächtlichen Art, und
schickte dem Könige auf der Stelle ihre Abdankung.
Die ersten Aufträge, die der Herzog hatte, zeigten
der Herzogin, was für Befehle sie täglich im Namen des Königs würde auszuführen haben. Die
Grafen von Hooren und von Egmont wurden in
dem Pallaste von Cuylenburg, wohin der Herzog
sie zu einem Feste eingeladen hatte, gefangen genommen *). Sie wurden nach dem Schlosse von
Gent gebracht, und daselbst beinahe anderthalb
Jahr gefangen gehalten. Ihre Papiere wurden
weggenommen, ihre Geheimschreiber verhaftet,
und schon war ihr Urtheil gefällt. Diese Gewaltthätigkeit verbreitete ein allgemeines Schrecken; jeder sah darin den Anfang zu einem blutigen Kriege.
Zwanzigtausend edle oder reiche Staatsbürger brachten eiligst alles, was ihnen am theuersten war, zusammen, und flohen vor den Greueln, die ihrer in
ihrem Vaterlande erwarteten. Andere geriethen in
eine solche Furcht, daß sie mit ihrem Vaterlande
ihre Weiber, ihre Kinder und ihre Besitzungen verließen. Geistliche ließen das einzige Gut, was sie
hatten, ihre Stellen, zurück. Alle diese Unglücklichen
verbreiteten sich in Frankreich, in Deutschland und

---

*) Metteren, B. 3. S. 50. Bentivoglio, S. 75 f.

in England, wo Elisabeth sie mit offenen Armen 1567 empfing. Sie brachten ihren Kunstfleiß und ihr Geld aus den Niederlanden mit, und bereicherten die Oerter, wo sie von der Menschlichkeit aufgenommen wurden.

Als die Ernennung des Herzogs von Alba in Holland bekannt ward, verließen hunderttausend Einwohner bei seiner Ankunft das Land; mehr als zwanzigtausend nahmen die Flucht, und die Errichtung eines Tribunals von lauter Spaniern, welche unter dem Vorsitze des Herzogs alle diejenigen vorluden, die an den letzten Unruhen Theil genommen hatten, oder die dem Spanischen Hofe nur deswegen verdächtig waren, vermehrte noch diese Auswanderung. Das neue Gericht sprach Landesverweisung und Konfiskation gegen alle diejenigen aus, die nicht erschienen; ihre Güter wurden sequestrirt und im Namen des Königs verwaltet. Es verdammte diejenigen, die in Verhaft genommen wurden, zum Tode, und jeder Tag war mit Hinrichtungen bezeichnet. Der geringste Fehler wurde mit Staupenschlag und Galeeren bestraft; die ungehorsamen Religionsdiener oder Mitglieder der Synoden wurden hingerichtet. Bittschriften unterzeichnen, wider die Inquisition, die Plakate, die neuen Bischöfe sprechen, Predigten dulden, behaupten, daß

1567 das Tribunal nach den Landesgesetzen richten, und
die Vorrechte der Bürger nicht verletzen müſte, den
Predigern Aufenthalt oder Zuflucht geſtatten,
Geuſenlieder machen, ſingen oder feilbieten, ſagen, daß man Gott mehr als einem deſpotiſchen
Könige gehorchen müſſe; alle dieſe Dinge wurden
als todeswürdige Verbrechen angeſehen. Die Obrig-
keiten wurden beſchuldigt, bei dem gerichtlichen
Verfahren gegen diejenigen, die Rebellen genannt
wurden, zu gelinde geweſen zu ſeyn. Es wurde ihnen
ihr Prozeß gemacht; und, wer iſt der Barbar, der
es ohne Schaudern hören könnte? Richter, Menſchen wurden gezwungen, Beweiſe ihrer Grauſam-
keit zu geben, um ihr Leben zu erhalten. Dieſer
Gerichtshof wurde der Blutrath genannt, wie
vordem das Engliſche Volk die Bill der ſechs Artikel das blutdürſtige Geſetz genannt hatte *).

Die Herzogin von Parma, welche ungeduldig
den Augenblick erwartete, Holland zu verlaſſen,
wo Blut von allen Seiten floß, erhielt endlich ihre
Entlaſſung, als die gröſte Gunſt, welche ſie von
dem Könige erwarten konnte. Sie nahm von den

*) Metteren, B. 3. S. 45. Bors Geſchichte der
    Niederlande, B. 4. Bentivoglio, S. 77. 78
    bis 154. Geſchichte der vereinigten Provinzen,
    B. 14. S. 177. Grotius Annalen, B. 2.

Generalstaaten in einem edlen und rührenden1569
Schreiben Abschied, und ging nicht nach Spanien,
von ihrer Regentschaft Rechnung zu geben; sie
ging den 30sten December nach Italien ab *).
Brabant machte ihr ein Geschenk von fünf und
zwanzig tausend Gulden, und die Grausamkeit der
Regierung, die auf die ihrige folgte, machte den
Niederländern ihren Verlust äußerst schmerzhaft.
Bis dahin hatte das Gericht zur Untersuchung der
Unruhen diejenigen, die der Rebellion angeklagt
waren, nur zum Tode verurtheilt. Königliche
Briefe schärften bald noch diese Strafe; der Tod
ward mit Ehrlosigkeit verbunden; die Angeklagten
wurden für Beleidiger der göttlichen und menschlichen Majestät erklärt. Philipp gab seinen Anwal-
den den ernstlichen Befehl, strenge zu seyn, und
weder auf Rang, noch Alter, noch Geschlecht zu
sehen; er schwur, niemals zu begnadigen. Diese
Briefe waren von Madrit den 4ten Januar 1568
datirt. Es giebt keine Frevelthat, welche Sklaven
nach einer solchen Bevollmächtigung nicht begehen
sollten. Da in diesen Briefen kein Rang und kein
persönliche Würde ausgenommen war, so luden sie
den Prinzen von Oranien, die Grafen von Hoog-

---

*) Bor, B. 4. S. 132—134. Bentivoglio, S. 72.

1567ſtraten, Brederode, Ludwig von Naſſau, Van-
derbergen und Cuylenburg vor. Wilhelm wurde
der Anführer der Rebellen genannt; die übrigen
wurden angeklagt, ihm in ſeinen Abſichten behülf-
lich geweſen zu ſeyn; er ſelbſt ſollte nach der Krone
getrachtet, Karls und Phillipps Wohlthaten gemißbraucht, den Adel aufgewiegelt, das Volk erbittert, ſeine Häuſer zu unerlaubten Verſammlun-
gen hergegeben, und die Ketzer begünſtigt haben.
Sein älteſter dreizehnjähriger Sohn, Phillipp Wilhelm, Graf von Buren, welchen er in Vertrauen
auf ſeine Unſchuld und auf die Vorrechte der Univerſität, zu Löwen gelaſſen hatte, wurde von dem
grauſamen Spanier Romero in Verhaft genommen, welcher die Grafen von Egmont und Hooren
nach Gent gebracht hatte. Die Univerſität reklamirte ihre Vorrechte; die Spanier kehrten ſich nicht
daran. Der junge Prinz wurde in Verwahrung
genommen und nach Spanien fortgeſchifft, wo er
acht und zwanzig Jahre lang in der Gefangenſchaft
blieb; die Güter ſeines Vaters wurden ſequeſtrirt,
und ſeinen Feinden übergeben *).

Nun legte Wilhelm alle bisherige erzwungene
Ehrfurcht völlig ab. Da der Verluſt ſeines Soh-

─────────

*) Metteren, B. 3. S. 45.

as das Empfindlichste war, was er selben konnte, so antwortete er nicht auf die Vorladung des Gerichts; er antwortete dem Generalanwald bloß folgendes: „da er gerichtlich angeklagt wäre, so wäre er sich selbst auch eine gerichtliche Rechtfertigung schuldig, allein er würde seine Unschuld vor einem rechtmäßigen und gerechten Tribunal beweisen, und nicht vor Richtern, welche auf seine Person gar kein Recht hätten; er wäre ein Staatsbürger der Niederlande, nicht ein gebohrner Unterthan Philipps, und erkennte keinen Spanischen Gerichtshof an; als Ritter des goldenen Vließes hätte er sich bloß vor dem Generalkapitel seines Ordens zu stellen; die Verletzung dieses Vorrechtes in der Person der Grafen von Hooren und von Egmont zeigte ihm, was er von Richtern zu erwarten hätte, die alle menschliche Rechte mit Füßen träten; da bei den frevelhaften Unternehmungen gegen den jungen Grafen von Buren das bürgerliche und Völkerrecht aus den Augen gesetzt wäre, so glaubte er endlich, berechtigt zu seyn, einen Gehorsam zu verweigern, den er wider die Rechte seiner Herkunft versprochen hätte, bis daß Philipp, besser unterrichtet, und besonders von bessern Rathschlägen geleitet, sich an seine geleisteten Dienste erinnern, und ein tyrannisches Verfahren für ungültig

1567 erklären würde. Er setzte hinzu: er wäre bereit, sich
wegen seines Betragens vor den Reichsfürsten, als
seinen natürlichen Richtern, zu verantworten"*):

Dieser Augenblick entschied das Schicksal des
Prinzen von Oranien. Sein Sohn war in den
Händen der Spanier; er war gewiß, daß der Entschluß, sich zu unterwerfen, das Schicksal dieses Kindes nicht verbessern, und daß er sich selbst nur demselbigen Unglück aussetzen würde, das der Grafen
von Hoorn und Egmont wartete. Seine Güter
waren sequestrirt, sein Rang war für nichts geachtet, seine Dienste vergessen. Et hatte nun gar
keine Schonung weiter zu beobachten. Er machte
sich ohne Bedenken an das große und schwere Werk
seinem Vaterlande die Freiheit zu verschaffen; Haß
gegen Tyrannei, väterliche Liebe, der Ruhm der
Befreier seiner Mitbürger zu seyn, kurz die edel-
sten und natürlichsten Leidenschaften erhöhten seine
Seele; der Muth kam ihnen zu Hülfe, Klugheit
leitete sie, und alle seine grausamen Feinde erla-
gen dem Genie und der Tapferkeit eines einzigen
Mannes. Seine erste Sorgfalt war die, sich des
Beistandes der Königin Elisabeth zu versichern.

Spaniens

*) Allgemeine Geschichte, Seite 180. Metteren,
S. 737. Bentivoglio, S. 79.

Spaniens Macht, welche dieser Fürstin bedenklich 1561 schien, und die Besorgniß, Philipp möchte der Königin einen Beistand leisten, der der Ruhe und Größe Englands gefährlich seyn könnte, ließen sie wünschen, diesen arglistigen Monarchen von außen zu beschäftigen. Ruhig von Seiten Frankreichs, welches von einem Ende zum andern brannte, hatte sie keinen sehnlichern Wunsch, als sich in den Niederlanden zu vergrößern, und die fürchterliche Plage des Krieges von ihren eignen Staaten abzuhalten. Sie hatte alle Flüchtlinge aus den Niederlanden gütig aufgenommen; sie hatte den Unwillen derselben gegen die Spanier zu unterhalten, und den Haß der Engländer gegen diese Regierung zu vergrößern gesucht, indem sie den Niederländern völlige Freiheit ließ, ihren Abscheu für dieselbe und die Begierde sich zu rächen auszudrücken. Die französischen und deutschen Flüchtlinge erhielten eine eben so gütige Aufnahme. Diese Fürstin wuste den Leidenschaften derer, die sie sich ergeben machen wollte, auf eine geschickte Art zu schmeicheln; und bei den damaligen Umständen hatte sie es in ihrer Gewalt sich der rühmlichsten Sache für eine große Königin, der Sache der Menschheit anzunehmen. Der Prinz von Oranien, welchen Freundschaft und gleiches Interesse mit dem Admiral Coligny

rifterverband, folgte seinen Rathschlägen. Er hielt bei
den vornehmsten protestantischen Fürsten Deutsch-
lands um Hülfe an; und erhielt dieselbe sogleich,
da sie wegen gleicher Religionsgesinnungen mit ihm
eine gemeinschaftliche Sache zu vertheidigen hatten.
Verschiedne freie Reichsstädte waren ihm nicht weniger günstig als die Fürsten. Es wurde deswegen
eine Versammlung ausgeschrieben. Der Pfalzgraf
am Rhein, dessen Staaten mit den Niederlanden
grenzten, und welcher mit den französischen Protestanten und der Königin von England eine genaue
Correspondenz unterhielt, der Herzog von Würtemberg, der Landgraf von Hessen, die Markgra-
fen von Baaden und Durlach, das Haus Nassau
und andere souveraine Fürsten begaben sich zu dieser Versammlung; der König von Dännemark und
die Sächsischen Fürsten schickten Abgeordnete dahin. *) Wilhelm redete in derselben im Namen
seiner Mitbürger, mit aller der Wärme, die die
Liebe zum Vaterlande, der Unwille seinen hohen
Rang von einem grausamen und ungerechten Fürsten
usurpirt zu sehen, die väterliche Liebe und Ruhm-
begierde ihm eingaben. Er schilderte mit einer männlichen Beredtsamkeit den Despotismus des Königs,
die Grausamkeit seiner Minister, ihre blutdürstigen

*) Bentivoglio, S. 81 — 83. Geschichte Wil-
helms von Nassau, Th. 1. S. 34—50.

Gesetze, die Todesstrafen, die Flucht der unglück-1569
lichen Einwohner aus einem Lande, welches durch
Erpressungen zu Grunde gerichtet, durch beständ-
dige Hinrichtungen, Landesverweisung und Gefäng-
nißstrafe entvölkert war. Es ward ihm leicht in
den Seelen seiner Zuhörer Abscheu und Mitleiden,
zu erregen, und ihnen alle die Empfindungen einzuflößen, die ihn selbst entflammten. Er erhielt
Beihülfe und Truppen, aber nicht eben so leicht
den Sieg. Er muste mit dem Glücke ringen, er entging öftern und großen Gefahren, ging oft dem Tode unter die Augen, und beweinte den Tod seiner
Freunde und seiner Verwandten. Aber muthig im
Unglück, und standhaft in seinem Vorhaben, zeigte
er überall den männlichen und gefühlvollen Charakter eines Mannes, der seine Rechte, die Rechte
seiner Mitbürger, und der Menschheit vertheidigte.

Der Kayser hatte aufs neue bei der Königin
von England für den Erzherzog von Oestreich angehalten. Maximilian hatte gehoft, daß der Wunsch
des Parlaments in Absicht auf Elisabeths Verheira-
thung, und ihr eigener Wunsch, die deutschen Fürsten
der Parthei des Prinzen von Oranien geneigt zu
machen, sie zu einer Wahl bestimmen könnte. Karl
von Oestreich konnte sich nicht zu einer andern Verbindung entschließen, ohne noch einen letzten Versuch bei

1567 Elisabeth gemacht zu haben. Der Gesandte dieser
Fürstin an dem Kaiserlichen Hofe, der Graf von
Susser, vielleicht aus Liebe zu seinem Vaterlande,
aber noch mehr aus Haß gegen den Grafen Leicester, und aus Furcht, seine Monarchin möchte
sich so weit vergessen mit ihm den Thron zu theilen,
wandte bei ihr und Maximilian alle mögliche Bemühungen an, um sie dahin zu vermögen, daß sie
dem Erzherzog ihre Hand versprechen und geben
möchte. Die Königin, unzufrieden darüber, daß
Leicester bei den letzten Parlamentssitzungen die
Rechte Mariens auf die Englische Thronfolge vertheidigt hatte, war kaltsinnig gegen ihn geworden.
Sie hatte ihn eine Zeitlang aus ihrer Gegenwart
verbannt. Der Graf von Susser schmeichelte sich,
ihr Zorn gegen ihn würde von Dauer seyn, und
glaubte diesen Umstand nützen zu können. Aber
Leicester fand Unterstützung im Herzen seiner Monarchin, und Hülfsmittel in seinem geschmeidigen
und einschmeichelnden Charakter. Er fiel während
der Zeit, daß ihn die Königin mit Härte behandelte, in den Verdacht, als ob er mit den Irrlän-
dischen Rebellen geheime Verständnisse unterhalten
hätte. Gewisse Briefe, welche bei verschiedenen in
einer Schlacht gebliebenen Personen gefunden wurden, sollen diese Volksgerüchte bestätigt haben;

aber die Geschicklichkeit des Günstlinges gab ihm 1567 seinen Platz bei der Königin wieder; und als die Wahrheit bis zu ihr hätte gelangen können, hatte er schon wieder Gewalt genug über sie gewonnen, um dieselbe von ihr zu entfernen. *) Sein Freund, der Lord North, war dem Grafen von Sussex nach Wien gefolget. Er spähete alle seine Handlungen aus, und unterrichtete Leicester von den Mitteln den Wirkungen derselben vorzubeugen. Die Eingebungen dieses Günstlinges schmeichelten dem herrschsüchtigen Geiste der Monarchin, und bestärkte sie in dem Entschluß sich nie einen Herrn zu wählen. **)

Diese Unterhandlung, welche schon sieben Jahre währte, wurde diesmal durch die Geschicklichkeit des Grafen von Sussex sehr weit getrieben. Er hatte einige Schwierigkeiten, welche die Religion, die Einkünfte des Prinzen, den Titel und das Recht zur Erbfolge betrafen, aus dem Wege

*) Leben des Grafen von Leicester, London 1727. in 8. S. 44 — 46. Cambden, S. 409. Mellwil, S. 71. Geheime Memoires des Grafen von Leicester, London 1749. S. 58. f.

**) Cartes, S. 461. Leben des Grafen von Leicester, S. 49.

1567 geräumt. Der Erzherzog sollte den Titel eines
Königs haben; in Absicht auf die Erbfolge im
Reich hatte er nichts weiter erhalten können, als
das Recht Vormund seiner Kinder und Regen-
während ihrer Minderjährigkeit zu werden: dies
waren die einzigen Rechte, welche die Nation dem
Könige Philipp unter einer despotischen Monarchin zugestanden hatte. Die Königin von England
versprach, den Hofstaat des Königs mit aller seinem Range gemäßen Pracht zu unterhalten, und
die nothwendigen Ausgaben zu seinen Vergnügungen zu bestreiten. Aber der Punkt, über den Elisabeth unüberwindliche Schwierigkeiten machen
wollte, war die Religion. Der Erzherzog verlangte in irgend einem Theil des Pallastes eine
Kapelle, wo er den Gottesdienst nach den Gebräuchen der Römischen Kirche könnte halten lassen, und
wo es allen Deutschen von seinem Gefolge erlaubt seyn
sollte, demselben beizuwohnen, wie es in den Kapellen der auswärtigen Gesandten gewöhnlich ist.
Elisabeth gestand diesen Artikel zu, doch mit der
Bedingung, daß der Erzherzog keinen Englischen
Katholiken bei seinem Gottesdienste zulassen, und
niemanden von seinen Deutschen erlauben, und sich
selbst in Acht nehmen sollte, von der vorzüglichen Begünstigung der eingeführten Religion zu reden; er

sollte ferner versprechen, die Uebung der Römisch-
Katholischen Religion einzustellen, wenn es sich
zeigte, daß sie die öffentliche Ruhe stören könnte,
und mit der Königin dem Reformirten Gottesdienste
beizuwohnen. Da indessen diese Sache in England große Streitigkeiten erregt hatte, so war die
endliche Antwort der Königin diese, die Foderungen des Kaisers und des Erzherzogs wären den
Englischen Gesetzen zuwider, ihre Einwilligung in
dieselben wäre wider ihr Gewissen, und würde ihre
persönliche Ehre und Sicherheit in Gefahr setzen.
Da sie sich aber nicht entschließen konnte, über diesen Gegenstand ganz frei herauszugehn, so setzte
sie hinzu, wenn der Erzherzog sie in England besuchen wollte, so würde er vielleicht nicht Ursache
haben es sich gereuen zu lassen. Carl von Oestreich, in der Ueberzeugung, daß er nie eine günstigere Antwort erhalten würde, stand von seinen
Ansprüchen ab. Er heirathete bald darauf Maria,
des Herzogs von Baiern Alberts V. Tochter. *)

Durch O'Neals Tod war die Ruhe in England nicht wieder hergestellt worden: indeß hatten

*) Cambden, S. 408. f. Hannes Schreiben des
   Erzherzog Karls an Elisabeth, S. 507. Rapin
   Thoyras, Bd. 2. S. 80.

1547 die Rebellen an ihm einen kühnen und muthigen
Anführer verlohren, der keine Furcht kannte, und
sich selten durch Schwierigkeiten überwinden ließ.
Die Lobsprüche, die seine Parthei ihm gab, mun-
terten ihn noch mehr auf, und da er seine größte
Ehre darin fand, Tyrannen in Schrecken zu setzen,
und die Freiheit seiner Mitbürger zu behaupten, so
hatte er wirklich die Englische Regierung in beständiger Furcht erhalten. In einem mehr civilisirten
Lande, wo allgemeinere Aufklärung sein Genie geleitet, seinen feurigen Muth gewissen Regeln unterworfen hätte, würde O'Neal schwerer zu überwinden geworden seyn: aber die Kriegswissenschaft
fehlte ihm, Klugheit leitete niemals seine Schritte
noch seine Reden; viehische Leidenschaften erstickten
den Verstand, den ihm die Natur gegeben hatte,
und überlieferten ihn seinen Feinden. Seine Güter wurden eingezogen, und die Königin von ihrer
gewöhnlichen Klugheit geleitet, wollte sich dieselben
nicht zueignen: sie gab sie großentheils dem Erben
seines Titels und seines Namens, Turlogh-Lyn-
nogh O'Neal, einem Mann von friedlicher Gemüthsart, welcher in die Familie Kildare geheira-
tet hatte. So wurden O'Neals Kinder der Erbfolge und der Rechte ihres Vaters beraubt. Sie
ließ sogar seinen ältesten Sohn, Johann O'Neal,

welchen er vordiesem zum Unterpfande seiner Treue 1567
gegeben hatte, in das Schloß von Dublin gefangen setzen. *) Elisabeth ließ Heinrich Sidneyn keine
Gerechtigkeit widerfahren. Ein Vicekönig in einem eroberten und durch beständige innere Zwistigkeiten zerrütteten Lande findet in Absicht auf sein
Betragen außerordentliche Schwierigkeiten. Legt
er den Einwohnern ein zu drückendes Joch auf, so
wird er als ein harter und stolzer Mann betrachtet,
als ein Sklave, der die ihm anvertraute Gewalt
mißbraucht, und der sich selbst und seinen Herrn
verhaßt macht. Er bringt das Volk, dessen Rechte
und Privilegien er mit Füßen tritt, zur Verzweife-
lung; die Partheien vergrößern sich, und die Em-
pörungen werden immer häufiger. Bezeigt er sich
menschlich, begegnet er den Unglücklichen mit
Schonung, so mißbraucht das unzufriedene Volk
seine Schwäche, die Partheien vereinigen sich, es
werden Verbündungen errichtet, die Hoffnung
macht den Ueberwundenen wieder Muth, und der
Eroberer, dessen Stolz hierdurch beleidigt wird,
giebt seinem Minister die Unruhen schuld, denen

*) Cambben, S. 409. Cartes, S. 461. Lelands
     Geschichte von Irrland, Bd. 4. S. 37. Collins,
     Heinrich Sidneys Schreiben an Elisabeth,
     S. 18 — 30.

1567 seiner Meinung nach durch Strenge hätte vorge-
bant werden können. Heinrich Sidney erfuhr dieses. Die Irrländer beschuldigten ihn, als den Urheber von O'Neals Ermordung, und seine Monarchin tadelte ihn, daß er den Absichten dieses braven
Anführers nicht zuvor gekommen wäre. Und doch
war Sidney weder ein ungetreuer Unterthan noch
ein gefühlloser Mensch.

O'Neals Tod hatte die Ruhe in der Provinz
Ulster wieder hergestellt. In der Provinz Mounster
aber herrschten die schrecklichsten Spaltungen. Die
Grafen von Ormond und Desmond konnten sich
weder über die Grenzen ihrer Besitzungen noch ihrer Gewalt vereinigen. Sie machten sich immer
gegenseitig Vorwürfe, daß sie dem Englischen
Hofe verkauft, und feigherzig einem Joch unterworfen, welches sie verabscheuen, ihr Vaterland
verrathen hätten. Der Graf von Desmond war
der Königin am meisten verhaßt. Er wäre, sagte
sie, an einem Orte erzogen, wo Gerechtigkeit und
Gesetze unbekannt wären. Desmond hätte sie
hierauf fragen können, ob sie denn das Recht
der Stärke als Gerechtigkeit ansähe und es zu
den Gesetzen rechnete. Elisabeth bemühte sich
vergebens ihre Zwistigkeiten beizulegen. *) Das

*) Collins, S. 44 — 48.

Schwerdt allein konnte hier entscheiden. Sidney 1567 versuchte den Weg der Gedult und der Güte. Desmond mißbrauchte das Vertrauen des Vicekönigs, zog seine Freunde um sich zusammen, und griff den Grafen von Ormond an. Dieser war bei verschiedenen Angriffen unglücklich, und beschwerte sich bei Elisabeth über Sidneys Partheilichkeit und Sorglosigkeit. Die Königin wurde aufgebracht, und befahl ihm sich nach Mounster zu begeben, um diesen Streit zu untersuchen und zu entscheiden. Sie hörte die Beschwerden der beiden Partheien an, erklärte Desmond für den Angreifer und verurtheilte ihn zur Schadensersetzung. Desmond weigerte sich zu gehorchen; ehe er aber neue Truppen zusammengezogen hatte, ließ ihn Sidney gefangen nehmen und nach Dublin bringen. Die Königin hatte sich immerfort mit dem Betragen des Viceönigs unzufrieden bezeigt. Er kam mit dem Sohn des Barons von Dungannon, O'Connor, von Sliger, und andern vornehmen Irländern, welche so wie Desmond einen Eid geleistet, und ihn nicht wie er gebrochen hatten, nach England zurück. Elisabeth, über den Widerstand der Rebellen aufgebracht, schickte diese Irländer wieder nach Hause, ließ Desmond und seinen Bruder nach London bringen, und sie in den Tow-

1567 er einsperren; eine Behandlung, die den Irländern einen unversöhnlichen Haß gegen die Englische Regierung einflößte.

Sidneys Abwesenheit brachte mehrere Uebel hervor als seine Gedald. Die Brüder des Grafen Ormond ergriffen, um sich der Königin gefällig zu machen, ziemlich unüberlegt die Waffen wider einige Einwohner von Mounster. James — Fitz — Morris von Desmond griff, um sich wegen der gegen seinen Verwandten begangenen Gewaltthätigkeiten zu rächen, die Englischen Royalisten an. Die O'Moore und die O'Connor wurden in Leinster gefährlich. Thirlough — Lynnogh von Tirrowen versicherte sich des Beistandes von tausend Schotten in der Provinz Ulster gegen die benachtbarten Herren, indeß ein Irländischer Häuptling, Clankarthy, auf die Oberherrschaft in Mounster Anspruch machte, und seinen Nachbarn den Krieg ankündigte. Sidney fand bei seiner Rükkunft alle Provinzen in Aufruhr. Er brachte indessen Thirlough dahin, sich auf einige Zeit zu unterwerfen, aber er konnte es von Edmund Buttler, Bruder des Grafen von Ormond nicht erhalten, daß er sich mit ihm vereinigt hätte. Endlich da er rings um sich nichts als Mißvergnügen, Unordnungen, Ränke, Gewaltthätigkeiten und bewaff=

nete Truppen fah, so entschloß er sich den Willen 1567
der Königin auszuführen, und ein Parlament zu=
sammen zu berufen. *)

Die Gegenstände, womit sich diese Versamm=
lung beschäftigen sollte, waren, die Untersuchung
der Mittel die Auflagen weniger lästig zu machen,
die Verhinderung der Erpressungen, welche für
Privatpersonen und für den Staat große Uebel
hervorgebracht hatten, die Einführung der Engli=
schen Gesetze in Irland, und die Verbesserung der
Kirche und der Staatsverwaltung. Aber es war
schwer, die Irländer aufzuklären, und noch schwe=
rer sie zu überreden. Zutrauen war gar nicht da;
alle Unternehmungen der Regierung waren ver=
dächtig; die Feinde der reformirten Religion, welche
in großer Anzahl waren, diejenigen, die sich durch
Bedrückungen bereichert hatten, diejenigen, die es
mit neidischen Augen sahn, daß die Gnadenbezeu=
gungen vorzüglich den Engländern zu Theil wur=
den, diejenigen, die die Regierung vernachläßigt
oder in ihre Schranken zurückgewiesen hatte, alle
diese begaben sich mit dem Vorsaße ins Parlament,
sich den Absichten der Königin zu widersetzen,

*) Cambden, S. 410. Carte, S. 462. Leland,
S. 28—41.

1567 Die Wahl der Repräsentanten erregte heftige Streitigkeiten. Der Hof, zur Mäßigung entschlossen,
wurde von beiden Partheien übel beurtheilt; die
eine beschuldigte ihn einer zu großen Nachgiebigkeit, und die andre eines partheiischen Verfahrens.
Stanihurst, Stadtschreiber von Dublin, und Christoph Barnewal wurden zu der Stelle des Spre-
chers vorgeschlagen; die Wahl des erstern, wozu
der Hof beitrug, brachte die Irländer auf. Um
sich an den Engländern zu rächen, widersetzte sich
Barnewall von dem Augenblick an geradezu allen
vorgeschlagenen Bills, und wandte ein, die Wahl
der Gemeinen wäre nicht gesetzmäßig geschehen.
Edmund Butler stand ihm hierin zur Seite. Sie
behaupteten mit einigem Grunde, es wären verschiedne Repräsentanten für Städte gewählt worden, die keine Gemeinden ausmachten, mehrere
Sheriffs und mehrere Gemeindeobrigkeiten hätten
sich selbst ernannt, verschiedne Engländer wären
als Bürger von gewissen Städten ernannt worden,
die sie nie weder gesehen noch gekannt hätten, ob
sie gleich nach der ausdrücklichen Verfügung der
Gesetze sich daselbst aufhalten müßten. *)

*) Blackstone, B. 1. Kap. 2. S. 158 f. Sidney's
Briefe an Cecil und an die Königin, die Empö-

Da der Sprecher dem Vicekönig die Einwen-1567
dungen der dem Hofe entgegengesetzten Parthei
mitgetheilt hatte, so wollte England den Gründen
der eingebornen Irländer schwache Befriedigun-
gen und die von seiner besondern Staatspolitik her-
genommenen Bewegungsgründe entgegensetzen.
Gerade gegen diese letztern war ihr Widerspruch
gerichtet. Der Streit über diese vorgebliche
Staatsraison, brachte von beiden Seiten außeror-
dentliches Mißvergnügen hervor. Die Irländer,
welche nicht im Stande waren, das Recht des
Stärkern auszuüben, mußten nachgeben, und mit
den Engländern ihren Sitz im Unterhause nehmen; sie thaten dies aber in der festen Entschlie-
ßung, alles was diese fremden Mitglieder, zum
Besten oder zum Schaden des Landes vorschlagen
würden, zu verwerfen.

Bei diesen Gesinnungen der meisten Eingebohrnen mußten die Berathschlägungen sehr unruhig
seyn, und sie waren es. Eine Bill, welche der
Königin eine neue Auflage auf den Wein zugestand,
wurde als eine tyrannische Neuerung angesehn;
eine andere, welche auf einige Zeit die Ausübung

rung der Ormond und Osmond betreffend. (Collins, S. 37—43.

1567 des Gesetzes von Poynings *) aufhob, und den
Akten des gegenwärtigen Parlaments Kraft gab,
ohne daß die Genehmigung der Königin nothwendig wäre, erregte heftigen Widerspruch. Dies
hieß in der That, das Reich den Vicekönigen und
einer kleinen Anzahl bewafneter Engländer überliefern,

*) Leland, Bd. 3. K. 5. S. 199. Im Jahr 1495
bewirkte Eduard Poynings, Vicekönig von Irland unter der Regierung Heinrichs VII., in dem
Parlamente dieses Reichs die Annahme verschie-
bener Statuten, welche das Parlament von England zur Beförderung des Glücks und des Wohl-
standes von Irland gemacht hatte. Sie wurden
auf Befehl des Englischen Parlaments vorgeschlagen, unter der Voraussetzung, daß sie mit Einstimmung des Oberhauses und der Gemeinen,
in dem besagten Reiche Irland aufgenommen,
gebraucht, befolgt, in Kraft gesetzt, genehmigt und bestätigt würden. (Heinrichs VII. erstes Stat. Kap. 10.) Das Parlament war nicht
in Versuchung, seine gesetzgebende Gewalt abzutreten, noch einzuwilligen, daß England der Insel Irland Gesetze geben dürfte. Hume hat geirrt,
wenn er dies bei der Regierung Heinrichs VII.
bejaht; und die Wörte des Statuts selbst sind
eine hinlängliche Widerlegung seines Irrthums.

kifern, welche Feuer und Schwerdt brauchen, und 1567 ungeſtraft die gröſten Unordnungen begehen konn- ten, um deſto geſchwinder Geſetze willkührlich in Ausübung zu bringen, welche von einem Ober- haupte herkamen, das von ſeinem Betragen weiter keine Rechenſchaft zu geben hatte. Ein Engländer, Namens Hooker, Bürger von Athuntree und Alt-

Die zweite Akte dieſes Parlaments hat ver- ſchiedene Streitigkeiten veranlaſſet, und dieſe Akte wurde das Geſetz von Poynings genannt. Nach dem Inhalte derſelben ſollen die Irländer kein Parlament zuſammenberufen, ohne dem Eng- liſchen Hofe unter dem großen Irländiſchen Sie- gel die Urſachen, die Bewegungsgründe, und die zum Beſten des Landes vorzuſchlagenden Ak- ten mitgetheilt, und ſowohl für die Beſtätigung derſelben, als auch in Abſicht der Fortdauer des benannten Parlaments unter dem großen Sie- gel von Irland, Erlaubniß erhalten zu haben; hierauf ſoll das Parlament unter der angegebenen Form und zu obigem Ende gehalten werden; und jedes andere, das etwa in der Folge ohne Be- obachtung dieſer Formalitäten gehalten werden möchte, ſoll als nichtig und geſetzwidrig ange- ſehen ſeyn.

Das erſte Statut des Parlaments von dem dritten und vierten Jahr der Regierung Philipps

Geſch. Eliſab. 3. Th.　　　Z

1567glied des Englischen Parlaments, mengte sich in
diesen Streit. Er hatte Peter Carrew auf einer
Reise begleitet, welche derselbe nach Irland that,
um Ländereien, die seinen Vorfahren abgetreten,
nachher von denselben verlassen waren, und nun
von eingebohrnen Irländern besessen wurden, zu
reklamiren. Hooke, welchem die bisherigen Un=

und Maria, enthielt eine Erklärung eben dieses
Gesetzes. (Erstes Stat. Kap. 4. von Philipp und
Maria. Blackstone, Einleitung, §. 4. S. 102).
Der Graf von Sussex war damals Vicekönig.
Das Englische Parlament verordnete, es sollte
künftig in Irland kein Parlament versammlet
werden, bevor nicht der Vicekönig und das Conseil
dem Hofe die Ursachen und die Bewegungsgründe,
weswegen es versammlet werden sollte, und die
Akten und Verordnungen, welche auf demselben
vorgeschlagen werden würden, angegeben hätte;
nachdem der Hof unter dem großen Siegel von
England dieselben würde gebilligt und zurückge=
schickt haben, so sollte sich das Parlament ver=
sammlen dürfen, um diese Akten, aber mit Aus=
schluß jeder andern, zu machen. Aber da wäh=
rend der Versammlung des Parlaments unvor=
hergesehene Ereignisse eintreten konnten, so wa=
ren die Vicekönige verbunden, dem Hofe auch
die Ursachen, weswegen seine Verordnungen no=

ruhen ſehr auffielen, miſchte ſich in eine Angelegen; 1567
heit, die ihm nichts anging. Er widerſetzte ſich
Barnewaln und ſeiner Parthei mit Heftigkeit, warf
ihnen ihren Undank gegen die Königin und den
Vicekönig vor, ſuchte ſie zu überreden, daß die
Aufhebung des Geſetzes von Poynings zu ihrem
Beſten wäre, da ſie ihnen die Freiheit ließe, ihre

dificirt werden ſollten, anzuzeigen, und ſie nachher, im Fall daß alle drei Stände darin einwil-
ligten, im Parlamente paſſiren zu laſſen. Es
wurde auch feſtgeſetzt, daß alle ſeit dem zehnten
Regierungsjahre Heinrichs VII. gemachte Akten
Geſetzkraft behalten ſollten, als wenn dieſe letzte
Akte gar nicht da wäre. (Leland, S. 387.) So
hat das Geſetz von Poynings, ſeit ſeiner Einfüh-
führung bis jetzt, den Irländern bei ihren Par-
lamentsverſammlungen und bei der Bekanntmachung ihrer Geſetze, zur Grundlage gedient.
(Blackſt. Einleit. S. 4. S. 103.) Aber dieſes
Königreich, dem Anſcheine nach durch dieſelbigen
eingeführten Nationalgebräuche regiert, mit ſeinem Parlament und ſeinen Gerichtshöfen, iſt der
Engliſchen Nation und der Engliſchen Regierung
viel mehr unterworfen, ſeitdem das ſechſte Statut
Georgs I. K. 5. die geſetzgebende Gewalt des Irländiſchen Parlaments der Gewalt der Könige
von England völlig untergeordnet hat:

Z 2

1767 Angelegenheiten im Parlament, ohne erst die Genehmigung des Hofes abzuwarten, nach eignem Willen einzurichten. Und obgleich die Königin, setzt er hinzu, das Recht hätte, die Abgabe vom Wein aus eigner Gewalt zu fodern, so wär' es ihr doch angenehmer, sie der Gefälligkeit, als dem Gehorsam ihrer Unterthanen, zu danken. Der wilde Bewohner der Gebürge Irlands hatte noch keinen

Hume irrt also, wenn er sagt, das Parlament, welches das Gesetz von Poynings annahm, habe auch die gesetzgebende Gewalt des Englischen Parlaments anerkannt. Leland irrt gleichfalls, wenn er der Insel Irland beständig den Titel eines Königreichs giebt. Bis auf Heinrich VIII. nannten sich die Könige von England nicht anders von derselben als Dominus Hiberniae, Herr von Irland. Heinrich VIII. führte diesen Titel bis an sein fünf und dreißigstes Regierungsjahr, da er den Titel, König von Irland, annahm, und durch eine Parlamentsakte als solcher anerkannt wurde. (Stat. I. K. 3.) Unter Elisabeths Regierung war die Art, in den Irländischen Parlamentern Statuten zu machen, dieselbige, wie in England. (Irländ. Stat. 11. Elis. Stat. 3. K. 8. Siehe das Statut für das Gesetz von Poynings, Stat. 3. K. 38).

Sinn für diese Meinungen, welche bei civilisirten 1567 Völkern angenommen werden, wo das Freiheits, gefühl weniger Stärke hat; nur der Theil des Volks konnte sie verstehen, der der Krone ergeben, und für empfangene Geschenke an dieselbe verkauft war. Der übrige Theil der Nation, ob er gleich wenige von den in England verbreiteten Kenntnissen hatte, war doch nicht barbarisch genug, um einen so groben Betrug nicht einzusehn. Hookes Reden erregten eine gewaltige Gährung, und Sidney sah sich gezwungen, dem unvorsichtigen Redner Wache zu geben, um ihn vor der Wuth des Volks zu schützen. Doch die Bills gingen nach allen diesen Stürmen durch. Die Sache wurde einige Tage aufgeschoben; die klügsten Personen von beiden Partheien wurden gebraucht, die schwachen Köpfe in Furcht zu setzen; diejenigen, die zu fürchten waren, wurden betrogen; die Auflage wurde einge, führt *); es wurde über die einstweilige Aufhebung des Gesetzes von Poynings debattirt, und das Parlament gab dazu seine Einwilligung unter der Bedingung, daß der Hof dasselbe durch keine Akte wirklich aufheben sollte, es möchte denn mit einmüthiger Zustimmung der beiden Irländischen Par,

*) Elisabeths Stat. 11. Sitz. 3. K. 1.

Z 3

1567lamentshäufern geschehen *). Es wurde zu gleicher Zeit eine Bill of attainder, gegen den unglücklichen O'Neal abgefaßt, worin alle Verbrechen, deren ihn die Engländer beschuldigten, aufgezählt wurden. Um alle Ideen von Oberherrschaft zu zernichten, die seine Vorfahren würklich im Lande behauptet hatten, suchte man das Recht der Königin von England von der Epoche der Eroberung herzuleiten. Diese fabelhafte Zeitrechnung war für die einsichtsvollsten Irländer ein Gegenstand des Spottes. Sie sahen diese lange Auseinandersetzung eines Rechts, dessen Besitz ihre Truppen und ihre Politik ihr sicherten, für unnütz an. Die am wenigsten Unterrichteten sahen dieses Recht gleichfalls für ungegründet an, wagten es aber nicht, ssich über einen Punkt, den sie nicht zu widerlegen in Stande waren, in Untersuchung einzulassen. O'Neals Familie wurde ihres Ranges und ihrer Rechte beraubt; und was die Königin dem Thirlough Linnogh von den letztern in Betracht seiner Unterwerfung zugestanden hatte, wurde ihm als ein Lehen von der Krone England verliehen. Das Parlament gab noch andere der Englischen Regierung günstige Gesetze. Durch das eine wurde dem

---

*) S. dasselbige Statut, dieselbige Sitzung.

Vicekönig und dem Rath die Gewalt zugestanden, 1567
offene Briefe zu verleihen, vermöge deren alle im
Lande angesessene Irländer oder Engländer, welche sich bereit finden liessen, ihre Länder an die
Krone abzutreten, dieselben behalten könnten,
wenn sie sie vom Englischen Hofe zu Lehen tragen
wollten. Nach einem andern Institut sollte niemand in irgend einem Gebiethe, das zu einer Provinz gemacht wäre oder künftig dazu gemacht werden sollte, den Titel eines Oberbefehlshabers annehmen, ohne erst von der Krone durch Patente
dazu berechtigt zu seyn. Dem Kanzler von England wurde die Gewalt eingeräumt, Commissarien
zu ernennen, um alle Theile des Landes zu untersuchen, die noch keine Grafschaften ausmachten,
und dem Vicekönig, sie dem Berichte dieser Commissarien zufolge, für Provinzen zu erklären. So
erhielt die Königin durch die Bill of attaindre gegen O'Neal die Oberherrschaft über mehr als die
Hälfte der Provinz Ulster. Die Irländischen Herren verlohren, da sie erst von dem Hofe anerkannt
werden musten, die unmittelbare und willkührliche
Gewalt über ihre Vasallen, indem diese dieselben
nicht eher als ihre Herren anerkennen durften,
bis sie ihre Gewalt von der Krone empfangen

1567 hatten *). Durch diese Anordnung wurde dem
Volke eine Schlinge gelegt. Die Absicht des Hofes war nicht, dasselbe von der Tyrannei der Guts-
besitzer zu befreien; sondern, indem er das Volk
berechtigte, ihnen den Gehorsam zu versagen, so
lange sie sich nicht der Krone von England unterworfen hatten, zwang er diese, ihre Besitzungen
von derselben als Lehen zu nehmen, und ließ ihr
nachher die volle Gewalt, das Volk willkührlich zu
drücken, wie es die Englischen Barone gemacht
hatten, ehe die Klugheit ihnen die Nothwendigkeit
zeigte, das Volk an den Wohlthaten jener Gesetze
Theil nehmen zu lassen; welche sie dem Könige Johannes abdrangen.

Die Religion war eine der Gegenstände, worüber im Parlamente entschieden wurde. Die Irländer ließen sich noch eines ihrer schönsten Vorrechte rauben, welches darin bestand, zu geistlichen
Aemtern und Würden zu ernennen. Der Vicekönig
erhielt die Macht, während zehn Jahre in den
Provinzen Mounster und Connaught die geistlichen
Würden zu verleihen, weil in diesen beiden Provinzen große Mißbräuche herrschten. Die geistlichen Aemter wurden daselbst mit Menschen von

*) Sitzung 5. K. 4. Leland, S. 49.

niedriger Herkunft und ohne Wissenschaften be-
setzt, welche von der Englischen Sprache gar keine
Kenntniß hatten, welche von Aebten, von Prio-
ren, Dechanten und Sängern herkamen, welche
ein lüderliches, ausschweifendes und schändliches
Leben mit niedrigen Weibsbildern führten, und
durch Gewalt, Simonie, Kabalen und andere un-
erlaubte Mittel die Stellen erhielten, die der Redlichkeit in regelmäßigen Sitten der Wissenschaft und
der Tugend zur Belohnung dienen sollten *).

Die reformirte Religion hatte in Irland noch
nicht genug Fortschritte gemacht, um daselbst festen
Fuß zu fassen, und in ruhigem Besitz zu bleiben.
Weder Religionsanordnungen noch bürgerliche Gesetze, die daselbst vor kurzem gemacht waren, wurden beobachtet. Der Pabst ernannte noch zu den
Nordischen Bißthümern, Clogher, Derry und
Raphoe. Die Irländischen Bezirke wurden zum
Theil zu Englischen Provinzen gemacht, aber Sidney errichtete in Connaught und Mounster keine
Gerichtshöfe; er setzte daselbst bloß einen Rath mit
einem Präsidenten an, dessen Gewalt zugleich mili-
tairisch und bürgerlich war **). Die in Ulster

*) Sitz. 4. K. 6. Leland, S. 49.

**) Collins, S. 48—59. Anweisung für den Prä-
sidenten des Raths zu Mounster; Weßminster,

Z 5

1567 zum Beſten der Krone konfiscirten Ländereien wurden nicht in Beſitz genommen, und die Irländer
genoſſen, wie bisher, ihrer Vorrechte und ihrer
Einkünſte. Es würde aber ein Irrthum ſeyn,
dieſes einer herrſchſüchtigen Königin oder ihren getreuen Abgeordneten als Mäßigung anzurechnen,
oder habſüchtigen Verwaltern als Nachläſſigkeit
zuzuſchreiben. Die ſich immer erneuernden Unruhen waren allein Schuld daran. Das Engliſche
Joch war den Irländern eben ſo drückend geworden, als das Joch der Normänner zur Zeit der Eroberung den Engländern. Eliſabeth war gerechter
und klüger in der Wahl der Mittel, als ihre Vor-
weſer, aber nicht weniger eiferſüchtig, als dieſe,
auf ihre Gewalt und die Vorrechte der Krone.
Sie vergoß weniger Blut, als Heinrich VII. und
Heinrich VIII.; aber da ſie zu weit von Irland entfernt war, um als Augenzeuge davon zu urtheilen,
ſo ließ ſie ſich oft durch die ungetreuen Berichte ih-

den 14ten December 1570. Es wird darin viel
vom Beſten des Staats und des Volks, aber noch
mehr von dem Beſten der Königin und des Dien-
ſtes der Krone von England geſprochen. (Siehe
S. 59. Befehle an die Sherifs und Friedens-
richter der Grafſchaft Monmouth; Ludlow,
den 9ten März 1572).

rer Deputirten wider Familien einnehmen, die sie 1567
durch verhängte Strafen zur Verzweiflung brachte.
Die Gesinnungen der Engländer, die sich in den
Provinzen niedergelassen hatten, wurden den Eingebohrnen äußerst nachtheilig. Die Vergrößerungs-
sucht trieb sie an, mächtige Familien, deren Güter
und Ländereien ihnen anstanden, als übelgesinnt gegen die Regierung abzuschildern. Sie handelten
nach der Idee von Ueberlegenheit, die unterrichtete
Menschen über Barbaren und Wilde zu haben
glauben, mit aller der Frechheit, die ihnen das
Vertrauen auf die Gunst der Königin einflößen
konnte. Sie behandelten die Irländischen Befehlshaber in ihren eignen Wohnsitzen als Abentheurer
und als unrechtmäßige Besitzer, denen man aus
besonderer Gnade an denselbigen Oertern, wo sie
vordem die Herrschaft geführt hatten, noch ihren
Unterhalt vergönnte. Da diese Befehlshaber von
den Stellen bei der Regierung ausgeschlossen waren, so wurde oft, ohne ihr Wissen, willkührlich
über ihre Personen und ihr Vermögen verfügt.
Die Reformirten und die Englischen Katholiken
wurden von den Anhängern der römischen Kirche
angefeindet, und die Königin, geneigter ihre eignen Unterthanen zu begünstigen, sah oft Leute für

1567 Rebellen an, die durch üble Behandlungen und durch Plackereien, die man ihr sorgfältig zu verbergen suchte, aufgebracht waren. Diejenigen, die sie nach Irland schickte, ihre Person vorzustellen, hatten das gröste Interesse, sich den Engländern, die in Irland wohnten, günstig zu beweisen. Hätten sie dies nicht gethan, so hätten die sich zu London aufhaltenden Familien jener Engländer sich mit Klagen an die Königin gewandt, und sie bewogen ihren Repräsentanten, ihre Stellen zu nehmen. So war dieses unglückliche Reich der Willkühr einer Menge unersättlicher Menschen überlassen, deren Intriguen zu vielfach und zu verwickelt waren, um von Leuten durchschaut zu werden, welche zu wenig helle Einsichten hatten, wütend in ihrer Rache, und unfähig waren, die Mittel sich von der Tyrannei zu befreien, zu wählen, und vernünftig zu brauchen. Ohngeachtet des Wunsches der Königin, die Leidenschaften und das Blut der Irländer zu schonen; war doch ihre Regierung in diesem Reiche nicht so ruhig, als in England. Ihre Vicekönige, welche die bei einer so delikaten Verwaltung nothwendige Mäßigung und Billigkeit aus den Augen setzten, waren die einzige Ursache von den Uebeln, worunter Irland noch seufzte.

Maria Stuart war indeſſen ganz der Unruhe 1567 und den Schrecken überlaſſen, welche ſie nach den letzten Begebenheiten in Schottland empfinden muſte: ſie konnte nicht wieder auf den Weg der Vernunft und der Gerechtigkeit zurückkommen, von dem ihre Feinde und ihre eigene Schwachheit ſie abgebracht hatten. Zwei Tage nach der Los-ſprechung des Grafen von Bothwell verſammlete ſich das Parlament; und von dieſem Verbrecher, wel-cher zwar vor Gericht, aber nicht in der Mei-nung des Publikums frei geſprochen war, ließ ſie ſich bei Eröffnung der Sitzungen den Scepter vor-tragen. Den erſten Tag erſchien die Königin nicht; und die erſte Sitzung wurde bloß angewandt, die Parlamentsglieder aufzurufen, und die Namen der Abweſenden anzuzeichnen. In den folgenden wurden die Affären wirklich vorgenommen, und am letzten Tage wurden die in demſelben gegebe-nen Geſetze dem Volke bekannt gemacht. Dasje-nige, das die reformirte Religion betraf, war zu Gunſten derſelben ſo entſcheidend und ſo viel um-faſſend, daß das Parlament, welches am Ende deſſelbigen Jahres von dem Grafen von Murray zuſammenberufen wurde, nichts vortheilhafteres für dieſe Religion zu erdenken wuſte, und ſich ge-zwungen ſah, den ganzen Inhalt dieſer von Ma-

1567ria genehmigten Acte zu widerholen. *) Die Los=
sprechungsakte des Grafen von Bothwell wurde
gleichfalls ratifizirt und genehmigt, seine Ehren=

*) Es wird darin erklärt: „daß die Königin nichts
wider die Religionsverfassung, welche ihre Ma=
jestät bei ihrer Ankunft im Reiche öffentlich und
allgemein errichtet gefunden, vornehmen will.‟
Buchanan sagt mit eigenen Worten, man habe
in dieser Parlamentsversammlung nichts zum Be=
sten der reformirten Religion erhalten können.
(Buch 18. S. 196.) Niemand wird sich über
diesen vorsetzlichen Irrthum wundern; aber sehr
auffallend ist es, wenn Spotswood einem so ver=
dächtigen Wegweiser folgt, und dessen eigene
Ausdrücke wiederholt. (Spotswood, S. 202.)
Sicher ist es, daß Maria, indem sie dem Volke
und der Parthei der neuen Reformirten diese Be=
friedigung gab, sich des Beifalls beider zu ver=
sichern glaubte. Ihr schwacher Charakter ent=
deckte sich bei jeder Gelegenheit, wenn gleich ihre
Grundsätze sich nie verleugneten. Sie war im
Herzen bis an ihren Tod der katholischen Religion
immer eifrig zugethan; aber als Königin beobach=
tete sie ein ungleiches Betragen. Sie duldete
anfangs die reformirte Religion; das Haus Lo=
thringen veränderte nachher ihre milden Gesin=
nungen, und vernichtete ihr Toleranzsystem. Sie

stellen und Aemter wurden ihm bestätigt, das 1567
Gouvernement des Schloßes Dunbar wurde ihm
mit allen damit verbundenen Einkünften und

nahm sich vor, den Katholizismus wieder herzu-
stellen, und die Katholiken, im Vertrauen, unterstützt zu werden, ließen öffentlich Messe lesen.
Die veränderten Umstände brachten sie wieder zu
ihrem ersten Plan zurück, welcher ihren friedlie-
benden und menschlichen Gesinnungen angemeßner
war. Aber die beständigen Veränderungen in
dem Willen eines Monarchen machen seinen Charakter verächtlich; die Tugend erwartet von ihm
keine Stütze, das Laster fürchtet sich nicht vor
seinem Unwillen. Maria hatte wenig Freunde,
weil man sich immer fürchtete, von ihr verlassen
zu werden; sie hatte viele Feinde, weil ihre
Schwäche ihre Gegner immer kühner machte.
Da sie beständig von einem heftigen Unwillen zu
einer ausschweifenden Leichtgläubigkeit überging,
so sahen ihre Feinde niemals ihre Entwürfe völlig
verrückt; und da die Königin immer nur halb zu
strafen wuste, so waren sie gewiß, Mittel zu finden, um wieder zu Gnaden aufgenommen zu werden, und wusten dann das Versäumte wieder ein-
zuholen. Die authentische Akte zur würklichen
Einführung der protestantischen Religion, welche
durch das erste Statut Jakobs VI. (Kap. 31) be-

1567 Vortheilen bewilligt. *) Niemals war eine Rechtfertigung vollständiger, ausgedehnter, geschickter ausgeführt, um die einem Angeklagten zugestandene Hochachtung und die Sorge für die Erhaltung seiner Ehre auszudrücken. Aber Bothwell fand sie noch nicht hinreichend, er bot sich an seine Unschuld mit den Waffen in der Hand zu beweisen, das Par-

stätigt wurde, ist von Gilbert Stuart nicht in ihrer ganzen Stärke vorgestellt. (S. 222.) Ohngeachtet des Toleranzgesezes, sagt er, nahm sich die Königin sorgfältig in Acht, die Einführung der reformirten Religion völlig zu bestätigen. Ich glaube, er hat sagen wollen, daß dieses Gesetz nicht ausgeübt wurde; und dieses ist in Absicht auf Mariens übrige Regierung wahr. Sie begünstigte noch immer, wie er sagt, das Pabstthum; aber das Gesetz war einmal gegeben, es ward zu einem Statute des Reichs, und diente nachher zum Muster. Robertson selbst macht (B. 4. S. 412) Buchanans, Spotswoods und Calderwoods Irrthümer bemerklich. (Calderwood, Bd. 3. S. 41.)

*) Keith, S. 379. Carte, S. 453. Gilb. Stuart, S. 220. Anderson, Bd. 1. S. 117. Goodall, Bd. 1. S. 355. Hume, Bd. 4. S. 238. Robertson, S. 413.

Parlament verwarf diesen. Beweis als unnö: 1567 thig. *) Die Gütereinziehung der Grafen von Huntley und von Sutherland wurde widerrufen, unter dem Vorwande, daß die Urtheilssprüche einige Ungültigkeiten enthielten. Die dem Grafen von Marr und Murray ertheilten Ehrenstellen wurden ihnen bestätigt; die den Grafen von Morton, von Angus und von Caithneß gemachten Geschenke wurden genehmigt; mehrere andere Personen erhielten Gnadenbezeugungen von der Königin; die schon erwähnte Akte gegen die Urheber und Beförderer der Schandschriften wurde bekräftigt. Dies waren die vornehmsten Akten dieses Parlaments. **) Aber eine andere wichtigere Akte, und welche größere Folgen nach sich zog, beschäftigte die Aufmerksamkeit des Publikums.

Seitdem die Grafen von Bothwell und von Murray vergebens versucht hatten, die Königin zu einer Ehescheidung zu überreden, hatten sie doch, wie die Folge bewiesen hat, diesen Entwurf nie aus den Augen verlohren. Bothwell, welcher bei der Ausführung eines Verbrechens nur auf seinen eignen Nutzen dachte, hatte Murrays Absich-

*) Gilbert Stuart, S. 220.

**) Keith, S. 379. Gilbert Stuart, S. 224.

Gesch. Elisab. 3. Th.   Aa

1567ten nicht geargwöhnt. Nachdem er durch seine
Rechtfertigung von den gütigen Gesinnungen der
Königin gewiß geworden war, bemühte er sich
mehr als jemals ihr seine Ergebenheit und Ehr=
furcht zu bezeugen. Aber der Tod des Königs war
noch in zu frischem Andenken, als daß Bothwell mit
einiger Anständigkeit die Hand der Königin als
einen Preis seiner zärtlichen Bemühungen hätte
verlangen dürfen. Die Zeit war lang, und der
gute Erfolg der Sache hing von ihrer geschwinden
Betreibung ab. Er konnte keinen glücklichern Au=
genblick finden, und die jetzt versäumte Gelegen=
heit wäre vielleicht nie wiedergekommen. Er hatte
allein beständigen Zutritt zu seiner Monarchin, und
machte sich ihr durch Ehrfurchtsbezeugungen, durch
Gefälligkeit und zärtliche Aufmerksamkeit nothwen=
dig. Er nahm also Murrays oder Mortons
kühnen Rath an, sich der Königin durch den Adel
des Reichs vorstellen zu lassen. Er selbst war eines
so tief und geschickt entworfenen Plans nicht fähig;
und Maria besaß nicht Politik genug, um solche
Mittel sich Gehorsam zu verschaffen, zu erfinden.
Nachdem er die Herren vom Adel jeden insbeson=
dere auf seine Seite gebracht hatte, lud er sie alle
bei sich zum Abendessen ein, und beredete sie, verei=
nigt eine Adresse an die Königin zu unterzeichnen,

worin sie ihn dieser Fürstin empfahlen, als würdig sie
ihre Hand zu erhalten, und die Versicherung hin-
zufügten, daß sie seine Ansprüche genehmigen würden. Er hatte in dem Augenblick alle seine Freunde
um sich, und sein Haus war von bewaffneten Leuten umringt. Einige Freunde Martens haben diese
Thatsache geleugnet. *) Indessen scheint mit

*) Gilbert Stuart, S. 224. Anm. Er beruft sich
bei seiner Verneinung auf die unterzeichnete
Schrift, die vom 20sten April datirt ist, und wovon James Balfour, damaliger Sekretair des
geheimen Raths, das Original in Verwahrung
hatte. Man findet sie in den Schottischen Memoires, Bd. 13. fol. 30. S. 382. Gilb. Stuart
will aus dieser Urkunde beweisen, daß Bothwell
die Verbündeten nicht zur Unterzeichnung gezwungen habe. Allein sie beweiset dieses nicht. Die
Adlichen, von denen Bothwell allgemein verhaßt
und verachtet wurde, unterschrieben gewiß nicht
aus Freundschaft für ihn einen Entwurf, ihn auf
den Schottländischen Thron zu erheben. Er gab
vor, er handelte nicht anders, als mit Einwilligung der Königin und mit Murray's Genehmigung. Er schmeichelte einige, setzte andere in
Schrecken, einige waren seine Freunde. Erwarten läßt sich ein solches Betragen leicht von einem

1567 daraus nichts wider Marien zu folgen. Da sie
Ansehen genug gehabt haben sollte, um die Geschwornen und die Schottischen Fürsten zu Bothwells Rechtfertigung und zu einer gerichtlichen Erklärung seiner Unschuld zu bewegen; so würde auch
ihr bloßer Wille hinlänglich gewesen, seyn, um ihre
Einwilligung zu seiner Erhebung auf den Thron zu
erhalten. Die Vorsicht des Grafen sein Haus

Manne, wie Bothwell, der nie vor der Idee eines Verbrechens zitterte, das er zur Beförderung
seines Nutzens nothwendig glaubte. Maria hingegen hatte, wenn Bothwells Vorgeben gegründet war, nicht nöthig, ihre Unterthanen mit
Gewalt zum Gehorsam zu zwingen. Nichts scheint
mehr zu beweisen, wie wenig Bothwell bei dieser
Unternehmung unterstützt wurde, als die Maaß-
regeln, deren er sich bediente. Robertson, S. 414,
Keith, S. 283, versichern, daß das Haus, worin
sich der Adel versammlete, von bewaffneten Leuten umringt war; und die Adlichen selbst gestan-
den es ein. (Goodall, Bd. 2. S. 141.) Goodall
ist zu sehr für Mariens Unschuld, als daß er in
Verdacht kommen sollte, Belege zum Beweise
des Gegentheils zu geben. Siehe die Verbün-
dungsakte, Belege zum 3ten Bande dieser Geschichte Nr. I.

von bewaffneten Leuten umringen zu laſſen beweiſt 1567
vielmehr die Furcht, welche Verbrechen begleitet,
als ſie die Königliche Majeſtät ankündigt, welche
ihren Unterthanen Gehorſam befiehlt. Dieſe waren ihr Gehorſam ſchuldig, und ſollten ihr erſt
ganz kürzlich durch ein ungerechtes Urtheil gewiſſe
Beweiſe davon gegeben haben. Entweder hatte
Maria ſelbſt dieſes Urtheil vorgeſchrieben, oder
andere geheimere Triebfedern hatten die Richter
dazu vermocht. In dem erſten Falle war ihr der
Adel verkauft, und ſie hatte keinen Widerſtand zu
befürchten. In dem zweiten Fall, muſte Bothwell die Großen glauben machen, daß er auf Befehl ſeiner Monarchin handelte, er muſte dieſe
ſelbſt zu betrügen, einen Theil des Adels für ſich
zu gewinnen, den andern in Schrecken zu ſetzen
ſuchen, und hatte alſo die ſtärkſten Gründe ein öf-
fentliches Aufſehn zu fürchten, welches ſeine Abſichten vereitelt hätte. Die Schriftſteller, die Mariens Andenken haben ſchänden wollen, haben ſo
gut geirrt als diejenigen, die den Schottiſchen Adel
zu vertheidigen ſuchten, am meiſten aber die letztern; denn welche Bewegungsgründe wir hier
auch annehmen mögen, ſo ſetzt die Akte, wodurch
der Adel ſich mit einem niederträchtigen Meuchel-

1547 Mörder verband, ihn mit dem letztern in einen Rang. Ein Feind Mariens behauptet, Murray habe nachher eine von ihr unterzeichnete Schrift beigebracht, in welcher sie zur Ueberreichung dieser Bittschrift ihre Einwilligung gab; und diese Erlaubniß, setzt er hinzu, war so gut als ein Befehl. Aber diese von dem Grafen von Murray beigebrachte Urkunde gehört mit den untergeschobenen Briefe von Maria an Bothwell zu denen Stücken, die er selbst schmiedete, und wovon Elisabeth keinen Gebrauch zu machen wagte, um eine ihr so furchtbare Nebenbuhlerin aus dem Wege zu räumen.

Die Akte enthielt die stärksten Erklärungen von Bothwells Unschuld, und die förmliche Anerkennung der von ihm dem Staate geleisteten Dienste. Die Adlichen versprachen, ihn mit Gefahr ihres Lebens und ihres Vermögens wider jede auf den Tod des Königs sich beziehende Anklage zu vertheidigen. Sie empfahlen ihn der Königin als denjenigen, der ihrer Hand am würdigsten wäre, und wenn sie sich entschließen sollte, ihm diesen Beweis ihrer Achtung zu geben, machten sie sich anheischig, seine Ansprüche zu unterstützen, und sich mit vereinigten Kräften den Bemühungen derer zu widersetzen, die sich dieser Absicht entgegenstellen möch-

ten. *) Es finden sich unter denen, die diesen selt‧1567
samen Schritt billigten, einige von den vertrautesten
Freunden der Königin, andere, die an allen ihren
Rathschlägen so wenig Antheil hatten als an ihrem
nachherigen Unglück, andere, die ihre eifrigsten
Vertheidiger, und noch andere, die die vornehm‧
sten Werkzeuge ihres Verderbens wurden. Es fan‧
den sich unter ihnen feurige Anhänger der Katholi‧
schen Religion und eifrige Reformirte. Kein ge‧
meinschaftlicher Nutzen scheint diese Verbindung
geknüpft zu haben, die der Königin und dem Reiche
so verderblich war. Sie ward also durch einen ge‧
heimen Kunstgriff bewürkt, welcher aber zu gut
überdacht war, um das Werk des heftigen Both‧
wells oder der schwachen und leichtgläubigen Maria
zu seyn. Murray allein hatte Geist und Geschick‧
lichkeit genug dazu. Ein berühmter Schriftsteller hat
indessen behauptet, es ließe sich vernünftiger Weise
nicht denken, daß Murray, Bothwells Mitschul‧
diger ihm die Mittel verschaft hätte, seinen Unter‧
gang zu beschleunigen, und daß verschiedene Mit‧
glieder der Verbündung, welche an den Königs‧
mord Theil hatten, bloß aus Furcht sollten un‧
terzeichnet haben, Bothwell möchte ihr Verbre‧

---

*) Keith. S. 381. Anderson, Bd. 1. S. 177.

Aa 4

1567chen entdecken, um sich wegen ihrer Weigerung zu
rächen. *) Aber was sollte denn in Murrays Politik so ungereimtes seyn? Bothwell hatte in den
Mord des Königs bloß in der verwegenen Absicht
gewilligt, seine Stelle einzunehmen. Murray
hätte ihm diese versprochen. Wie konnte er ihm
seinen Beistand versagen, ohne den, der das ganze
Geheimniß besaß, aufzubringen? Wie konnten die
übrigen Mitschuldigen dem, der ihr Leben in seinen
Händen hatte, den Gehorsam versagen? Es war
Murrays Mitschuldigen daran gelegen, einen Theil
seiner Parthei zur Unterschrift desjenigen zu bere-
den, was Bothwell verlangte. Die Anhänger
der Königin, welche sahen, in welcher Gunst er
bei ihr stand, gehorchten natürlicherweise einem

*) Dies ist ohngefähr Cambdens Meinung, (S.
404.) welche Robertson (S. 415.) in der Anmerkung als abgeschmackt zu wiederlegen sucht. Cambden urtheilt ohne Zweifel richtiger, als Robertson voraussetzt. Er hat nicht sagen wollen, daß
Murray, Morton, und die übrigen welche Bothwell haßten, ihm gerade deswegen dienten, um
seinen Untergang zu befördern, sondern, daß sie
denselben als unvermeidlich voraussahen, indem
sie ihm den Dienst leisteten, den er von ihnen
verlangte.

Befehl, den er von ihr zu haben vorgab. Die
Papisten waren auf der Königin, die Reformirten
auf Murrays Seite. Murray sah sich durch Furcht
gezwungen, die Absichten einer Königin zu begün=
stigen, deren Untergang er wünschte. Aber ohne
eben sehr scharfsichtig zu seyn, war es ihm leicht
einzusehn, daß Bothwell weder selbst den Scepter
führen, noch der Königin die Regierung erleichtern
könne; vorherzusehn, daß aus dieser schimpflichen
Verbindung Unruhen entstehen würden, welche er
benützen könnte, oder daß die Königin, über die
Kühnheit eines verwegenen Unterthans aufge=
bracht, ihn aus ihrer Gegenwart verbannen wür=
de. Auf jeden Fall hoffte er sich von einem gefähr=
lichen Verbündeten zu befreien. Es ist möglich,
daß Maria von allen diesen geheimen Unterneh=
mungen nichts wuste, und daß ihr blindes Zu=
trauen zu ihrem Bruder und Bothwelln ihnen er=
laubte, dieselben unter ihren Augen anzufangen
und zu betreiben, ohne daß sie davon das geringste
wahrnahm.

Murray war so sehr von der Würklichkeit der
Ansprüche des Grafen von Bothwell überzeugt,
und so genau von den Mitteln unterrichtet, durch
die sie geltend gemacht werden sollten, daß er sich
die Freiheit nahm, dieses Vorhaben den fremden

1567 Höfen bekannt zu machen, so daß England und
Frankreich vor Errichtung der Associationsakte schon
wuste, daß Maria Stuart Bothwelln heirathen
würde. Von wem hatte er dies erfahren, da
Maria selbst es nicht wuste? Er war den Tag vor
dem Verhör seines Mitschuldigen abgereist; er
konnte nicht wissen, wie der Urtheilsspruch aus=
fallen würde; er wohnte den Sitzungen des Par=
laments nicht bei, und konnte dessen Entscheidun=
gen nicht vorhersehen. Er war abwesend, als die
Verbündung unterschrieben wurde, und doch wuste
er schon bei seiner Ankunft in England, daß eine
Vermählung zwischen Maria und Bothwell zu
Stande kommen sollte, so wie er den Tag vor der
Ermordung des Königs schon wuste, daß der Lord
Darnley den folgenden Tag nicht mehr am Leben
seyn würde. Er muste die Seele dieser verborge=
nen Unternehmungen seyn, um von denselben eine
so genaue Kenntniß zu haben. Er war immer von
allem unterrichtet gewesen, und hatte immer Schott=
land verlassen, anstatt da zu bleiben, um so großes
Unglück zu verhindern. In fremden Ländern be=
schuldigte er Bothwelln des Königsmordes, und
bei seiner Abreise hatte er ihn der Königin als die
Stütze des Staats empfohlen. Nach Buchanans
Vorgeben floh er einen Hof, wo er unerhörte Ver=

frechen ungeſtraft begehen ſah; und doch, ehe er 1567 denſelben verließ, war er niederträchtig genug, dem Götzen Weihrauch zu ſtreuen, und erröthete nicht, die Königin und den ganzen Staat dem Schutze eines Meuchelmörders zu übergeben, und dieſe Fürſtin, zur Belohnung ſeiner Dienſte und ſeines Eifers, nachdrücklich aufzufodern *).

Die Freunde, die Maria in England hatte, geriethen über dieſe hinterliſtig verbreiteten Gerüchte in Beſtürzung. Verſchiedene derſelben ſchrieben ihr, und Eliſabeth ſelbſt unterließ dieſes

*) Es iſt ſchon oben bemerkt worden, daß Murray nach Buchanans Erzählung erſt nach der Vermählung der Königin abreiſte. Er bemerkt nicht, daß er ihn im Parlement und zu der Zeit, da die Aſſociationsakte unterſchrieben wurde, eine ſonderbare Rolle ſpielen läßt. Es ſcheint, Murray habe die Gemüther zu der Bittſchrift, die der Adel zu Bothwells Gunſten bald darauf überreichte, erſt vorbereiten, und dieſe Fürſtin allein dem öffentlichen Tadel ausſetzen wollen, er habe daher ihre Abſichten auf Bothwell bekannt gemacht, damit die Aſſociation eine Folge davon ſchiene, und die Herablaſſung der Königin nicht als eine Wirkung von dieſem Schritte des Adels angeſehen würde.

1567nicht *). Verschiedene Schriftsteller haben über die Vorstellungen, die ihr deswegen gethan wurden, eine Menge Fabeln erzählt. Melvil, dem ein Gnadengehalt, das er von Elisabeth erhielt, seiner Monarchin untreu machte, hat viele Unwahrheiten geschrieben. Er behauptet, Lord Harreis habe sich, wenig Tage nach der Ermordung des Königs, Marien zu Füßen geworfen, und sie beschworen, ihren Namen nicht durch eine schimpfliche Verbindung zu beflecken. Es ist bewiesen, daß Herreis um diese Zeit nicht bei der Königin, sondern nachher einer der ersten bei Unterschreibung der Associationsakte, und einer der eifrigsten Vertheidiger Mariens war. Er hatte mehr Ursache, als jemand, Murray für den Mörder des Königs zu halten, da dieser ihm bei seiner Abreise von Edinburg den 9ten März den Tod desselben vorhergesagt hatte. Es kann seyn, daß Herreis wegen dieses Verbrechens auf Bothwelln keinen Verdacht hatte. Nach den noch vorhandenen Zeugnissen von den Vorstellungen, die Marien wegen ihrer Vermählung mit Bothwelln gemacht seyn sollen, ist es

**) Anderson, Bd. 1. S. 106. Elisabeths Verhaltungsbefehle an ihre Gesandten, nach der Vermählung.

faſt unmöglich, die Wahrheit vom Irrthum zu un- 1567
terſcheiden. Der einzige Brief von Eliſabeth iſt
ſicher ächt; aber er kam erſt an, als Bothwell
durch einen neuen Frevel, den er vermuthlich mit
ſeinen Freunden verabredet hatte, ſich der Einwilligung ſeiner Monarchin verſichert hatte *).

Herr vom gröſten Theil des Adels, wollte dieſer kühne Mann ſich auch der Perſon der Königin
verſichern. Sie begab ſich den 22. April nach
Stirling, wo der Prinz von Schottland war.
Bothwell brachte tauſend Reuter zuſammen, unter
dem Vorwande, die Grenzen des Reichs wider
vorgebliche Angriffe zu ſchützen, und ſtieß den 24ſten
zu Maria auf ihrer Rückreiſe nach der Hauptſtadt.
Von ſeinen bewaffneten Leuten begleitet, nahm er
das Pferd der Königin beim Zaum, und führte ſie

*) Anderſon, ebendaſ. Maria ſpricht von dieſem
   Schreiben in ihren Inſtruktionen für ihre Geſandten. Sie entſchuldigt ſich, daß ſie nicht darauf geantwortet, und daß ſie geglaubt habe das
   Beſte des Staats erforderte es, daß ſie ihre Vermählung mit dem Grafen mehr beſchleunigte, als
   ſie es Anfangs für nothwendig gehalten hatte.
   Sie ſagt auch unbeſtimmt, ſie habe Gerüchte ver-
   nommen, die nicht zu ihrem Vortheil gereichten;
   ſie läßt ſich aber nicht weiter darauf ein.

1567 nach dem Schloß von Dumbar. Man hat so wenig sichere Nachrichten über Mariens Bettagen bei dieser Gelegenheit, daß es gleich schwer ist, sie zu tadeln oder zu entschuldigen. Indeß haben einige Schriftsteller von der Bestürzung und den Unwillen geredet, welche sie bei dieser Gelegenheit empfand *);

*) Gilbert Stuart folgt Carten (S. 454) als Gewehrsmann; er ist der einzige glaubwürdige Geschichtschreiber, welcher, berichtet hat (S. 229), Maria Stuart sei voller Bestürzung und Unwillen gewesen, sie habe Bothwell mit Vorwürfen überhäuft, ihn an alle von ihr genossene Wohlthaten erinnert, und ihm sein Bettagen als den niederträchtigsten Undank vorgehalten. Doch habe ich mit allen meinen Untersuchungen keine weitere Beweise für diesen rechtmäßigen Zorn aufbringen können. Keith, welcher wegen des an Heinrich Darnley begangenen Verbrechens keinen Verdacht gegen sie hegt, scheint zu glauben, sie sei mit Bothwell über ihre Entführung einverstanden gewesen. (S. 383.) Crawfort, Mspkt., ist derselbigen Meinung. Blackwood redet weder von ihrem Widerstande noch von ihrem Schrecken, (S. 818.) übrigens hat er sich in den meisten Umständen geirrt. Hetter sagt kein Wort davon, (S. 388.) so wenig als Caussin. Auch Robert Bruce (S. 332.) thut davon keine Erwähnung; aber

und ihre Freunde allein haben versichert, daß sie 567
diese außerordentliche Kühnheit geduldig ertrug.
Wenn das Zeugniß der Geschichtschreiber, die das
Gegentheil behauptet haben, nicht hinlänglich

dieser letztere ist für Maria Stuart wenig günstig
gesinnt. Vielleicht müßen wir hier Cartens und
Gilbert Stuarts Meinung annehmen, weil der
erstere dem Berichte Melwils gefolgt ist, welcher
bei dieser Gelegenheit zum Beßen seiner Königin
spricht, so wenig er auch damals gesinnt war,
ihr zu schmeicheln oder sie zu rechtfertigen. Hätte
indeßen die Königin das Betragen beobachtet,
welches ihr die empfangene Beleidigung eingeben
mußte, so wäre es immer auffallend, daß kein
Geschichtschreiber, selbst diejenigen nicht ausgenommen, die ihr am günstigsten sind, davon geredet hätte. Cambden spricht gar nicht von der
Entführung. Auf Hume, Buchanan und Robertson wollen wir uns gar nicht berufen; sie
könnten Beweise gefunden haben, ohne davon
Gebrauch zu machen. Goodall schweigt bei diesem Vorfall, und macht bloß unbestimmte Betrachtungen über das, was Maria dabei hat empfinden müßen. Melwil aber, welcher versichert,
die Königinn habe Bothwell mit den empfindlich-
sten Vorwürfen überhäuft, setzt darauf hinzu,
einer der Soldaten, welche sie bewachten, wäre

1767 ſcheint, ſo iſt die Beſtätigung deſſelben in dem menſchlichen Herzen. Wenn Maria Stuart von dem frevelhaften Beginnen Bothwells und von der .... Akte

auf dem Schloße Dumbar zu ihm gekommen, und hätte ihm verſichert, er dürfte nur ruhig ſein, es geſchehe nichts ohne den Willen der Kö-nigin. Indeſſen kann dieſe Verſicherung auch eine neue Lüge von Bothwelln ſein, welcher ge-wohnt war im Namen der Königin alles zu unter-nehmen, und gegenwärtig eben ſo viel Intereſſe hatte, unter dieſem geheiligten Namen zu betrü-gen, als damals da er von den Adlichen ihre Un-terſchrift erzwang. Da Carte Melwiln gefolgt iſt, ſo läßt ſich vermuthen daß dieſer unterſuchen-de Schriftſteller ſtarke Gründe gehabt habe ſich auf das Zeugniß eines Mannes zu verlaſſen, den er bisweilen widerlegt. Der Verfaſſer der Le-bensbeſchreibung der Maria Stuart (London 1725.) iſt gleichfalls Carten und Melwiln ge-folgt. Seine Geſchichte iſt nicht zu verachten. Er hat wenig unterſucht und beobachtet, und we-nig Quellen kritiſch benützt. Er iſt aber Schrift-ſtellern gefolgt, die mit Bedacht geſchrieben ha-ben; er ſelbſt urtheilt richtig; und in der kleinen Anzahl von Thatſachen die er geſammlet hat, ſtimmt er mit den beſten Schriftſtellern überein.

Akte vom 19ten April nichts wuste; wenn sie nicht 1567
den ganzen Auftritt mit ihm verabredet hatte, so
muste sie in Bestürzung und Unwillen gerathen.
War aber die Gewaltthätigkeit des Grafen nur
verstellt, und war sie davon unterrichtet, so muste
sie sich wenigstens bestürzt und zornig stellen, und
ihm zum Schein einen Widerstand entgegensetzen,
worüber sie ihn nachher konnte triumphiren lassen.
In jedem Falle ist es also unwahrscheinlich, daß sie
sich so ganz ruhig und leidend sollte verhalten haben, wie ihre Feinde behaupten. Was diese Beschuldigung besonders verdächtig macht, ist dieses,
daß Bothwell erst auf dem Schlosse Dunbar ein
schüchternes und ehrfurchtsvolles Wesen annahm,
seine Verwegenheit mit der Heftigkeit seiner Leidenschaft entschuldigte, sie beschwur, ihm seine Verzeihung und ihre Hand zu bewilligen, und ihr zum ersten
mal die von dem Schottischen Adel unterschriebene
Akte zeigte. Maria Stuart, erstaunt über eine so
große Gewalt ihres Unterthans, schien sich kaum
überreden zu können, daß sie wirklich so weit ginge.
Er hatte die vornehmsten Schottländer auf seine
Seite gebracht; sie war seine Gefangene; sie hatte
keinen Rathgeber, keinen Freund, und niemand
unternahm ihre Vertheidigung. Sie hielt jeden
Widerstand für unnütz; sie glaubte, ihre Untertha-

1567nen wären nicht geneigt sie lange in dem Wit:
wenstande zu lassen; sie dachte sich die Abneigung
der Schotten gegen jede Verbindung ihrer Monarchen mit Fremden; sie nahm auf die hohe Geburt
des Grafen von Bothwell, der ein geborner
Schottländer war, auf seine geleisteten Dienste,
seine Fähigkeiten in Regierungssachen und im
Kriegshandwerke, seine bisher unwandelbare Treue
gegen sie und ihre Mutter, Bedacht, und überlegte, welchen Schandfleck eine Entführung ihrem
guten Namen bringen würde. Diese Betrachtungen bestimmten sie, obgleich wider Willen, ihm
die Erlassung aller Strafe und den Namen ihres
Gemahls zu bewilligen *). Bothwell hatte kaum

---

*) S. ihre Instruktionen für ihren Gesandten
zu Paris. „Wir sahen, sagt sie, keine Hoffnung, aus seiner Gewalt loszukommen, da niemand in Schottland die geringste Bemühung
anwandte uns zu befreien.'' (Keith, S. 388 —
392. Gilbert Stuart, S. 230.) Hätte sie sich
unterstanden diese Worte zu schreiben, wenn die
Ersten vom Adel, wie Hume, Buchanan und
Spotswood behaupten, sie fragen ließen, ob sie
ihrer Hülfe bedürfte, und ihr antrugen, wenn
sie durch eine strafbare Gewaltthätigkeit zu Dunbar gefangen gehalten würde, alles anzuwenden

diesen gefährlichen Triumph erhalten, als er das 1567 ganze galante Betragen zeigte, dessen seine geschmei: dige und einschmeichelnde Denkungsart ihn fähig machte. Das Feine und Geschmackvolle in seinem Putz und in der innern Einrichtung seines Hauses, die glänzenden Feste, die er gab, und die ununter: brochenen Lustbarkeiten, hielten die schwache und leichtgläubige Maria in seinen Banden zurück, in: dem alles, was um sie her war, sich bestrebte, ihr

um ihr ihre Freiheit wieder zu verschaffen? Ma: ria, sagen die benannten Schriftsteller ferner, antwortete hierauf, sie wäre wider ihren Willen nach Dunbar geführt worden, hätte sich aber, da sie mit Bothwells ehrerbietigem Betragen zufrieden gewesen, freiwillig entschlossen bei ihm zu bleiben. (Hume, S. 242. Spotswood, S. 202. Melvil, S. 80. Buchanan, B. 18, S. 197.) Sehr son: derbar wäre es, daß Bothwell eine solche Bot: schaft an die Königin hätte gelangen lassen, und noch sonderbarer wäre es, daß diejenigen, die das schriftliche Versprechen gethan hatten, des Grafen Ansprüche an den Thron von Schottland mit Gefahr ihrer Ehre und ihres Lebens zu un: terstützen, die sich selbst für Verräther und Mei: neidige erklärten, wenn sie ihrem Eide entgegen handeln sollten, daß diese, wenigstens mit auf:

1567 zu gefallen, und ihre Besorgniſſe und ihren Kummer zu zerſtreuen. Bothwell ließ ihr keine Zeit zur
Ueberlegung; und zwölf Tage verſtrichen ſchleunig
genug, um die Unglückliche ihre Leiden und den
Gedanken an ihren Ruhm vergeſſen zu machen.
Es läßt ſich unmöglich denken, daß der Augenblick
der Täuſchung Marien die Gränzen der Pflicht zu
Gunſten eines bejahrten Mannes habe überſchrei-
ten laſſen, dem die Natur gar keine äußerliche Anmuth verliehen hatte, und der dieſelbe, hätte er ſie

richtigem Herzen der Königin wider eben dieſen
Hülfe angeboten hätte. Sonderbar würde es ferner ſein, daß Morton, Huntley und die übrigen
ſie den Händen deſſen hätten entreiſſen wollen,
dem ſie ſelber ſie überliefert hatten. Unglaublich
würde es ſein, daß als Maria nachher in ihrer
Gefangenſchaft unter Eliſabeth ſchrieb, ſie hätte
dem Grafen von Bothwell ihre Hand bloß auf Verlangen ihres Adels gegeben, Murrays Kommiſſa-
rien ihr nicht geantwortet hätten: „dieſer ſel-
bige Adel, weit entfernt, Bothwelln zu ſchätzen,
hat euch angeboten euch wider ihn zu vertheidigen, und ihr habt ſein Anerbieten ausgeſchlagen.“ Da ſie ſich des Betruges bedienten, hätten
ſie wohl eine Wahrheit verſchmäht, die ihrem
Schlachtopfer ſo entgegen war?

se besessen, schon würde verloren haben. Aber sie 1567 machte ihre Tugend vor den Augen des Publikums verdächtig, welches überzeugt war, daß Bothwell, als er sie nach dem Schlosse von Edinburg zurückführte, Rechte über sie erhalten hätte *).

Es war ihr nicht möglich, ihre Hand einem Manne zu versagen, den sie mit einem unbeschränkten Vertrauen beehrt hatte, und den das Publikum schon als ihren Gemahl ansah. Es waren indessen noch einige Schwierigkeiten übrig. Both

*) Es ist zu verwundern, daß Buchanan, und besonders Gilbert Stuart von Bothwell als von einem Jünglinge geredet haben. Er konnte nicht weniger als sechzig Jahr alt sein, Maria war vierundzwanzig alt. Bothwell hatte schon unter der Regierung Jakobs V, vor der Vermählung dieses Fürsten mit Maria von Lothringen, hohe Ehrenstellen bekleidet. Nach Jakobs Tode kam er nach Schottland zurück, woraus er verbannt gewesen war, weil er heimliche Korrespondenz mit den Engländern geführt hatte. Er war damals Mitwerber des Grafen von Lenox bei der Königin Regentin. Lady Reyres, welche die Feinde Mariens eine große Rolle spielen lassen, war seine Mätresse; und damals war sie schon sehr alt. Endlich er war ein Zeitgenosse Buchanans, welcher unter Heinrichs VIII. Regierung aus

Bb 3

1567well war seit einem halben Jahre mit einer Schwester des Grafen von Huntley, Johanna Gordon,
verheirathet. Aber eine Ehescheidung war in seinen
Augen nichts. Er war nicht im Stande, von dem
Wege zum Verbrechen zurückzukehren, und Mariens Schwachheit trieb ihn, immer weiter zu ge-
gehen. Johanna Gordon war mit dem Grafen
von Bothwell nach dem kanonischen Rechte zu
nahe verwandt; er hatte von dem Papste keine
Dispensation erhalten, und die Ehe war also, nach
den Gesetzen der katholischen Religion, unrecht-
mäßig *). Es hieß außerdem, er hätte die ehe-

Schottland vertrieben wurde, und zu der Zeit
nicht so ganz jung mehr war. Er kann mit keinem andern Grafen von Bothwell verwechselt werden, da er der einzige von seiner Familie war,
der den Namen James führte. (S. 252.) In
einen solchen Mann von sechzig Jahren und von
einer unangenehmen Gestalt sollte die junge und
schöne Maria so verliebt gewesen sein, daß sie
seinetwegen ihren Gemahl ermordet, alle Gesetze
über den Haufen geworfen, die Majestät des
Throns entweihet, und die strengen Regeln der
Schamhaftigkeit verletzt hätte.

*) Lord Hailes, Bemerkungen über die Geschichte
von Schottland, S. 201 f.

liche Treue verletzt. Johanna Gordon willigte ein,1567 das Band zwischen ihr und dem Grafen Bothwell zu zerreissen; sie verlangte, wegen Ehebruchs von ihm geschieden zu werden, indeß ihr Gemahl die Ehescheidung wegen zu naher Verwandtschaft verlangte. Diese beiden Ehescheidungsklagen wurden bei zwei Gerichtshöfen, einem bürgerlichen und einem geistlichen anhängig gemacht, und an demselbigen Tage zu Gunsten der klagenden Partheien entschieden; und Johanna Gordon, glücklicher als Maria Stuart, hatte nicht nöthig, Bothwells Schande zu theilen. *) Es kann hier bemerkt werden, daß, hättte Maria schon damals den Plan gehabt, Heinrich Darnley umbringen zu lassen, um Bothwelln heirathen zu dürfen, sie seine Verbindung mit einer andern nicht zugegeben hätte, und daß beide nicht so ungeschickt gewesen seyn würden, ihren eigenen Entwürfen ein solches Hinderniß entgegen zu setzen. Sie konn-

*) Goodall, Bd. 1, S. 367. Anderson Bd. 1. S. 132. Proklamation des Adels gegen Bothwell. Keith, S. 384. Robertson, S. 419. Gilbert Stuart, S. 233. Hume, S. 245. Robert Bruce, S. 333. Carte S. 455. Crawford, geschriebene Nachrichten, S. 18. Knor, S. 433.

1567ten nicht vorherſehen, ob der Graf von Huntley und der Schottiſche Adel gefällig genug ſeyn wür= den, um die der Lady Gordon dadurch angethane Beſchimpfung zu dulden, und ob ſie ſelbſt in die Auflöſung einer ihrem Range gemäßen Ehe willi= gen würde. Der Plan zu einem Meuchelmorde iſt nicht das Werk eines einzigen Tages. Maria hatte Bothwelln die Freiheit gelaſſen ſich zu verheirathen. Bothwell hatte von dieſer Freiheit, ohngeachtet der Anſprüche, die er ſchon ſeit ſo langer Zeit auf die Hand der Königin ſoll gemacht haben, Ge= brauch gemacht: Maria hatte den Vorſchlag ſich von Heinrich ſcheiden zu laſſen nicht angenommen. Lauter Beweiſe für ihre Unſchuld. Bothwell, frei erklärt, und die Perſon der Königin in ſeiner Ge= walt, führte ſie nicht nach Holyroodhouſe zurück; er fürchtete, ſie möchte aus dieſem unbefeſtigten, und von allen Seiten offenliegenden Pallaſt ent= kommen, und führte ſie nach dem Schloſſe von Edinburg, worin er kommandirte. Dieſe Hand= lung rechtfertigt die Königin von Schottland. Der Adel war es nicht, den der Graf fürchtete; dieſer hatte nur erſt das Verſprechen unterſchrie= ben, ſeine Anſprüche auf den Thron von Schott= land mit Gefahr ſeines Lebens und Vermögens zu unterſtützen; und eines der Mitglieder deſſelben,

der Graf von Huntley, einer der größten Herren 1567
des Königreichs, hatte die seiner eignen Schwester
widerfahrene Beschimpfung gut geheißen; eben dieser Adel hatte seine Monarchin entführen sehn, ohne
zu ihrer Befreiung die Waffen zu ergreifen. Es
war also bloß die Gesinnung der Königin, wogegen
er Mißtrauen zeigte, indem er sie in ein befestigtes
Schloß brachte, worin er eine Belagerung aushal-
ten konnte. Ihre Einwilligung war also nicht
freiwillig gewesen, und nicht vor ihrer Entführung
hergegangen.

Aber diese Gefangenschaft, worin er seine Monarchin hielt, konnte unangenehme Folgen haben.
Eine unter solchen Umständen geschlossene Vermählung konnte eine Protestation wegen angethaner
Gewalt zulassen, und nach den Gesetzen für ungültig erklärt werden. Er brachte sie also dahin,
daß sie vor dem Kanzler, dem Präsidenten, den
Richtern und andern Personen des hohen Adels,
welche die Session ausmachten, erklärte: sie wäre
mit Gewalt nach Dunbar geführt worden; sie
wäre anfangs darüber in heftigen Unwillen gerathen; sie wäre aber mit solcher Ehrerbietung behandelt worden, daß sie geneigt wäre, diese Beleidigung zu vergeben; die geleisteten Dienste des
Schuldigen, seine Geburt, seine bezeugte Reue

1567 hätten ihren gerechten Zorn unterdrückt, und sie bewilligte ihm für dieses und alle andere Verbrechen, welche es immer seyn möchten, völlige und uneingeschränkte Vergebung. *) Die von der Königin unterzeichnete Akte ist noch aufbehalten; und

*) Bothwell konnte nicht hoffen, daß seinetwegen alle Gesetze mit Füßen getreten würden. Nach den Schottländischen wie nach Englischen Gesetzen war es Hochverrath, sich der Person des Fürsten zu bemächtigen, und die Begnadigung konnte in diesem Fall nicht anders als durch Gnadenbriefe unter dem großen Siegel geschehen. Besonders aber brachte nach Schottländischen Gesetzen die Begnadigung wegen des größten Verbrechens, das dieselbige Person begangen hatte, die Verzeihung aller übrigen mit sich. Auch glaubte Bothwell durch diese Worte die er einrücken ließ, und für alle andere Verbrechen und Uebelthaten, welche es immer sein mögen, sogleich wegen Ermordung des Königs völlig frei gesprochen zu sein. Aber nach den Worten des Gesetzes ist es sicherlich ein größeres Verbrechen, dem Monarchen das Leben zu nehmen, als sich seiner Person zu bemächtigen; und durch die Vergebung der Entführung der Königin war er noch nicht von der Strafe des Königsmordes frei. Siehe die Acten des ersten Parlements unter Jacob VI, K. 62. Anderf.

ohne Zweifel war ganz Schottland davon unter- 1567
richtet, da ein Schriftsteller, welcher sorgfältig
alles auf die Seite schaft, was zu Mariens Rechtfertigung beitragen kann, sie nicht übergangen
hat. *) Noch auffallender als diese der schwachen

> Bd. 1. S. 87. Acte des Schottländischen Adels
> wider Bothwell (Bd. 2. S. 276.) Tagebuch
> der Handlungen der Königin Maria seit der
> Geburt ihres Sohnes bis auf ihre Ankunft in
> England. Diese Urkunde findet sich beim Go-
> dall, Bd. 2. No. XCI. S. 247. Aber beim
> Anderson fängt sie mit den 19ten Junius 1566,
> und beim Godall mit den 21ten Januar 1567 an.
> Keith, S. 385. Robertson, S. 413. Gilbert
> Stuart, S. 232. S. No. XIII. der Belege zum
> 2ten Bande.

*) Anderf. Bd. 1. S. 111—113. „Nachdem Ihro
Majestät die oben benannte Akte (des Adels) in
Erwägung gezogen, so verspricht sie bei ihrer Königlichen Ehre, daß weder sie noch ihre Nachfolger irgend jemanden von denen Personen, die be-
sagte Akte unterschrieben haben, jemals Verbrechen oder Beleidigungen anschuldigen sollen, und
daß weder sie noch ihre Erben jemals wegen dieser Akte angeklagt werden dürfen; daß die Einwilligung und Unterschrift dieser Personen niemals als für ihre (Mariens) Ehre nachtheilig

1567und furchtsamen Maria abgedrungene Akte, ist
das Betragen des Adels, welcher den Tag vor ihrer Vermählung sie um Entschuldigung bat, daß
er es gewagt hätte, wegen der Beschleunigung
ihrer Heirath in sie zu dringen, und ihr die Wahl
eines Gemahls vorzuschreiben. Dieser Schritt beweist, daß die von ihr unterzeichnete und von
Murray bei den Konferenzen zu York vorgelegte
Schrift, so wie die Briefe, von seiner Erfindung
war. Wie hätte der Adel um Verzeihung bitten
dürfen, wenn er geglaubt hätte, einem von der Königin unterschriebenen Befehl zu gehorchen?

oder beschimpfend angesehen werden, und daß sie
nicht deswegen für ungetreue Unterthanen geachtet werden können, was auch immer für das Gegentheil angeführt werden möge." Keith, S.
386. Diese von Maria Stuart zugesicherte Ent-
ledigung von aller Schuld, beweist, daß die Adlichen wegen der Folgen der Vermählung welche
sie begünstigt hatten, schon in großer Angst waren;
sie beweist auch, daß kein Befehl der Königin exi-
stirte: sie würden diesen ohne Zweifel benützt haben, um nicht wegen einer so schimpflichen Verzeihung anzusuchen, da derselbe ein Beweis gewesen wäre, daß sie bloß gehorcht hätten, und sie
also keine Vorwürfe hätten besorgen dürfen.

Jeder Schritt, den Maria that, zwang sie 1567 einen andren noch gefährlichern zu thun. Sich zurückzuziehn war unmöglich. Furcht, Zaghaftigkeit, Scham, führten sie unaufhaltsam ihrem Verderben zu. Kaum waren die angeführten Akten unterzeichnet, so wurde diese Heirath, die dem Wohlstande, den öffentlichen Sitten und der weiblichen Schamhaftigkeit entgegen war, öffentlich abgekündigt. John Craig, protestantischer Geistlicher zu Edinburg, wurde zur Vollziehung dieser abscheulichen Ceremonie ersehen. Ob gleich der Befehl von der Königin unterzeichnet war, so wollte er doch demselben ohne Genehmigung der Kirche nicht nachkommen. Er erhielt die Erlaubniß dazu, welche er sich geschmeichelt hatte, von der reformirten Kirche nicht zu erhalten. Ehe er gehorchte, legte er eine Protestation ein, indem er sich verbunden glaubte, seine Meinung über diese Heirath zu erklären. Er wäre, sagte er, zu der Abkündigung gezwungen worden, und dadurch noch nicht verbunden, bei der Trauung zu erscheinen. Er erklärte von der Kanzel vor einer zahlreichen Versammlung, dem Adel und den vornehmsten Räthen, die Heirath der Königin und des Grafen von Bohwell wäre gesetzwidrig, und er würde den beiden kontrahirendenden Partheien seine Gründe vorlegen;

1567 er setzte hinzu, wenn ihm diese Freiheit versagt
werden sollte, so würde er die übrigen Aufgebote
nicht abkündigen, und dann dem versammleten
Volk die Gründe bekannt machen, weswegen er
diese Vermählung nicht billigen könnte. Der ge=
heime Rath ließ ihn vor sich rufen: Bothwell wagte
es, ihn zur Erklärung seines Betragens aufzufo=
dern. Er antwortete unerschrocken, die Gesetze
der Kirche erlaubten denen, die wegen Ehebruch
geschieden wären, keine zweite Heirath; die Ehe=
scheidung zwischen ihm und seiner Gemahlin wäre
offenbar kollusorisch, da die Sentenz so übereilt
und so kurze Zeit vor der Errichtung eines neuen
Kontrakts gefället wäre; man würfe ihm die Ent=
führung der Königin vor, und überall hätte sich
gegen ihn der Verdacht des Königsmordes verbrei=
tet. Er ermahnte den Grafen, er möchte von
selbst aufhören, einen verwegenen und strafbaren
Entwurf zu verfolgen. Er bat die Staatsräthe
flehentlich, allen ihren Kredit bei der Königin an=
zuwenden, um sie von einer Heirath abzubringen,
durch die sie sich mit Schande bedecken würde.
Bothwell, unbeweglich und starr vor Furcht,
wagte es nicht zu antworten. John Craig kün=
digte die Vermählung ab, sagte aber zu der ver=
sammleten Gemeinde, er erfüllte gezwungen einen

Dienſt, dem ſein Herz widerſpräche. „Ich habe 1567 mein Gewiſſen befriedigt, ſetzt er hinzu; ich habe vor ihnen (den Staatsräthen und Bothwell) mich auf die Geſetze gegen die Ehebrecher und Entführer berufen, auf die Verordnung der Kirche, auf den Verdacht eines geheimen Verſtändniſſes zwiſchen ſeiner Gemahlin und ihm, auf die plötzliche Scheidung zwiſchen beiden und auf die vier Tage darauf gefolgte Bekanntmachung eines neuen Kontrakts zwiſchen ihm und der Königin, endlich auf den Verdacht, der ſich gegen ihn in Abſicht auf den Mord des Königs verbreitet, und den dieſe Vermählung beſtätigen wird. Nach dieſen unnützen Ermahnungen kann ich nicht anders als der verſammleten Kirche, meine Meinung erklären. Ich nehme Himmel und Erde zu Zeugen, daß ich dieſe Heirath verabſcheue und verfluche, weil ſie vor den Augen der ganzen Welt verhaßt und ärgerlich iſt; da ich aber ſehe, daß der gröſte Theil des Reichs dieſelbe, theils durch Schmeicheleien, theils durch Stillſchweigen billigt, ſo ermahne ich die Gläubigen Gott zu bitten, daß er ſie zum Beſten des Staats möge ausſchlagen laſſen, ob ſie ihnen gleich der Vernunft und dem Gewiſſen entgegen zu ſeyn ſcheint. Dieſe Rede brachte Bothwell und den Adel auf. Die Unterhändler des Grafen von

1567 Murray mußten beſorgen, daß dieſe Standhaftigkeit die Königin zum Wanken bringen möchte; diejenigen vom Adel, deren ſchwacher Charakter,
unfähig das Gute zu lieben und ſich dem Böſen zu
widerſetzen, dem allgemeinen Strom gefolgt waren, indem ſie der Aſſociation beitraten, fanden
ſich durch den Namen Schmeichler beleidigt. John
Craig wurde noch einmal vor das Conſeil gerufen.
Er erſchien ohne Furcht; und er ſelbſt legt von ſeinem Betragen bei dieſer Gelegenheit Rechenſchaft
ab. ,,Ich berief mich, ſagt er, auf die Pflichten
meines Amts, auf das Wort Gottes, auf das
Naturgeſetz und die geſunde Vernunft; ich ſagte,
dieſe wären hinlänglich, das was ich behauptet
hatte, zu beweiſen. Ich foderte ihr eignes Gewiſſen zum Zeugen auf, daß dieſe unglückliche
Heirath allen denen verhaßt und ärgerlich ſeyn
würde, die von den Umſtänden derſelben genau unterrichtet wären. Ehe ich aber noch zum Schluſſe
kommen konnte, legte mir Mylord Stillſchweigen
auf, und hieß mich hinausgehen." Craig wiederholte und bekräftigte den folgenden Tag, was er
ſchon geſagt hatte. Er ſetzte hinzu, diejenigen,
die ihn der Kühnheit und der Rebellion beſchuldigten, redeten bloß deswegen ſo, weil er ihnen ihre
Pflicht vorhielte, und nicht leiden könnte, daß ihr
Gewiſ-

Gewiſſen bei einer dringenden Gefahr ſchliefe, und 1567 ſie nicht antriebe, die nothwendigen Rathſchläge zu ertheilen, um dieſe Heirath zu verhindern; er hätte jetzt den Pflichten ſeines Standes Genüge geleiſtet, und nähme die Kirche zu Edinburg, und die Lords, Grafen und Barone, die ihn gehört hätten, wegen ſeines Betragens zu Zeugen. *) Er erfuhr darüber keine Beleidigung, und blieb im ruhigen Beſitze ſeines Amts.

Unglücklicher Weiſe konnte nichts, als das äuſſerſte Unglück, Marien zu den Grundſätzen der Tugend, von denen eine traurige Verirrung ſie abgebracht hatte, wieder zurückführen. Ihre Verblendung war unbegreiflich. Sie ſah den Abgrund

---

*) Anderſon, Bd. 2, S. 379. Spotswoods, S 2c2. Gilbert Stuart hat dieſelbigen Thatſachen und in derſelbigen Ordnung erzählt. (S. 333. ff.) Vergl. Knox S. 433 f. Hume hat ſich einige Veränberungen in den Reden dieſes muthvollen Predigers erlaubt. Er ſtellt ihn, indem er ihn noch zu ehren glaubt, als einen Fanatiker vor. Indeſſen, wenn wir ihm genaue Gerechtigkeit widerfahren laſſen, ſo werden wir in ihm den großen Charakter eines Prieſters finden, der ſich durch das Wort Gottes, das er predigt, bevollmächtigt

1567 vor sich; die Klarheit vermehrte sich um sie her, um ihr alle Schreckniſſe deſſelben zu zeigen. Sie hörte von 'allen Seiten die Wörter: Ehebrecher, Mörder, Meuchelmörder, ehrloſer Entführer, aus= ſprechen. Jene feigherzigen Adlichen, welche die von Bothwelln diktirte Akte unterſchrieben hatten, erſchraken bei der Annäherung dieſer ſchrecklichen Verbindung, und begaben ſich auf ihre Güter. Die übrigen irrten traurig und voll Scham in der Stadt herum. |Das Volk beobachtete ein tiefes Stillſchweigen. Kein Zuruf ließ ſich hören. Die fremden Geſandten wagten es nicht, bei der Feier= lichkeit zu erſcheinen. Ohngeachtet ſo vieler Zeichen von allgemeiner Mißbilligung, wurde Bothwell zum Herzoge von Orkney erhoben, und unterſtand

glaubt, der weder vor der Macht der Könige, noch vor der Kühnheit der Großen zittert, der aber weit entfernt, die göttliche Rache über das Haupt der Schuldigen herabzurufen, als ein wah= rer Bekenner des Evangeliums Menſchenliebe mit dem Abſcheu vor dem Laſter verbindet, und den Allgütigen um Vergebung anruft. Craig, weit entfernt von der Hitze des ungeſtümen Knox, von der Erhabenheit der göttlichen und menſchlichen Geſetze durchdrungen, hat durch ſeinen Muth die allgemeine Achtung verdient.

ſich, den 15ten Mai 1567 *), drei Monate nach 1567 dem Tode des unglücklichen Heinrichs, ſich mit Marien zu vermählen, und Maria wagte es, ihre Hand demjenigen zu geben, den die Nation als den Mörder dieſes Fürſten anklagte. Von dieſem Augenblick an war keine Ruhe, kein Glück mehr für ſie. Vernünftige Männer werden ſie mehr des Mitleids, als des Unwillens würdig halten **).

*) Keith, S. 386. Geſchichte Mariens, S. 115. Gilbert Stuart, S. 236. Spotswood, S. 203. Melvil, S. 160. Robert Bruce, S. 333. Cambden, S. 404. Carte, S. 453. Robertſon, S. 420. Adams Bothwell, Biſchof von Orkney, war der einzige, der ſich bereit finden ließ, dieſe Zeremonie zu verrichten. Kurz vorher hatte er ſeinem Bisthum entſagt, die reformirte Religion angenommen, und ſich mit Knox in Verbindung eingelaſſen, ob gleich dieſer es nicht zugeſtehen will. Die Trauung geſchah nach den Gebräuchen der reformirten Kirche öffentlich, nachdem ſie ſchon nach katholiſchen Gebräuchen in der Stille vollzogen war.

**) Nach Cartens Bemerkung S. 453. blieb der Königin nach ihrer Entführung nichts zu wählen übrig, als die Verbindung mit Bothwell oder der Tod. Mylord Hailes iſt derſelbigen Mei-

1567 Kaum war die Vermählung vollzogen, als der ehr-
geizige Bothwell, welcher nur zum Theil befriedigt
war, denn den königlichen Titel hatte er nicht erhalten, anstatt der äußeren Beweise jener Leidenschaft, die Marien verführt hatte, den Kaltsinn
und das verdrießliche Wesen eines unzufriednen und
herrischen Ehemanns zeigte. Sie hatte die königliche Gewalt für sich behalten, und ihm nur die
Erlaubniß gegeben, die öffentlichen Akten zum Zeichen seiner Beistimmung zu unterschreiben. Aber

nung. „Als Maria, sagt er, zu Dunbar eine
Woche in der Gewalt eines verwegenen und ver-
ruchten Abentheurers gewesen war, welche fremde
Fürsten hätten noch um eine Verbindung mit ihr
ansuchen mögen? Wenn einige ihrer Unterthanen
nach dieser Ehre hätten streben können, so setzte
sie sich der Gefahr aus auf das äußerste erniedrigt
zu werden, und sich dem Eigensinn eines Gemahls zu unterwerfen, der ihr zu jeder Stunde
das Abentheuer von Dunbar hätte vorwerfen können. So war Maria zu der schrecklichen Alter-
nativ gebracht, entweder Bothwelln zu heirathen,
oder auf immer in einem traurigen und gefährlichen ehelosen Stande zu leben. (Bem. über die
Geschichte von Schottland S. 204. Gilbert
Stuart, S. 236.)

bald maßte er sich die höchste Gewalt völlig an. 1567
Sie sah sich von seinen Kreaturen umringt. Niemand erhielt, ohne Bothwells Erlaubniß, Audienz
bei der Königin, und niemand von denen, in die
sie ihr Zutrauen setzte, konnte anders als in Gegenwart ihres Tyrannen sich ihr nähern. Jeder
empörte sich über dieses schlechte Betragen. Wachen an den Thüren ihrer Zimmer, die Schwierigkeit, sie zu sehen und zu sprechen, diese Entfernung
von ihren Unterthanen, das alles war ein bisher
unbekannter Zwang in Schottland, wo die Könige
mit ihrem Volke vertraut wie Väter mit ihren Kindern lebten. Maria wollte sich hierüber beklagen,
aber Bothwell drohte, und überhäufte sie in so
verächtlichen Ausdrücken mit Vorwürfen, daß sie
die wenigen Tage, da sie noch die höchste Gewalt
in Händen behielt, unter Thränen hinbrachte *).

Diese schlechten Behandlungen blieben innerhalb des Pallastes verborgen, und Bothwell suchte

---

*) S. Keith, S. 386. Carte S. 454. Anderson
S. 134 — 137. Acte des Schottischen Adels
wider Bothwell. Unter den Beschwerden des
Adels gegen ihn findet sich auch diese, daß er
alle Unterthanen der Königin verhinderte sich ihr
zu nähern, und ihr Zimmer von Soldaten bewachen ließ.

1567 ſie den Augen des Publikums zu entziehn, indem
er die Pracht des Hofes vermehrte. Er berief die
Grafen von Huntley und von Crawford, die Lords
Flemming, Boyd, Harrels, ſamt dem Biſchof
von St. Andrews, und den Biſchöfen von Roß
und Golloway, in den geheimen Rath *). Bald
darauf beredete er die Königin, eine Vertheidigung
ihres Betragens nach Frankreich und nach England
zu ſchicken. Der Erzbiſchof von Dublin ging an
den Hof Carls IX., und Robert Melville erhielt
den Auftrag, Eliſabeth um ihre fernere Freundſchaft zu bitten. Maria entſchuldigte ſich bei dem
Könige von Frankreich, der Königin Mutter und
ihren Oheimen, daß ſie Bothwell ohne ihre Einwilligung geheirathet hätte. Sie erinnerte dieſelben an die Dienſte, die er ihrer Mutter während
ihrer Staatsverweſung geleiſtet; an die Treue, die
er ihr ſelbſt bei den wichtigſten Begebenheiten ihres
Lebens erwieſen, an den Muth, mit dem er, bei
Gelegenheit der Verſchwörung gegen ihre Perſon,
als David Rizzio ermordet wurde, für ſie gekämpft
hatte. Sie hätte freilich geglaubt, ſagte ſie, ihn
durch die Zeichen von Vertrauen und Gnade, die
ſie ihm gegeben hatte, genug zu belohnen; aber,
ſetzte ſie hinzu, der Graf wäre hiermit nicht zufrie-

*) Keith, S. 387. Gilbert Stuart, S. 237.

den gewesen, und hätte, ohne ihr Wissen, von den 1567 vornehmsten Herren des Reichs eine Schrift unterzeichnen lassen, wodurch ihn diese berechtigten, um ihre Hand anzuhalten, und ihm ihren Beistand und ihre Unterstützung versprachen. Darauf hätte er ihr seine Absichten mitgetheilt, ohne ihr die Gesinnungen der drei Stände des Reichs bekannt zu machen: er hätte sie aber nicht geneigt gefunden, sein Vorhaben zu billigen, und nachdem er bei ihr alles das vergebens angewandt, was Männer bei dergleichen Gelegenheiten zur Erreichung ihres Endzwecks zu erfinden pflegen, so hätten seine Zweifel über ihre Gesinnungen, der Gebrauch, den die Freunde der Königin oder seiner eignen Gegner von seinen Ansprüchen hätten machen können, um den glücklichen Erfolg derselben zu verhindern, und die Furcht, daß diejenigen, die die Schrift unterzeichnet hatten, ihre Gesinnungen ändern möchten, ihn auf die Gedanken gebracht, sein Vorhaben zu beschleunigen, sie aufzuheben, und mit Gewalt nach Dunbar zu bringen. Sie schildert sehr gut den Unwillen, worin sie gerieth, und die Vorwürfe, die sie ihm machte; sie erzählt, wie er sie um Begnadigung bat, sich über die Bosheit seiner Feinde, die ihn sein ganzes Leben unglücklich gemacht hätten, und über die beständigen Beschuldi-

1567gungen, besonders über diejenige, die sie ihm wegen der Ermordung des Königs, seiner Treue ohngeachtet, gemacht hätten, beklagte. Da er durch seine Bitten und seine Klagen die Gnade, die er von ihr erwartete, nicht hätte erhalten können, so hätte er ihr die von dem Adel unterschriebene Akte vorgewiesen. In ihrem ersten Erstaunen, sagte sie, hätte sie ihm versprochen, die Sache der Beurtheilung des Königs von Frankreich, der Königin Mutter und ihrer Oheime zu unterwerfen; allein sie hätte sich aller Gesellschaft, außer der seinigen, des Rathes ihrer Freunde und getreuen Diener, der erforderlichen Stärke zur Unterstützung ihrer Gewalt (denn was ist ein Fürst ohne sein Volk?) beraubt gesehen; seine beständige Zudringlichkeit hätte ihr nicht einmal die Zeit zur Ueberlegung gelassen; sie hätte endlich gesehen, daß jede Hofnung, aus seiner Gewalt befreit zu werden, verlohren wäre, da niemand darauf gedacht hätte, ihr ihre Freiheit wiederzugeben; sie hätte aus der Unterschrift der Edlen und aus ihrem Stillschweigen bei dieser Gelegenheit gesehen, daß sie alle einig und für seine Parthei gewonnen wären, und also für nöthig erachtet, nachzugeben; sie hätte die Dienste, die er ihr und dem ganzen Staate erwiesen, in Betrachtung gezogen, und in sein Verlangen, welches auch der Wunsch der drei Stände[567] des Reichs zu seyn schiene, gewilliget; hiermit noch nicht zufrieden, hätte er niemals in den Aufschub willigen wollen, um den sie ihn gebeten hätte, um den König, die Königin Mutter und ihre andern Freunde über ihre Vermählung zu Rathe zu ziehn. Er hätte, so fährt sie fort, mit einer Art von Trotz, diese Vorschläge verworfen, und mit seinen zudringlichen Bitten, wobei er doch auch Gewalt gebraucht hätte, nicht eher aufgehört, als bis er von ihr das Versprechen erhalten hatte, ihn zu der ihm gefälligen Zeit und in der ihm gefälligen Form zu heirathen; sie hätte indessen dieses Versprechen nicht anders gegeben, als in der Betrachtung, daß die Wahl der drei Stände des Reichs auf seine Person gefallen wäre, und mit der Bedingung, daß sie bei ihrer Religion beharrte, welche sie nie weder für ihn, noch für sonst jemand auf der Welt würde verlassen haben. Hierauf bittet sie den König, die Königin Mutter und ihre Oheime, den Grafen als ihren Gemahl zu betrachten, und ihn mit nicht wenigerer Achtung zu behandeln, als wenn er es mit ihrer Einwilligung geworden wäre, und gab ihnen die Versicherung, sie würden ihn zu allem bereit finden, was sie

1567 für ihren Ruhm und für ihren Dienst verlangen könnten *).

*) Keith, S. 390, Anderson, Bd. 1. S. 89. Gilbert Stuart, S. 237. Maria setzt hinzu, wenn der König von Frankreich und die Königin Mutter es sonderbar finden sollten, daß sie sich mit einem schon verheiratheten Mann vermählt habe, so versichere sie, daß seine erste Ehe, welche den Gesetzen ihres Reichs entgegen gewesen wäre, schon vor ihrer mit ihm eingegangenen Verbindung für ungültig sey erklärt worden. „Diese Ehescheidung zwischen Bothwell und seiner Gemahlin, sagt Keith, war für eine Monarchin eine so anstößige Sache, daß sie sich deswegen nie rechtfertigen konnte. Sie hatte den größesten Fürsten von der Welt ausschlagen müßen, wenn er zu einer Ehescheidung gezwungen gewesen wäre, um ihr seine Hand anzubieten. Aber ihren eignen Unterthan auf eine solche Art zu heirathen, das war eine Handlung, die sich für ihre Geburt und ihre Würde noch weniger ziemte. Die Ehescheidung gereichte nach den Sitten der alten Kirche zu einem großen Vorwurf; ich zweifle aber, daß es je eine so ärgerliche Trennung und darauf folgende Heirath gegeben habe als diese." (S. 391. Anm. a).

Wenn Bothwell der Königin den Schritt, den 1567
sie bei dem Könige von Frankreich that, vorgeschrieben hatte; so waren gewiß die Ausdrücke in
ihrer Instruktion von ihm nicht vorgeschrieben.
Sie drückt sich in derselben völlig zu seinem Nachtheil aus, und scheint in der traurigen Ueberzeugung gewesen zu seyn, daß diese Heirath gar nicht
geschickt war, weder ihren Ruhm noch das Glück
ihres Lebens zu befördern. Diese Instruktion kann
zum Beweise dienen, daß sie wider ihren Willen
nach Dünbar geführt wurde. In dem entgegen-
gesezten Falle würde sie Bothwells Unrecht nicht
zu übertreiben gesucht, sondern beschönigt haben;
und ob sie gleich hätte sagen müssen, daß sie nicht
mit ihrer Einwilligung entführt wäre, so würde sie
doch die Ausdrücke: Gewalt, Gewaltthätigkeit,
Kühnheit und Verwegenheit, nicht so geradezu
gebraucht haben. Nach Rizzio's Ermordung hatte
sie über die Beleidigung, die sie von Heinrich Darnley erfahren hatte, mit mehr Mäßigung geschrieben.

In ihren Instruktionen an Robert Melville
verbreitete sie sich weniger über die Ursachen ihrer
Heirath; sie schrieb dieselbe dem Bedürfnisse von
Beistand und Unterstützung in den wichtigen Regierungsgeschäften zu, zumal bei den öftern Empö-
rungen ihrer Unterthanen, und den immer fort-

1567 dauernden Partheien in ihrem Reiche, wie auch dem Verlangen, das ihr Adel ihr bezeigt hätte, daß sie Bothweln wählen, und so die Herrschaft eines fremden Fürsten in Schottland vermeiden möchte. Sie erwähnt ihrer Aufhebung gar nicht, und schreibt den Schluß ihrer Heirath Staats- gründen zu. Sie gestehet, daß die Königin von England, nach der gegen ihn angebrachten Klage wegen der Ermordung des Königs, und nach dem zwischen ihnen darüber geführten Briefwechsel, diese Wahl sonderbar finden müsse; aber, antwortet sie, nachdem der Graf von Bothwell von dem Parla- mente nach den Gesetzen des Reichs freigesprochen wäre, und sich erboten hätte, seine Unschuld mit den Waffen in der Hand zu behaupten, so hätte sie diese Anklage als eine Verläumdung angesehen, und sich entschließen können, ihm ihre Hand zu schenken. In Absicht auf die Ehescheidung setzt sie dieselbigen Gründe hinzu, die sie dem Könige Carl IX gegeben hatte. Sie zeigt in diesen In- struktionen mehr Verlegenheit, als in jenen Vor- schriften für ihren Gesandten in Frankreich; sie fand sich natürlicher Weise in einer gezwunge- nern Lage gegen eine Monarchin, der die Würde ihres Standes selbst ihr nicht erlaubte, von ihrem Betragen und ihren geheimsten Empfindungen eine

so genaue Rechenschaft abzulegen, als dem König 1567
von Frankreich und dem Lothringischen Hause, mit
denen sie durch Banden des Bluts so genau verbunden war. Diese Instruktionen machten auf
die fremden Nationen wenig Eindruck. Die Vermählung dieser Fürstin, welche den Regeln der
Klugheit so sehr entgegen war, hatte aller Herzen
von ihr entfernt, und einen Theil der Verachtung
auf sie gebracht, mit der Bothwell so gerechter
weise überhäuft wurde.

Dieser kühne Mann empörte die Schottische
Nation vollends durch neue Unternehmungen. Er
hatte noch nichts gethan, um die Dauer derjenigen
Größe, zu der er gelangt war, zu sichern. Wenn
er auch von Marien Kinder gehabt hätte, so würde
doch der Prinz von Schottland seine Rechte nicht
verloren haben, und Bothwells Erben konnten,
so lange dieser gefährliche Mitwerber da war, keine
gerechte Ansprüche machen. Die Königin hatte
dem Grafen von Marr einen Beweis ihrer Achtung gegeben, den er damals verdiente, und ihm
den Prinzen anvertraut. Bothwell wagte es, zu
verlangen, daß er ihm anvertraut würde. Der
Graf von Marr schlug ihm dieses Verlangen mit
aller Standhaftigkeit eines Mannes von Ehre ab.
Geschichtschreiber haben ein boshaftes Vergnügen

1567 darin gefunden, zu behaupten, daß Maria die Foderung ihres Gemahls billigte *); aber nichts kann einen solchen Verdacht begründen. Es wurden gar keine Bitten deswegen vor die Königin gebracht. Sie gab dem Grafen von Marr keine Befehle; und als Bothwell sich so weit vergaß, daß er drohete, um sich Gehorsam zu verschaffen, so antwortete ihm der Graf, er wäre der Königin und dem Staate für die Person des jungen Prinzen verantwortlich, und fest entschlossen, seine Pflicht als ein ehrliebender Mann und getreuer Unterthan zu erfüllen. Maria suchte keinen von

---

*) Hume, S. 257. „Einige Bemühungen, sagt er, die sich Bothwell gab, und welche die Königin, wie man glaubte, gebilligt hatte, sich der Person des jungen Prinzen von Schottland zu bemächtigen, erregte die ernsthafteste Aufmerksamkeit." Er will, wie verschiedene andere, die Heirath der Königin als die Ursache einer Empörung vorstellen, die doch schon lange vorbereitet war. Es ergiebt sich aus allen Umständen, daß die Empörer nur auf den Augenblick warteten, da sie sich mit Bothwelln würde verbunden haben, um dann Marien mit ihm zugleich ins Verderben zu ziehen. Buchanan (B. 18. S. 199.) führt den Inhalt der Instruction der Königin an ihren

beiden wankend zu machen, und unterstützte nie die 1567
Forderungen ihres Gemahls.

Das Ungewitter war seinem Ausbruche nahe.
Einige wichtige Personen von Schottland, die
Grafen von Morton und von Marr, die Lords
Hume, Simple und Lindsey, Kirkaldy von Grange
und der Sekretair Lethington, wovon die einen
auf die Vortheile, die sie ihrem Vaterlande verschaffen, die andern auf das Böse dachten, was
sie begehen könnten, versamleten sich in aller Stille.
Morton und Lethington, welche zuerst die Verbün-
dungsakte für Bothwell unterzeichnet hatten, fo-

Gesandten in Frankreich an; er ändert aber darin, und mildert Mariens Ausdrücke gegen Bothwell, indem er unter andern anstatt der Wörter
Gewalt und Gewaltthätigkeit, Hize und ra-
sches Verfahren setzt. Anderson hat die Ausdrücke und die Thatsachen treulich beibehalten.
Bd. 1. S. 89—102. Buchanan setzt hinzu, Maria Stuart habe ihren Sohn den Händen ihres
Schwiegervaters übergeben wollen; und der Graf
von Murray, welcher nach seiner Behauptung in
diesem Zeitpunkte in Schottland war, habe bloß,
um über die Erhaltung dieses jungen Prinzen zu
wachen, das Reich verlassen, indem der Adel gegen seine Monarchin die Waffen ergriff.

1567 derten den Adel nachdrücklich auf, den Mord des
Königs zu rächen, und über die Sicherheit des
jungen Prinzen zu wachen. Sie setzten Stirling
zu einem allgemeinen Versammlungsorte an, um
sich da über die Mittel zu besprechen, mit gewaff-
neter Hand diesen Mann zu stürzen, der des Ranges, zu dem er sich erhoben hatte, unwürdig war,
und den sie doch selbst durch ihre Zustimmung und
ihre Unterschrift unterstützt hatten. Zu Stirling
vereinigten sich noch mit ihnen die Grafen von Argyle, von Athol und von Glencarn, und hier
wurde ganz ingeheim die Beschwörung vorbereitet, auf die Murray schon so lange sann.

Bothwell ward die Gährung in den Gemü-
thern gewahr; er glaubte, ein durch Blut erwor-
bener Posten müste durch Blut erhalten werden.
Er wirkte von der Königin zwei Proklamationen
unter ihrem Namen aus, unter dem Vorwande,
den Streifereien auf den Grenzen zu steuren.
Durch die erste foderte Maria die Grafen, Barone und Freimänner in den Distrikten von Forfar,
von Perth, Strathern, Menteith, Clackmannan,
Kinroß und Fyfe auf, an einem Tage, den sie sehr
nahe bestimmte, zu den Waffen zu greifen. Durch
die zweite befahl sie den kleinen und großen
Baronen, niedern Gutsbesitzern in den Grafschaften

schaften Linlinthgow und Edinburg, den Gouver-1567
neurs von Hadington und Barwick, sich unverzüglich zu bewaffnen, und sich auf den ersten Befehl marschfertig zu halten. Diese Zurüstungen
brachten die Association zu schleunigen und vesten
Entschlüssen, und vermehrten die Unruhen und
das Mißvergnügen des Publikums. *) Das
Murren wider die Königin verstärkte sich jetzt.
Die Ränke ihrer Feinde hatten dasselbe oft erregt,
aber nie hatte ihr Betragen es mehr unterstützt.
In tödtlicher Unruhe, zitternd für die Zukunft,
ließ sie eine neue Proklamation ergehn, um die
wider sie gemachten Beschuldigungen, die ihr von
allen Seiten zu Ohren kamen, zu widerlegen.
Da sie von dem Vorhaben ihrer Feinde unterrichtet war, so glaubte sie das Schottländische Volk
von ihrer Ergebenheit für dasselbe, von ihrer Ehrfurcht für die Gesetze und von ihrer Liebe zu ihrem
Sohne versichern zu müssen, welchen letztern sie
als den Trost ihres Lebens ansähe, und ohne welchen alle ihre folgenden Tage unglücklich seyn würden. Sie betheurete, daß sie auf ihren Adel, als
die Stütze ihres Throns, ihre gebornen Räthe,
und ihre treuesten Diener, ihr ganzes Vertrauen

*) Keith, S. 395 f. Gilbert Stuart, S. 242.

Gesch. Elisab. 3. Th.   Dd

1567 setzte. Sie versicherte, daß die gegenwärtigen Zurüstungen bloß wider ihre rebellischen Unterthanen in der Provinz Liddisdale gemacht würden, und beklagte sich, daß die widrigen und verläumderischen Auslegungen ihres Betragens sie ihrem Volke immer verdächtig gemacht, und ihre Güte mit Beweisen von Haß und Undankbarkeit bezahlt hätten. Dieser Schritt that wenig Wirkung. Maria hatte durch ihre Heirath die Achtung des Publikums verscherzt; und die vortreflichsten Handlungen, wenn sie damals dergleichen zu verrichten fähig gewesen wäre, hätten weder Zutrauen noch Bewunderung eingeflößt. Die Häupter der neuen Kongregation, welche bewaffnet waren, um ihren Prinzen zu vertheidigen, den Tod des Königs zu rächen, die Gesetze aufrecht zu erhalten, und einen verabscheuten Menschen zu strafen, flößten dem Volke denselbigen feurigen Eifer ein, der sie selbst belebte. Von Vassallen umringt, über die sie unumschränkt regierten, hatten sie bald eine Armee. Die beiden Proklamationen der Königin waren ohne alle Wirkung geblieben; sie hatte nur eine kleine Wache bei sich, als die Rebellen sich Edinburg näherten. James Balfour, dem Maria das Kommando daselbst anvertraut hatte, dieser Mitschuldige Bothwells und Murrays, war bisher dem erstern erge-

ben gewesen, und jetzt bereit der Armee des letztern1567
die Thore des Schlosses zu öffnen. Die Monar=
chin hatte Ursachen an seiner Treue zu zweifeln,
und begab sich also mit ihrem Gemahl nach dem
Schlosse Borthwick. Die Verbündeten erfuhren
es, und folgten ihr auf dem Fuße nach; und der
Lord Hume erschien an der Spitze von achthundert
Reutern vor dem Schlosse. Aber die übrigen Ver=
schwornen, welche zu Stirling geblieben waren,
stießen nicht bald genug zu ihm; und da er zu we=
nig Mannschaft hatte um alle Zugänge zu besetzen,
so entkamen Maria und Bothwell, und giengen
nach Dunbar, welches besser befestigt war als
Borthwick, und wo sie sich also vor einem plötzli=
chen Angriff in Sicherheit sahen. *)

Die Lords von der Kongregation verlohren nun
die Hoffnung den Grafen zu überrumpeln, und
bemächtigten sich Edinburgs, ohngeachtet aller
Versuche des Bischofs von Roß, des Erzbischofs
St. Andrews und des Abts von Kilwinning, welche
die Bürgerschaft und den Magistrat zur Verthei=
digung auffoderten. Lord Boyd und der Graf
von Huntley, welche, so wie sie, die Parthei der

*) Keith, S. 399. Knox, S. 396. Spotswood, S.
204. Melvil, S. 162. Gilbert Stuart, S. 242.

Dd 2

1567 Königin hielten, konnten nur wenig Truppen zusammenbringen, und zogen sich in das Schloß, von wo James Balfour sie an einen sichern Ort führen ließ. *) Nachdem die Verbündeten in die Stadt eingerückt waren, wo sie von dem Volke mit Freuden aufgenommen wurden, hielten sie es für nöthig, eine feierliche Erklärung bekannt zu machen, um ihre Unternehmungen und ihre Absichten zu rechtfertigen. Sie sagten in dieser Erklärung, da die Königin gefangen gehalten würde, und weder im Stande wäre den Staat zu regieren, noch die Mörder ihres Gemahls zu bestrafen, so befohlen sie, der Adel und der Rath des Königreichs allen Unterthanen, und insbesondere den Bürgern von Edinburg, die Königin zu befreien, den Prinzen zu erhalten, und den Mördern des Königs den Proceß zu machen: sie befahlen zugleich den Richtern der Assise und andern Richtern, ihre Aemter zu verwalten, und die Gerechtigkeit nach der Gesetzen zu handhaben, ohne sich an Widerspruch und Unruhen zu kehren, die sich gegen ihre Unternehmung erheben möchten: und endlich erklärten sie, das alle diejenigen, die diesen Verordnungen nicht nachleben, oder sie übertreten würden

---

*) Keith, S. 398, Anm. d.

für Verräther und Mitschuldige an dem Tode des 1567
Königs erklärt werden sollten. *) Den folgenden
Tag machten sie eine andere in noch stärkeren und
gemäßerten Ausdrücken bekannt. Sie beschuldigten den Grafen von Bothwell namentlich, daß er
sich der Person der Königin bemächtiget, sie auf
eine gewaltsame und aufrührische Weise, nachdem
er sich von seiner ersten Gemahlin geschieden und
den König ermordet, zu einer ärgerlichen Heirath gezwungen hätte, und jetzt alle Bemühungen anwendete, auch den jungen Prinzen
aus dem Wege zu räumen. Sie foderten dem
zufolge alle Staatsbürger auf, sich in Zeit von
drei Stunden mit ihnen zu vereinigen, um die
Königin in Freiheit zu setzen, und sie an den Grafen von Bothwell zu rächen. Sie droheten allen

---

*) Keith, S. 399. Anderson, Bd. 1. S. 128. Gil-
bert Stuart, S. 243. Anderson theilt diese Proklamation ganz mit, Keith und Gilbert Stuart
geben den Inhalt derselben. Crawfords Manu-
skripte, S. 54. Robertf. S. 423. Hist. u. Krit.
Unterf. S. 260. S. die Belege, No. II. S. 1.
Diese Urkunden sind in England und Schottland
sehr bekannt, sind aber meines Wissens noch nie
ins Französische übersetzt worden. Sie sind wegen der Folgen sehr wichtig.

1567 denen, die nicht gehorchen würden, daß sie als
Feinde des Staats angesehn, und als solche an
ihren Gütern bestraft werden sollten. *)

Aber Bothwell blieb nicht unthätig. Er hatte
gleichfalls eine große Anzahl von Vasallen, und
die beiden Proklamationen der Königin, welche in
der Gegend der Hauptstadt sehr wenig Eindruck
gemacht hatten, wirkten sehr schleunig in den Besitzungen des Grafen. Viertausend Mann versammleten sich um die Königin. Ihre Anzahl
wuchs noch, und Bothwell, dem es nicht an Muth
fehlte, erwartete mit Ungeduld die Gelegenheit ein
Treffen zu liefern. Die Verbündeten hatten keine
so starke Macht bei sich, und die Langsamkeit in
ihren Unternehmungen konnte die erste Hitze des
Volkes schwächen. Da sie außerdem keine Bela-
gerungsgeräthschaften und Kriegsvorrath hatten,
so würden sie die Festung, worin die Königin ihre
Zuflucht genommen hatte, nicht erobert haben.
Allein sie war zu ungeduldig sich wieder in den Gebrauch ihrer Rechte zu setzen; sie verließ mit Bothwell den 14. Junius das Schloß Dunbar, und
nahm, da sie eine stärkere Armee bei sich hatte,
den Weg nach Leith, indem sie hoffte, diese Stadt

*) Belege, No. II. §. 2. Anderson, Bb. 1. S.
139. Keith, S. 199.

und Edinburg würden ihr nicht widerstehen können. 1567
Bei ihrer Ankunft zu Glandsmoor machten sie eine
Antwort auf das Manifest der Verbündeten bekannt. Die Königin nannte darin die von ihnen
unternommenen Feindseligkeiten und die Gründe,
die sie zu ihrer Rechtfertigung anführten, Verrath
und Empörung. Sie betheuerte, daß niemand
mehr als sie wünschen könnte, die Mörder ihres
Gemahls zu entdecken, und sie exemplarisch zu bestrafen. Die Behauptung von ihrer Gefangenschaft, woraus sie befreiet werden sollte, erklärte
sie für falsch. Ihre Vermählung, sagte sie, wäre
öffentlich geschehen; die vom Adel hätten nicht vergessen können, daß sie eine Association unterschrieben hätten, worin sie sich selbst für Verräther und
Meineidige erklärten; wenn sie nicht die Ansprüche
des Grafen von Bothwell mit Gefahr ihres Lebens
und ihrer Ehre behaupten, und ihn, wo es nöthig wäre, unterstützen würden. Was die gegen
ihn erneuerte Anklage beträfe, so müsten sie sich
gleichfalls erinnern, daß sie im Parlamente das
öffentliche Urtheil der Assise, wovon sie zum Theil
selbst Mitglieder wären, bestätigt hätten. Wenn
sie vorgäben, daß sie die Waffen zur Vertheidigung
ihres Prinzen ergriffen, indeß er gegenwärtig unter ihrer Gewahrsam wäre, so brauchten sie den

1567 Namen desselben nur zum Deckmantel ihrer Treulosigkeit. Der einzige Bewegungsgrund, der sie belebte, wäre also der Wunsch sie vom Throne zu stoßen, ihre Nachkommenschaft zu Grunde zu richten, und sich selbst der königlichen Gewalt anzumaßen. Sie rief alle ihre getreuen Unterthanen wider die Empörer und Verräther um Hülfe an, und versprach ihnen zur Belohnung für ihre Dienste, die Länder und Güter der Verbrecher. *)

Wenn Maria Stuart nicht Bothwells Gemahlin gewesen wäre, so hätte sie ganz Schottland auf ihrer Seite gehabt. Mit Heinrich Darnley vermählt, welchen niemand liebte und schätzte, mit dem sie aber nicht eine ärgerliche und entehrende Verbin

---

*) Spotswood S. 206. Er ist der einzige, der diese Erklärung nach ihrem ganzen Inhalte mittheilt. Crawford, Gilbert Stuart, Calderwood, geben nur den Hauptinhalt davon an, und selbst beim Goodall findet sie sich nicht ganz. Keith (S. 400) hat sie, ohne das Original gesehen zu haben, aus Spotswood genommen. Indeß ist es gewiß, daß dieses Original existirt. Hume, Robertson, Bruce und Carte sprechen nicht davon; aber Spotswods Authorität, wo es auf authentische Urkunden ankömmt, ist von einem sehr großen Gewichte.

dung eingegangen hatte, sah sie auf jeden Schritt 1567 die Armee, womit sie den Rebellen Murray verfolgte, sich verstärken. Aber ihre Auffoderungen, ihrem Gemahl, dem Herzog von Orkney beizustehen, brachten bei ihren Unterthanen ganz andere Gesinnungen hervor. So lange sie schwieg, stießen einige Truppen zu ihr, und das Volk schien die Verbündeten ohne Vertheidigung zu lassen; sobald aber der verhaßte Namen Bothwells, Herzog von Orkney, genannt wurde, so konnten die Schottländer die Zeichen ihres Abscheues nicht zurückhalten, und begaben sich schaarenweise unter die Fahne der Rebellen. Ein Schottländischer Offizier, welcher auf Erlaubniß der Königin für den König von Dännemark in Schottland Truppen warb, ging mit seiner ganzen Mannschaft zu der Armee der Konföderirten über. *) Durch diese Vereinigung wurden Murrays Truppen verstärkt, und nun giengen sie in beschleunigten Märschen Marien entgegen, welche mit starken Schritten

*) Dieser Umstand ist durch die Briefe des Grafen von Lenox erwiesen. (Goodall, Bd. 1. S. 378 und 584) Es ist zu verwundern, daß er allein, und nach ihm bloß Gilbert Stuart desselben Erwähnung thut. (Gilbert Stuart, S. 246.)

1567 anrückte. Sie erfuhren ihre Annäherung zu Edin-
-burg, indem sie mitten in der Nacht, auf die erste
Nachricht davon, zu den Waffen schreien hörten.
Die beiden Heere trafen bei Carbery Hill aufeinan-
der. Nach der gemeinsten Meinung waren die
Truppen der Königin den Gegenseitigen an der
Anzahl überlegen, sie kannten aber weder Ordnung
noch Kriegszucht. Der Muth, welcher bei dem
Menschen beständig mit der Meinung von seiner
Stärke in Verhältniß steht, fehlte diesen Soldaten, welche unwissend in der Kunst zu kämpfen
und zu überwinden waren. Die Lords machten
einen weiten Umweg, und thaten, als ob sie sich gegen Dalkeith hinziehen wollten; aber nach und
nach näherten sie sich wieder, und standen den
15. Julius im Angesicht der königlichen Armee.
Ihre Truppen waren in zwei Divisionen getheilt.
Bei der einen kommandirten der Graf von Morton und der Graf Hume, bei der andern die Grafen von Marr, von Athol und von Glencarn.
Bothwell war mit den Lords Seaton, Yester und
Borthwick an der Spitze der Armee der Königin.

Maria hatte den Französischen Gesandten
du Croc bei sich, diesen gemäßigten und klugen
Mann, welchem sein Alter und seine Erfahrung,
nicht weniger als sein Charakter eines Repräsen-

tanten des Königs von Frankreich das Recht gaben,1567
Vergleiche zu suchen und vorzuschlagen. Er ging
den Rebellen entgegen, versicherte sie von den guten Gesinnungen der Königin, und betheuerte ihnen, daß sie bereit wäre, diese Rebellion zu vergessen, wenn sie ihr den schuldigen Gehorsam leisten wollten. Der Graf von Marr nahm das
Wort. „Nicht gegen die Königin, sagte er zu
dem Gesandten, sondern gegen den Mörder des
Königs, rücken wir ins Feld; wenn die Königin
ihn uns ausliefern will, um ihn zu bestrafen, und
aus ihrer Gegenwart zu verbannen, so wird sie bei
uns künftig den Gehorsam finden, den wir ihr geschworen haben. Unter keiner andern Bedingung
werden wir auf Friedensvorträge hören.“ Der
Graf von Glencarn fügte zu einer so stolzen Antwort noch hinzu, sie wären nicht gekommen, um
wegen irgend einer Beleidigung um Verzeihung zu
bitten, sondern um diese denjenigen zu ertheilen,
von denen sie beleidigt wären. Du Croc, welcher
wohl sah, daß er durch seine Vorstellungen nichts
ausrichten würde, und daß die Waffen allein diesen Streit entscheiden könnten, nahm mit trauri-
gem Herzen den Weg nach Edinburg *).

*) Knox, S. 400. Keith, S. 401. Carte, S. 454.
Melwil, S. 87 f. Hume bemerkt keinen von die-

1567 Maria, voll Betrübniß und Unruhe, urtheilte jetzt strenger über ihr Betragen zu Dunbar. Wenn sie gleich noch an dem Verbrechen zweifelte, dessen ihr Gemahl allgemein beschuldigt wurde, so war doch sein Betragen seit der Vermählung nicht im Stande, ihr Zutrauen zu ihm einzuflößen. Seine Seele war in beständiger heftiger Bewegung, von Argwohn und Gewissensbissen gemartert; er verstattete keinem, als seinen Kreaturen, den Zutritt zu der Königin, und ließ ihr kaum einen Schatten von Gewalt und von Freiheit übrig. Er war, aus

sen einzelnen Umständen. Um beständig den Grafen von Murray zu schonen, den er zu seinem Helden macht, wie Buchanan Knox zu dem seinigen nimmt, sagt er ohne genauere Bestimmung: „der Graf von Murray, welcher diese stürmischen Augenblicke vorher gesehen hätte, und sich in keine Parthei einlassen wollte, hatte einige Zeit vorher bei der Königin um die Erlaubniß angesucht, nach Frankreich zu gehen, und dieselbe von ihr erhalten.“ Es ist sehr unangenehm, einen Geschichtschreiber von Humens Genie so durch Partheilichkeit verblendet zu sehen, daß er die Nachwelt in Irthum führt, indem er die Begebenheiten mit einer Geschicklichkeit darstellt, wodurch er eher im Stande ist seine Leser zu betrügen, als wenn er wirklich falsche Fakta angegeben hätte.

Gewohnheit in seinem Betragen und in seinen Re-1567 den, immer unanständig und grob gewesen; jetzt war er bisweilen wild und brutal. Maria vergoß beständig Thränen; sie hatte mehrmals versucht, sich das Leben zu nehmen *). Die Unglückliche sah ihr Leben in Gefahr, ihre Krone von dem ungewissen Ausgange eines Treffens abhangen. Sie durchlief mit unruhigen Augen die Glieder ihrer Armee, und erblickte lauter nachdenkende und mürrische Gesichter; keine Spur von jener edlen Hitze, die auf der Stirn der Krieger erscheint, wenn sie für eine gerechte Sache und unter den Augen eines Oberhauptes, das sie verehren, sich zum Gefechte anschicken. Bothwell schlug den Anführern der feindlichen Armee einen Zweikampf vor; Grange und Murray von Tullibardine nahmen die Ausforderung an; aber er wandte ein, sie wären keine Peers von Schottland. Gewissensbisse mußten ihm diese Furcht verursachen; denn niemals hatte es ihm bei einer gerechten Sache an Muth gefehlt.

*) Carte, S. 455. Melvil, S. 85. Dieser letzte verdient hier Glauben. Maria mußte schrecklich leiden, da der von Elisabeth besoldete Melvil dieses schreiben, und durch das Gemählde einer so entsetzlichen Lage unser Mitleid für sie erregen konnte.

1567 Er wollte einen Peer des Reichs zum Gegner haben, und Lindsay bot sich an. Aber die Königin machte diesem nichtigen Streit durch ihren Befehl ein Ende. Sie hatte das häufige Ausreissen unter ihren Truppen wahrgenommen; sie sah vorher, daß die Flucht oder ein Gefecht für sie gleich schädlich seyn würde; sie ward durch eine traurige Erfahrung überzeugt, daß ihr Gemahl von der Nation verabscheuet wurde; ihr gerader und offener Charakter ließ sie den gerechtesten und edelmüthigsten Entschluß nehmen, den unglücklichen Gegenstand dieses Krieges seinem Schicksale zu überlassen. Sie ließ den Lord Grange rufen, und verlangte eine Konferenz. Dieser sagte ihr sogleich, Bothwell wäre sicherlich schuldig, und sie müßte ihn verlassen. Maria antwortete, sie wäre hierzu entschlossen, mit der Bedingung, daß die Lords ihr wieder Gehorsam leisteten. Grange ging zu der konföderirten Armee zurück, und nahm im Namen der Königin von den Anführern derselben den Eid der Treue, und das Versprechen, sie zu ehren, ihr zu dienen, und ihr als ihrer Fürstin und Monarchin zu gehorchen. Sobald sie hiervon unterrichtet war, ließ sie Bothwelln rufen. „Rettet euch, sagte sie zu ihm, durch eine schleunige Flucht; ich will weder das Blut meiner Unterthanen vergießen, noch mein Leben für euch in Gefahr ſetzen: ich nehme Rechte über meine Unter-1567 thanen wieder, entfernt euch ſo eilig als möglich.‟ Dieſer Elende, dem Ehrgeiz und dem Laſter ergeben, mit Schande bedeckt, ſtarr vor Furcht, und von Gewiſſensbiſſen und Verzweiflung gefoltert, ſchwieg und gehorchte. Sogleich wandte ſich Maria zu Grange, und ſagte, indem ſie ihm die Hand reichte: „ich ergebe mich euch unter denen Bedingungen, die ihr mir im Namen der Lords angekündigt habt.‟ Er küßte ihr die Hand, nahm ihr Pferd beim Zügel, und führte ſie zu den Edlen. Sie näherten ſich ihr mit Ehrfurcht. „Mylords, ſagte ſie zu ihnen, ich bin zu euch gekommen, nicht aus Furcht für mein Leben, denn ich habe an dem Siege nicht gezweifelt; aber ich verabſcheue alles Blutvergießen, und beſonders will ich das Blut meiner Unterthanen nicht fließen ſehn. Ich bin bereit, nach euren Rathſchlägen zu regieren, und ich glaube, daß ihr mich als eure Fürſtin und eure Königin anſehen werdet.‟ „Ihr ſeid unter uns, Madam, antwortete der Graf von Morton, an eurem Plaz, und wir werden euch ſo viele Dienſte, Ehrenbezeugungen und Gehorſam erweiſen, als je unſere Vorfahren den Monarchen, die vor euch regierten, erwieſen haben.‟ Da einige Soldaten ſich unterſtehen wollten, ihr Vorwürfe zu machen,

1567 so legten ihnen der Lord Grange und einige andere
Stillschweigen auf, indem sie sie mit den bloßen
Degen schlugen, und der übrige Adel gab ihnen
Beifall, oder schien es zu thun *).

Lord Grange wuſte ohne Zweifel nichts von
dem ehrlosen Vorhaben, worauf die andern sannen.
Die Verschwornen sahen ihre Entwürfe durch den
Ausgang der Sache vereitelt. Sie hatten gezeigt,
daß es ihnen nicht außerordentlich am Herzen lag,
ten Tod des Königs zu rächen; Bothwell war in
Gegenwart des einen von ihnen von der Königin
verjagt worden, und Grange selbst hatte ihn zur
Flucht ermahnt. Sie hatten alle betheurt, daß
sie nicht gegen die Königin die Waffen trügen, und
doch hatten sie den Verbrecher ruhig entkommen
lassen, wider welchen allein sie, nach ihrer Behauptung, ganz Schottland aufgewiegelt hatten.
Aber jetzt wuſten sie nicht, welchen Entschluß sie
faſſen sollten. Der schleunige Entschluß der Kön-
gin hatte ihre Erwartung betrogen. Auf ihr Verlangen hatte sie den Verbrecher von sich entfernt.
Was blieb ihnen nun noch übrig, von ihr zu verlangen?

*) Keith, S. 402. Spotswood, S. 207. Melvil,
S. 85. Gilbert Stuart, S. 250. Goodall, Bd.
2. S. 165. No. 58.

langen? Es wäre ohne Zweifel zu viel gefodert ge= 1567
wesen, daß eine Monarchin den Mann, den sie
mit ihrer Hand beehrt hatte, der Strenge der Ge=
setze überliefern sollte. Aber auf welche Art sollten
sie es nun dem Grafen von Murray beibringen
lassen, daß seine Plane vernichtet wären, daß
Maria allein und von ihren Unterthanen geehrt
regierte, und daß sie seine Befehle mit weniger
Treue und Geschicklichkeit ausgeführt hätten? Sie
wusten kein anderes Mittel zu finden, als dieses,
sie durch schimpfliche Begegnungen, die in der Ge=
schichte fast ohne Beispiel sind, in den Augen der
Nation verächtlich zu machen. Indeß sie in dem
Lager den Augenblick der Abreise erwartete, und
ihre etwas beruhigte Seele sich schmeichelhaften
Hofnungen überließ, wurde sie von einer Menge
Soldaten umringt, welche sie eine Meuchelmörderin
ihres Mannes, eine niedrige Ehebrecherin nann=
ten, und mit andern noch gröberen und alle Sit=
ten beleidigenden Schimpfreden überhäuften. Ihre
Klagen und ihre Thränen fanden keine einzige mit=
fühlende Seele. Der Adel vergaß den ihr eben
geschwornen Eid, und hatte alle Empfindung von
Ehre und Menschlichkeit verloren. Sie wurde
von ihren Wachen umringt, und nach der Haupt=
stadt geführt, ohne daß ihr ein einziger Augenblick

1567 Ruhe gelaſſen wurde. Die proteſtantiſche Geiſtlichkeit zeigte auch ihre Ergebenheit für den Grafen
von Murray. Sie wiegelte den niedrigſten Pöbel
auf, welcher ſich mit den Soldaten verband, um
Marien mit Schimpfwörtern und Verwünſchungen
zu überhäufen, und ihr Koth ins Geſicht warf.
Der Staub, der Schweiß, ihre Betrübniß und
ihre Thränen machten ſie unkenntlich. Sie erfuhr dieſelbigen Beſchimpfungen in Edinburg. Um-
ſonſt flehte ſie die Befehlshaber um Mitleiden an,
und bat, daß ſie nach Holyroodhouſe gebracht
werden möchte. Nachdem die Lords ſie den Beleidigungen des gemeinen Volks ausgeſetzt hatten, ſo
brachten ſie ſie als Gefangene in das Haus des
erſten Magiſtrats von Edinburg *).

*) Keith, S. 402. Er erzählt dieſen Auftrit nicht
ſo genau als Gilbert Stuart, welcher die klein-
ſten Umſtände einer ſo auffallenden Begebenheit
erzählt. Doch gehen dieſe beiden Schriftſteller
in keinen wichtigen Dingen von einander ab.
Buchanan, der ſo viele grobe Fabeln erdichtet
hat, erzählt, (B. 18. S. 210.) ſie habe ſich im
Lager mit einem alten abgetragenen Leibrock gezeigt, der kaum bis auf die Knie gegangen wäre.
Eine ſolche Unanſtändigkeit läßt ſich von keiner
Königin denken. Carte (S. 456.) kömmt mit

Als Maria den Morgen darauf in dem Zim-1567
mer, worin sie die Nacht zugebracht hatte, ein
Fenster öffnete, so war der erste Gegenstand, der
ihr in die Augen fiel, eine dem Hause gegenüber
aufgesteckte Fahne, worauf der verstorbene König
erdrosselt an einem Baume liegend vorgestellt war,
und neben ihm der junge Prinz auf den Knien,
welchem ein Papier aus dem Munde ging, worauf
diese Worte standen: richte und räche meine
Sache, o mein Gott! Bei diesem Anblick lief
das Volk zusammen; die Königin nahm dasselbe wegen der Behandlung, die sie erfuhr, zum Zeugen,

Keith darin überein, daß sie erst in der Stadt insultirt und beschimpft wurde. Aber nach Gilbert
Stuarts Erzählung scheint es gewiß zu sein, daß
sie schon von Carberry Hill an diese grausame Behandlung erdulden mußte. Robertson leugnet
dieses nicht; (S. 430.) und ihre Antwort auf die
Beschuldigungen des Grafen von Murray beweist
es; er hätte sie sicherlich der Lüge beschuldigt,
wenn sie dergleichen ohne Grund behauptet hätte.
(s. Goodall Bd. 2. S. 165.) Melvil fand seinen
Vortheil dabei Murray zu rechtfertigen; und
Carte erzählt was er besser als jemand wissen
mußte, da er Augenzeuge war. Aber je später
der Augenblick gesetzt wird, wo sich der Pöbel

1567 und bat daſſelbe, ſich ihrer anzunehmen. Die
Wut des Pöbels war erſchöpft. Die Bürger von
Edinburg und die gutdenkenden Unterthanen hatten
alles, was den Tag vorher geſchehen war, mit
Abſcheu geſehen; ihr Unwille, anſtatt ſich bei Er-
blickung dieſes Gemäldes gegen Maria zu kehren,
fiel auf ihre Verfolger. Ihre Klagen, die Unordnung in ihrem Anzuge, ihre Schönheit und ihre
Thränen, rührten alle Zuſchauer. Die Lords erfuhren, daß das Volk für die Königin günſtig
dächte, und Mine machte, die Thüren ihres Ge-
fängniſſes zu erbrechen. Mit ihrer Geſchicklichkeit,
jede Rolle zu ſpielen, erſchienen ſie vor ihr, ver-

auf eine ſo verhaßte Art betrug, beſto ſtärker iſt
der Beweis, daß er von ſeinen Anführern aufge-
hetzt war. Würden jene Soldaten, die ſich bei
der Ankunft der Königin im Lager ſo ruhig verhielten, nach mehreren Stunden, die ſie unter
ſie zugebracht hatte, ſie auf einmal mit Schimpfreden angegriffen haben, ohne von ihren Anführern dazu gereitzt zu ſeyn? Die Einwohner von
Edinburg, von denen ſie faſt allgemein geliebt
und geehrt wurde, hätten ſie ohne Bothwell mit
Freudengeſchrei in ihren Pallaſt begleitet, wenn
die Geiſtlichkeit die Gemüther nicht umgeſtimmt
hätte.

ſicherten ſie ihrer Treue, und gaben vor, daß ſie 1567
den Tag vorher nicht in Stande geweſen wären,
die Wut eines aufgebrachten Volks zu ſtillen; jetzt
aber, ſetzten ſie hinzu, würden ſie auf nichts als
die Stimme der Pflicht hören, ſie nach Holyroods=
houſe in Sicherheit bringen, und ſie in alle ihre
königlichen Rechte wieder einſetzen. Maria, im=
mer zum Vergeben geneigt und bis zur Einfalt
leichtgläubig, traute den Verſicherungen und den
nichtsbedeutenden Schwüren dieſer Menſchen, von
denen ſie ſo niederträchtig hingegeben war. Sie
zeigte ſich nochmals am Fenſter, und ſagte ohne
Ueberlegung zu dem Volke, welches nur auf ihren
Befehl wartete, um ihr zu Hülfe zu kommen, und
die Verräther zu beſtrafen, es wäre nun alles bei=
gelegt, und ſie wünſchte, daß jeder ſich nach Hauſe
begäbe. Das Volk gehorchte ſogleich. Die Lords
entfernten ſich unter dem Vorwande, ihr ihre Leib=
wache und ihre Kammerfrauen zu ſchicken, hielten
Rath, und beſchloſſen, ihre Beute nicht fahren zu
laſſen; ſie unterzeichneten einen Verhaftsbefehl,
und führten ſie nach dem Schloſſe Lochlevin *).

*) Dieſer Befehl wurde von den Grafen von Mor=
ton, von Marr und von Glencarn, den Lords
Ruthwen, Hume, Simple und Lindſay unter=
ſchrieben, auch von dem Grafen von Athol, welc

1567 Grange erstaunte über diese Gewaltthätigkeit, und erinnerte die Verschwornen, als ein Mann von Ehre, an die eidlichen Versicherungen, die sie der Königin gegeben hatten. Allein diese Herren suchten ihn hinter das Licht zu führen. Da sie indessen fürchteten, er möchte ihnen zu wenig trauen, und aus Ehrlichkeit und Mitleiden Mariens Vertheidiger werden, so setzten sie seinem Edelmuth ein Faktum entgegen, welches, wie sie sagten, alle seine Regungen für sie unterdrücken würde. Sie hatten die Verwegenheit, einen Brief unterzuschieben, den Maria diese Nacht selbst an Bothwell sollte geschrieben haben, worin sie auf die unanständigste Art eine unsinnige Leidenschaft für ihm ausdrückte, und ihm versprach, daß sie ihn nie verlassen würde. Grange wünschte diesen Brief zu sehen, und es wurde ihm eine Abschrift davon gezeigt; aber niemals ist von dieser so wichtigen Urkunde Gebrauch gemacht worden. Sie hätte indeß, wenn sie würklich existirt hätte, den Adel zu seinen Foderungen

cher oben aus Irrthum als ein Vertheidiger der Königin genannt ist; er gehörte immer zu ihren Feinden, obgleich nicht zu heftigsten. (s. Stat. Jacob VI. die schwarzen Akten genannt. S. 16. Keith, S. 403. Robertson, B. 4. S. 434. Melvil, S. 90.)

berechtigt, die Kühnheit, womit er seine Monar= 1567
chin gefangen nahm und des Throns entsetzte, ent=
schuldigt, und die Beschimpfungen, die sie von
ihm erlitten hatte, gewissermaßen gerechtfertigt.
Maria schrieb an Grange, beklagte sich über das
schändliche Unternehmen der Edlen, und machte
ihm Vorwürfe, daß er sein gegebenes Wort gebro=
chen hätte. Er war bisher Murrays Freund und
seinem Willen völlig ergeben gewesen; er hatte mit
beigetragen, ihm zu seiner gegenwärtigen Gewalt
zu verhelfen, und war nicht im Stande, gegen ei=
nen Tyrannen zu kämpfen, dem er selbst die Waf=
fen in die Hände gegeben hatte. Er fühlte indeß
eine nagende Reue, welche durch den Brief der
unglücklichen Fürstin, die er in der Gewalt treulo=
ser und unbändiger Feinde sah, noch vermehrt
wurde; aber Grange hatte sich schon zu weit mit
den Verbrechern eingelassen, um sich noch zurück=
ziehen zu können. Er bezeigte der Königin in einem
Antwortsschreiben, wie sehr ihm ein Brief, den
sie dem Grafen von Bothwell geschrieben, und der
so eben von dem Adel aufgefangen wäre, in Er=
staunen gesetzt hätte; er beschwur sie bei ihrem
Range und bei ihrer Würde, einen Mann zu ver=
gessen, den die Nation haßte, und der zu veräct=
lich wäre, um das Andenken einer großen Fürstin

1567 zu beschäftigen. Maria sah den ganzen Umfang ihres Unglücks, als sie die Nachricht von einem vorgeblichen Briefe erhielt, den sie in jener schrecklichen Nacht sollte geschrieben haben. Die Voraussetzung, daß sie in einem Hause, wo sie genau beobachtet wurde, wo sie unmenschliche Wächter und schüchterne Frauenzimmer um sich hatte, an Bothwelln hätte schreiben sollen, war völlig unwahrscheinlich. Sie konnte nicht auf den Gedanken kommen, daß die Verschwornen, welche nichts als Rache gegen ihn zu athmen schienen, die ihn bis dahin so strenge verfolgt hatten, ihm erlauben würden, zehn Tage ruhig zu Dunbar zu bleiben *), dann an den Küsten von Schottland hinzusegeln, und endlich seinen Lauf nach Dännemark hinzurichten. Da Maria Stuart noch nicht wuste, daß die Rebellion der Edlen sie allein betraf, muste sie es nothwendig für sehr schwer halten, einem unglücklichen Flüchtlinge auf die Spur zu kommen, dem sie dadurch, daß sie ihm schleunig zu entfliehen rieth, das letzte Merkmal ihres Mitleidens gegeben hatte. Sie überließ sich der tiefen Betrübniß, die ihr das Schreiben von Lord Grange verursacht

---

*) Keith, S. 408. Crawford, S. 54. Historische und kritische Unters. S. 268 f.

hatte, als Ruthwen *) und Lindsay erschienen,1567
und ihr den Befehl bekannt machten, den sie hatten, sie nach dem Schlosse Lochlevin zu bringen.
Sie befahlen ihren Kammerfrauen, ihr ihre königlichen Kleider auszuziehen; und brachten sie in einer
Kleidung, die ihren Rang verbarg, in aller Eile
nach ihrem Gefängnisse. Vergebens machten die
Lords Seaton, Yester und Borthwick, nebst den
Baronen Waughton, Baß, Ormeston, Wedder-
burn, Blackader und Langton, einige Versuche,
sie in Freiheit zu setzen. Maria wurde dem Gouverneur des Schlosses von Lochlevin, dem Grafen
von Douglas, übergeben. Dieser hatte die Mutter des Grafen von Murray zur Gemahlin, ein
Weib von einer äußerst stolzen Gemüthsart. Als
Jakobs V. ehemalige Geliebte sah sie mit Verdruß
ihre Söhne im Dienste der rechtmäßigen Erben des
Throns. Sie glaubte, ihnen gehörte der erste
Platz; und in der übermäßigen Freude, als sie die
unglückliche Maria so tief erniedrigt sah, war sie
kühn und grausam genug, sie unächt zu nennen;
sie behauptete die rechtmäßige Thronerbin zu seyn,

*) Dies war der Sohn des Lord Ruthwens, der
David Rizzio ermordet hatte. Diese Familie war
dem Grafen von Murray ergeben.

1567und betrachtete sich von dem Augenblicke an als eine hinterlassene Witwe eines Königs, deren Rechte von der Tochter Jakobs V. verletzt wären. In diesem Schlosse, welches mitten in einem Landsee lag, und unter der Aufsicht solcher Gefangenwärter, war man sicher, daß Maria mit den wenigen Freunden, die ihr noch übrig waren, gar keine Verbindung würde unterhalten können *).

Denselbigen Tag versammleten sich die Verschwornen, und unterschrieben eine neue Vereinigungsakte. Sie betheuern darin, es sei niemanden von ihnen unbekannt gewesen, daß Bothwell, Heinrich Stuart ermordet habe; sein Betragen vor und nach der Ausführung dieses Verbrechens sei ein so klarer Beweis davon, daß es keiner andern Beweise brauche. Sie sprechen darin mit Verachtung von dem zum Schein wider ihn erhobenen Proceß, bei welchem alle gerichtliche Formalitäten bei Seite gesetzt waren. Sie sagen, der Angeklagte habe, weit entfernt, vor seinen Richtern von Schrecken und Gewissensvorwürfen gebeugt

*) Gilb. Stuart, S. 255. Hume, S. 262. Keith, S. 403. Anmerk. 6. Melvil, S. 183. Lesley, Vertheidigung der Ehre Mariens, in Andersons Sammlung, Bd. 1. S. 33 — 37. Robertson S. 434.

zu erscheinen, sich in dem Glanze eines mächtigen 1567 Herrn gezeigt; er sei von besoldeten Kriegsleuten begleitet gewesen, welche sich so bereit gezeigt hätten ihn zu vertheidigen, daß niemand den Muth gehabt hätte, als Kläger wider ihn aufzutreten; er habe nachher seine strafbaren Entwürfe weiter verfolgt, die Königin seine Monarchin aufgehoben, sie nach dem Schlosse Dunbar geführt und gefangen gehalten, eine doppelte Ehescheidungssentenz zwischen ihm und seiner Gemahlin ausgewürkt, die Königin gezwungen, sich übereilter Weise nach katholischen und reformirten Kirchengebräuchen mit ihm trauen zu lassen, und durch seine Handlungen erklärt, und durch diese unrechtmäßige Heirath bewiesen, daß er sich zu keiner Religion bekenne. Sie nehmen Gott zum Zeugen, dessen Name durch die gottlose Verbindung entheiligt sey, und erzählen die Vergehungen, deren Bothwell nach der Schließung derselben sich schuldig machte; unter andern, daß er die Königin als eine Gefangene behandelte, indem er sie den Augen ihres Volks und der Großen entzog, und sie von bewaffneten Leuten bewachen ließ. Sie setzen hinzu, sie, die Edlen von Schottland, welche die Stände des Reichs vorstellten, hätten das Unglück der Nation

1567 mit Leidwesen gesehen, die Erhaltung des jungen
Prinzen, des einzigen Sohns der Königin und
rechtmäßigen Erben der Krone wäre ihnen am
Herzen gelegen, sie wären wegen der Gefangenschaft ihrer Monarchin und des Schicksals ihres
Sohnes in der größten Besorgniß gewesen, und
hätten, in der Furcht Gottes, und dem ihrer
rechtmäßigen Monarchin gebührenden Gehorsam gemäß, zu den Waffen gegriffen, um
den grausamen und abscheulichen Mord des Königs an dem Grafen von Bothwell, der dieses
Verbrechens schuldig sei, zu rächen, und die Königin
aus seinen Händen zu befreien, um zu verhindern,
daß ein Theil des Schimpfs, der Schande, und
des Aergernisses nicht auch auf sie fallen möchte,
um das Leben des jungen Prinzen zu erhalten,
und die Gerechtigkeit im Königreiche ungehindert
handhabend zu lassen. „Aus diesen Bewegursa-
chen, sagen sie, haben wir Grafen, Lords, De-
putirte der Städte und andere uns eidlich verbunden und verpflichtet, alle, mit unsern Verwandten,
Familien, Freunden und Dienern, an der Ausführung unseres Beschlusses, völligen und öffentlichen
Antheil zu nehmen.“ Und endlich verpflichten sie
sich hierzu bei Verlust ihrer Güter, ihres Lebens und

ihrer Ehre, und wollen für Verräther und Meinei= 1567
dige erklärt seyn, wenn sie ihren Eid verletzen. *)

Kurz nach Unterschreibung dieser sonderbaren
Akte wurden diejenigen Personen, die in den Pla=
katen als Mitschuldige an dem Morde des Königs
angezeigt waren, eingezogen. Sie wurden einem
Beschluß der Adlichen zufolge, welche sich Lords
des geheimen Raths nannten, auf die Folter,
und bald darauf vom Leben zum Tode gebracht.
Die Martern preßten ihnen ohne Zweifel kein
Bekenntniß wider Marien ab; ihre Aussagen wür=
den sonst nicht allein in Schottland, sondern auch
in ganz Europa bekannt gemacht worden seyn.

Kaum war Maria zu Lochlevin eingeschlossen,
als die Verschwornen sich ein anders ungerechtes
Unternehmen erlaubten. Sie machten ein Ver=
zeichniß von allen der Königin gehörigen Kostbar=
keiten, von ihrem Gold= und Silbergeschirr, von
allem gemünzten Gelde das sie besaß. Sie ließen
das Gold und Silber einschmelzen und die Edelge=
steine verkaufen, und theilten alles unter sich. Zu
gleicher Zeit kam der Graf von Glencarn von sei=

*) Keith, S. 404 — 406. Anderson Bd. 1. S.
134 — 139. Goodall Bd. 1. S. 234. Cambden,
S. 404. Gilbert Stuart, S. 255. Buchanan,
Bd. 18. S. 210 f.

1567nen vornehmſten Dienern begleitet, nach dem Pab-
laſte, ließ die Katholiſche Kapelle niederreiſſen,
und die Zierraten und heiligen Gefäße zerſchlagen.
Knox und ſeine Anhänger lobten dieſe Handlung,
die ein Mann von Gefühl nicht anders als verab-
ſcheuen kann. Ohne Zweifel hatten diejenigen, die
den Schatz der Königin plünderten, geheime Befehle dazu. Aber wer hätte ſich unterſtanden, ſich
den Gebrauch der höchſten Gewalt anzumaßen,
als der Graf von Murray; der nächſte Verwandte
der Königin und Oheim des jungen Königs. Hätte
er das Beginnen der Verſchwornen nicht befohlen
oder wenigſtens genehmigt, ſo würde er ſie deswegen beſtraft haben. Hätte er nicht den Gewinnſt
von dieſen Diebſtählen getheilt, er hätte ſie weder
zugelaſſen noch verziehn; aber die Adlichen, beſonders auch Murray, brauchten Geld. Ein ſo weit
auſſehender Entwurf als der ſeinige erfoderte große
Summen. Dieſe Plünderung war alſo zu ſeinen
Intriguen und zu ſeiner Rükkehr nothwendig.
Derjenige iſt der Verbrecher, dem das Verbrechen nützt.

Endlich nahm der geheime Rath den 26. Junius die Sache des Grafen von Bothwell vor.
Zehn Tage waren für ihn hinlänglich geweſen, um
ſich zu ſeiner Entfernung aus dem Lande, vorzube-

reiten. Plözlich nahmen sie dem Gouverneur des 1567 Schlosses Dunbar seine Stelle und seine Würden, weil er den Grafen von Bothwell aufgenommen hatte. Denselbigen Tag ließen sie einen Befehl kund machen, sich des Flüchtigen zu bemächtigen, versprachen dem, der ihn nach Edinburg bringen würde, tausend Kronen, und verboten jedem, ihm Beistand zu leisten; und dies geschah denselbigen Tag, da Bothwell ungehindert aus Dunbar weg-ging, um mit einigen Schottischen Schiffen nach den Orkadischen Inseln zu segeln. Er hatte noch einige Hoffnung, und konnte sich nur mit Mühe entschließen sein Vaterland zu verlassen. Aber die Verschwornen, welche gar nicht Willens waren, ihren Mitschuldigen anzuhalten und ihm den Pro-zeß zu machen, wollten eben so wenig zugeben, daß er in Schottland bliebe. Nachdem sie ihm zu seiner Flucht Zeit gegeben, und ihn in die Noth-wendigkeit gesetzt hatten zu schweigen, konnten sie ihn nicht weit genug von sich entfernt wissen. Sein beständiges Herumkreuzen an den Schottländischen Küsten machte ihn ihnen verdächtig; ihre Gefäl-ligkeit hatte überdem zu lange gewährt, und konnte nicht länger entschuldigt werden. Sie ließen an denselbigen Küsten, wo er von Seeräuberei lebte, einige Schiffe ausrüsten, und schickten den Lord

1567Grange wider ihn aus. Dieser erhielt den Befehl,
ihn auf den Orkney-Inseln zu Lande und zu Wasser mit Feuer und Schwerdt zu verfolgen. *) Das
hieß auf einmal eine große Erbitterung zeigen. Bothwell, welcher sich ruhig im Schlosse Dunbar aufhielt, indeß die Königin zu Lochlevin gefangen
saß, obgleich der Adel wider ihn und nicht wider
die

*) Crawfords Mnsp. S. 54. „Wenn Grange ihn
auf den Orkadischen Inseln gefunden hätte, so ist
es mehr als wahrscheinlich, daß er ihn auf der
Stelle würde aufgeopfert haben, damit er seine
Mitschuldigen nicht verrathen möchte. "(Keith,
S. 408. Gilbert Stuart, Bd. 4. S. 286. Anm.
Historische und kritische Untersuchungen, S. 286.)
Nach diesem letzten Schriftsteller, hatte Lord
Grange den Auftrag, Bothwell mit Feuer und
Schwerdt zu Wasser und zu Lande zu verfolgen,
aber keinesweges, ihn nach Edinburg zu brin-
gen. Das hieß schrecklich gegen einen Mann wü-
ten, den sie 14 Tage lang in völliger Sicherheit
gelassen hatten. (s. Anderson, Bd. 1. S. 148.)
Carte bemerkt mit derselbigen Verwunderung die
Gefälligkeit der Verschwornen, welche mit ihrer
Rache so viel Aufhebens machten, und denjenigen,
den sie mit bewaffneter Hand verfolgt hatten,
ruhig zu Dunbar ließen. (S. 457.)

die Königin die Waffen ergriffen hatte, konnte sich 1567
einer solchen Behandlung nicht versehn. Ein anderer nicht weniger merkwürdiger Umstand ist der,
daß Grange und Tullibardine den Auftrag hatten,
ihn in rechtlicher Form aus dem Wege zu schaffen,
wenn er nicht in einem Gefechte bleiben sollte. Aber
nicht nach Edinburg sollten sie ihn zurückbringen,
wo ihm sein Proceß öffentlich hätte gemacht werden
können. Der Rath hatte diesen beiden Richtern,
deren Ernennung ohne vorhergehendes Beispiel
war, die Vollmacht gegeben, ihn überall, wo sie
seiner habhaft werden könnten, als den Mörder
des verstorbenen Königs zum Tode zu verurtheilen.
Dieser Auftrag gehört zu denen Urkunden, die die
Freunde des Grafen von Murray nicht in ihre
Sammlungen aufgenommen haben. Bothwell
nahm die Flucht, und segelte gegen Dännemark
hin. Grange holte ihn ein, griff ihn lebhaft an,
und nahm ihm drei Schiffe weg; aber Bothwell
war nicht so glücklich, in diesem Gefechte zu bleiben. Dänische Schiffe, welche an den dortigen
Küsten kreuzten, um einen Türkischen Korsaren zu
erwarten, machten auf die Schaluppe Jagd, worin
Bothwell sich den Wellen überließ, und nahmen
ihn gefangen. Die Officiere und Matrosen, die
bei ihm waren, wurden als Seeräuber behandelt,

1567und gleich nach der Landung aufgehängt; ihm wäre, das selbige Schicksal zu Theil geworden, wenn ihn nicht einige Schottländische Kaufleute erkannt hätten. Er wurde in ein Gefängniß gesteckt, worin er zehn Jahre elend hinbrachte, und die Verbrechen abbüßte, die er aus Ehrgeiz begangen hatte *).

Die wiederholten kühnen und gewaltthätigen Handlungen der Lords vom geheimen Rath verursachten den übrigen Lords die äußerste Unruhe. Die Furcht vor einer despotischen Regierung vereinigte sich mit dem Mitleiden, welches Mariens entsetzliche Lage ihnen einflößte. Die Hamilton, die Argyle, die Huntley, die Levingston, die Herreis, die Flemming, die Gray und Kilwinning und verschiedene andere, versammleten sich, um über die Gefahren, denen der Staat ausgesetzt war, zu berathschlagen. Da sie von dem Rath und den öffentlichen Angelegenheiten entfernt waren, so befanden sich ihr Kredit und die Ehre ihrer Familien in nicht geringem Gedränge. Maria hatte als Gemahlin Bothwells und Königin von Schottland weder

*) Gilbert Stuart, Bd. 4. S. 286. Keith, Kap. 12. S. 442. Spotswood, S. 213. Melvil, S. 196. Crawford, S. 56. Carte, S. 456 f.

Freunde noch Vertheidiger gefunden. Als Gefan- 1767
gene, des Throns entsetzt, freiwillig von dem
Manne geschieden, der sie den Großen verhaßt gemacht hatte, erhielt sie alle ihre Rechte auf den
Gehorsam und das Mitleid derselben wieder. Die
Mitglieder des Raths erschraken nicht wenig, als
sie erfuhren, was für Männer diesen gewaltigen
Unruhen steuern wollten. Sie säumten nicht, ihnen zu schreiben, und sie einzuladen, um mit ihnen gemeinschaftlich die Ordnung wieder herzustel-
len, und die zur Ruhe des Staats nothwendigen
Gesetze zu machen. Ihre Bothschafter wurden
schlecht empfangen, ihre Briefe uneröffnet zurück-
geschickt, und der geheime Rath zitterte bei dem
Anfange einer Verbindung, die ihrer Parthei und
den Häuptern derselben fatal werden konnte. Unter diesen Umständen eröffnete die Geistlichkeit ihre
Versammlung. Georg Buchanan, der ungetreue
Geschichtschreiber der Begebenheiten dieses Jahr-
hunderts und Murrays Anhänger, wurde zum
Wortführer der Geistlichkeit ernannt, welche den
ihrer Monarchin schuldigen Gehorsam und alle Gesetze der Menschlichkeit mit Füßen getreten hatte.
Die Lords vom geheimen Conseil wollten sich seiner
Beredsamkeit und seiner Geschicklichkeit zu ihrem
Vortheile bedienen; und eben so wollten sie ihren

1567 Apoſtel und ihren Vertheidiger, Knox, zu ihren Abſichten brauchen. Unter dem Vorwande, ein vollkommenes und unwandelbares Kirchenregiment zu errichten, ließen dieſe beiden Männer alle Mitglieder der Aſſociation, die ſich zum Beſten der Königin verbunden hatte, in die Verſammlung berufen. Sie hofften, ſie nach Edinburg hinzuziehn, und dann von ihnen eine freiwillige Genehmigung zu erhalten, oder eine ſolche zu erkaufen, oder durch Furcht zu erzwingen; allein dieſe argliſtige Einladung verfehlte ihren Zweck. Die Hamiltone und die übrigen von ihrer Parthei antworteten ihnen, ſie könnten ſich nicht in die Verſammlung begeben, und ſtellten ihnen vor, daß es, ohne die Vereinigung der bürgerlichen Gewalt und die wirkliche Einwilligung der Stände des Reichs, vielleicht gefährlich wäre, in der Kirchenverfaſſung neue Einrichtungen zu machen.

Dieſes unvermuthete Hinderniß beſtärkte die Beſorgniſſe der Verſchwornen. Sie bemühten ſich mehr als bisher, den Wirkungen des heftigen Unwillens, den die Gegenparthei gefaßt hatte, zuvorzukommen. Da es ihnen äußerſt wichtig war, ihre Gewalt in der Hauptſtadt zu behaupten, ſo ſuchten ſie die Magiſtrate von Edinburg auf ihre Seite zu ziehen, und drangen lebhaft in ſie, daß ſie ſich

mit ihnen vereinigen möchten. Die Grafen von 1567
Morton und von Athol machten die Associationsakte, wovon oben der Inhalt angegeben ist, samt
den Namen derjenigen, die sich unterschrieben hatten, bekannt *). Ohngeachtet der Inkonsequenz,
die in dieser Schrift herrscht, der Verwirrung, der
ungeschickten Uebergehungen, und der falschen Behauptungen, womit sie angefüllt ist, fand sie doch
bei mehreren Billigung; die Magistratspersonen,
welche theils getäuscht, theils bestochen waren,
zeigten die größte Ungeduld, sich mit den Konföderirten zu vereinigen; und die Adlichen bewogen
den ersten Magistrat von Edinburg, Simon
Preston, die Akte mit ihnen als Zeuge zu unterschreiben. Diese ließen sie gleich darauf in die Akten des Conseils eintragen, um ihrer Meinung nach,
ihren Nachkommen zum Exempel zu dienen, oder
vielmehr in der That sie selbst mit ewiger Schande
zu brandmarken. Dem neuen Traktat zufolge, den
sie mit dem Magistrat von Edinburg errichtet hatten, wurde die Artillerie der Stadt untersucht und
vermehrt; die Mitglieder desselben schickten sich zur
Abtreibung aller Feindseligkeiten an, kamen wegen
wechselseitiger Vertheidigung unter einander überein, und verbanden sich, Balfour zu unterstützen **).

Der Französische Hof erstaunte bei der Nachricht von Mariens Gefangenschaft. Obgleich Mur-

---

*) Bruce, S. 345, giebt das Verzeichniß von den
    Namen derjenigen, die diese sogenannte zweite
    Associationsakte unterschrieben.
**) Gilb. Stuart, B. 3. Nr. 262. Knox, S. 448.

1567ray an dem Hofe Karls IX. Gerüchte zu Mariens
Nachtheil verbreitet hatte, so muste doch ein Vorfall, wie der, wovon Maria das Opfer war, alle
gekrönte Häupter interessiren. Carl und seine Mutter schickten den Marquis von Villeroi nach Schottland, mit dem Auftrage, die Königin zu trösten,
und mit ihr zu überlegen, was zu thun wäre, um
sie wieder auf den Thron zu setzen; aber die Lords
vom Conseil weigerten sich hartnäckig, ihn bei ihr
einzuführen. Sie würde die Verleumdungen ihrer
Feinde widerlegt haben. Sie würde mit Recht erstaunt seyn, daß der Französische Hof sie ermahnen
ließe, von einem Manne abzulassen, den sie selbst
dem ungewissen Schicksal einer gefährlichen Flucht
überliefert hatte; sie würde die Gerüchte von ihrer
Schwangerschaft vernichtet haben, welche man verbreitete, um sie der Nation als Mutter eines Kindes von Bothwell noch verhaßter zu machen *);
sie würde, wie sie immer gethan hat, ihre Krone
zurückgefodert, und ihre Trennung vom Grafen,
und ein aus den vornehmsten Männern des Staats

---

*) Diese Erdichtung von der Schwangerschaft der
Königin von Schottland hatte in Frankreich viel
Glauben gefunden. Gilbert Stuart, welcher sie
erzählt, scheint sich darüber zu verwundern. Wenn
man sich indessen an den Aufenthalt Murrays an
Carls des IX. Hofe erinnert, so scheint es eben
nicht zu verwundern zu seyn, daß dieses falsche
Gerücht daselbst geglaubt wurde. ,,Im le Laboureur, sagt Gilbert Stuart, einem in mancher Hinsicht vortreflichen Geschichtschreiber, findet sich

bestehendes Conseil verlangt haben. Villerol kam,1767 ohne vor sie gelassen zu seyn, nach Frankreich zurück. Carl IX., welcher noch über den Charakter und die Gesinnung des Grafen von Murray, der sich damals an seinem Hofe aufhielt, im Irrthum war, foderte ihn in den stärksten Ausdrücken auf, seiner Schwester bei einer Gelegenheit, wo ihr seine Freundschaft so nothwendig wäre, nützlich zu seyn. Murray versprach dem Könige von Frankreich alles, was er von ihm verlangte, und schwur ihm, er würde sein Blut für die Königin von Schottland nicht schonen, und alle seine Freunde aufbieten, um sie wieder auf den Thron zu setzen. Carl der Neunte und seine Schwester, ja Katharina selbst, welche die Verstellungskunst in so hohem Grade besaß, ließen sich von ihm täuschen. Bei seiner letzten Audienz versicherte Carl ihm heilig, er würde nicht zugeben, daß gegen seine Schwiegerin Strenge gebraucht würde, und wenn ihre Feinde sie länger in der Gefangenschaft zu halten suchten,

folgende sonderbare Stelle: Sie hatte von ihrem dritten Gemahl, dem Grafen von Bothwell, eine Tochter, welche zu Unserer Lieben Frauen von Soissons die Klostergelübde ablegte." (Zusätze zu Kastelnau's Memoires, S. 610.) Diese Behauptung hat nicht im geringsten Grund, ja nicht einmal Wahrscheinlichkeit. Maria konnte als Gefangene zu Lochlevin und nachher in England nicht in geheim nieder kommen, und gewiß wäre ihre Niederkunft nicht verschwiegen worden.

1567 ſo würde er ſeine Krone daran wagen, ihr Gerechtigkeit zu verſchaffen *); Reden, die einen Ehrgeizigen in Schrecken ſetzen konnten, wenn Murray
nicht gewußt hätte, wie unnütz ſie waren. Die damalige Lage von Frankreich hätte einem weniger
geſchickten Manne gezeigt, daß die fremden Staaten von dieſem Lande weder etwas zu hoffen, noch
zu fürchten hatten.

*) Gilbert Stuart, S. 263. Er führt Mariens
   Briefe an den Erzbiſchof von Glasgow an. (Anhang. Goodall, Manuſt.)

Ende des dritten Theils.

Errata des zweiten Theils.

S. 7. Z. 7. von unten, l. und beſtimmte dieſer An-
staat 50000 Thaler Einkünfte.
S. 482. Z. 14. v. oben, anſtatt Eigenthümer, l. königliche Beſitznngen.

Errata des dritten Theils.

S. 6. Z. 7. v. oben l. Würzburg anſt. Würtemberg.
S. 81. Z. 1. v. unten, und S. 82 in der erſten Zeile,
l. Anerkennung, anſt. nähere Unterſuchung.